普通高等教育经管类专业"十三五"规划教材

客户关系管理
客户关系的建立与维护
（第5版）

苏朝晖 ◎ 编著

清华大学出版社
北　京

内 容 简 介

本书借鉴和吸收了国内外客户关系管理的最新研究成果，介绍了客户关系管理的理念与技术。书中着重阐述客户关系的建立、客户关系的维护、客户关系的挽救三大关键策略，内容包含客户关系管理理念、客户关系管理技术、客户的选择、客户的开发、客户的信息、客户的分级、客户的沟通、客户的满意、客户的忠诚、客户的挽回等。本书内容与工商企业的活动紧密联系，并援引大量典型的案例与章节内容相匹配，便于读者更好地领会客户关系管理的主旨。

本书体系结构完整，设计合理，教学资源丰富，既适合作为高等院校工商管理、市场营销、电子商务等相关专业的教材，也适合企业界人士阅读和参考。

本书封面贴有清华大学出版社防伪标签，无标签者不得销售。
版权所有，侵权必究。举报：010-62782989，beiqinquan@tup.tsinghua.edu.cn。

图书在版编目(CIP)数据

客户关系管理：客户关系的建立与维护 / 苏朝晖编著. —5 版. —北京：清华大学出版社，2021.4（2023.12重印）

普通高等教育经管类专业"十三五"规划教材
ISBN 978-7-302-57837-6

Ⅰ.①客… Ⅱ.①苏… Ⅲ.①企业管理－供销管理－高等学校－教材 Ⅳ.①F274

中国版本图书馆 CIP 数据核字(2021)第 057259 号

责任编辑：崔　伟　　高晓晴
封面设计：周晓亮
版式设计：思创景点
责任校对：马遥遥
责任印制：宋　林

出版发行：清华大学出版社
　　　　网　　址：https://www.tup.com.cn，https://www.wqxuetang.com
　　　　地　　址：北京清华大学学研大厦 A 座　　邮　　编：100084
　　　　社 总 机：010-83470000　　　　　　　　邮　　购：010-62786544
　　　　投稿与读者服务：010-62776969，c-service@tup.tsinghua.edu.cn
　　　　质 量 反 馈：010-62772015，zhiliang@tup.tsinghua.edu.cn
印 装 者：三河市君旺印务有限公司
经　　销：全国新华书店
开　　本：170mm×240mm　　　印　　张：15.75　　　字　　数：305 千字
版　　次：2007 年 5 月第 1 版　　2021 年 5 月第 5 版　　印　　次：2023 年 12 月第 8 次印刷
定　　价：49.80 元

产品编号：091373-02

第 5 版前言

当前，企业间的竞争主要表现在品牌竞争、创新竞争、服务竞争等方面，但这些竞争的实质都是企业在争夺客户。一家企业，不管有多好的设备、多好的技术、多好的品牌、多好的机制、多好的团队，如果没有客户，一切都将为零。就如品牌，它只是吸引客户的有效工具之一，再强势的品牌，如果没有客户的追捧，同样是站不住脚的，这可以解释为什么有些知名品牌异地发展遭遇挫折——不是品牌本身的问题，而是因为没有被异地的客户所接受！可见，企业要实现赢利必须依赖客户，要想在激烈的市场竞争中获得长期稳定的发展，就必须重视客户关系。

本书自出版以来，被众多高校选为教材，也有许多企业在员工培训中使用。此次修订，在原来版本的基础上进行了补充与完善：首先，融入了移动互联网、大数据、人工智能时代客户关系管理的新思想、新举措，介绍这些技术在客户关系管理中的应用；其次，补充了影响客户满意的因素，以及如何让客户满意的分析与论述；再次，完善了影响客户忠诚的因素，以及如何实现客户忠诚的方法；最后，更新了相关案例。

本书既适合作为高等院校工商管理、市场营销、电子商务等相关专业的教材，也适合企业界人士阅读参考。

为了更好地服务教学，此次再版新增了相关教学资源(含授课计划及建议、教案、教学大纲、教学课件、课后练习参考答案、模拟试卷等)，教师可通过扫描右侧二维码获取。

教学资源

本书在前人研究的基础上进行了创新，引用的资料和信息已尽可能在资料来源和参考文献中列举，如有遗漏，在此深表歉意。另外，由于受作者水平所限，书中难免有不足甚至错误之处，恳请读者朋友不吝赐教和批评指正。

再次感谢所有曾经给予我支持和帮助的人！

苏朝晖

2021 年 3 月

目　录

第一篇　导　论

第一章　客户关系管理理念 ·· 2
第一节　客户关系管理的产生 ·· 3
第二节　客户关系管理的理论基础 ·· 9
第三节　客户关系管理的内涵 ·· 14
第四节　客户关系管理的思路 ·· 23

第二章　客户关系管理技术 ·· 29
第一节　客户关系管理系统 ·· 29
第二节　互联网在客户关系管理中的应用 ·· 34
第三节　大数据在客户关系管理中的应用 ·· 39
第四节　人工智能与呼叫中心在客户 关系管理中的应用 ···························· 42

第二篇　客户关系的建立

第三章　客户的选择 ·· 49
第一节　为什么要选择客户 ·· 50
第二节　"好客户"与"坏客户" ·· 57
第三节　选择目标客户的指导思想 ·· 62

第四章　客户的开发 ·· 74
第一节　营销导向的开发策略 ·· 75
第二节　推销导向的开发策略 ·· 93

第三篇　客户关系的维护

第五章　客户的信息 ·· 109
第一节　客户信息的意义及具体内容 ·· 109

第二节　收集客户信息的渠道 ·· 113
　　第三节　运用数据库管理客户信息 ·· 117

第六章　客户的分级 ·· 125
　　第一节　为什么要对客户分级 ·· 125
　　第二节　怎样对客户分级 ·· 127
　　第三节　怎样管理各级客户 ··· 130

第七章　客户的沟通 ·· 144
　　第一节　客户沟通概述 ··· 145
　　第二节　客户沟通的途径 ·· 148
　　第三节　如何处理客户投诉 ··· 154

第八章　客户的满意 ·· 163
　　第一节　客户满意概述 ··· 163
　　第二节　影响客户满意的因素 ·· 166
　　第三节　如何让客户满意 ·· 173

第九章　客户的忠诚 ·· 187
　　第一节　客户忠诚概述 ··· 187
　　第二节　影响客户忠诚的因素 ·· 193
　　第三节　如何实现客户忠诚 ··· 199

第四篇　客户关系的挽救

第十章　客户的挽回 ·· 222
　　第一节　客户流失 ·· 222
　　第二节　流失客户的挽回 ·· 226

综合案例　报刊发行商怎样建立与维护客户关系 ··························· 233

综合实践一　××企业的客户关系管理分享 ·································· 240

综合实践二　××企业的客户关系管理分析 ·································· 241

综合实践三　××企业的客户关系管理策划 ·································· 242

参考文献 ·· 243

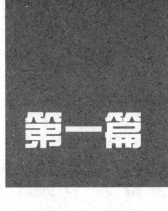

第一篇 导　论

"客户"是指购买或者使用产品或服务的个人或组织。

企业可以将客户分为直接客户和间接客户。直接客户是指购买产品或服务且直接给企业带来利润的客户，间接客户是指使用产品或服务但不直接给企业带来利润的客户。

例如，一家专门从事家具制造的企业不直接销售自己的产品，与它建立客户关系的多是家具销售商，那么，这些家具销售商就是家具制造企业的直接客户，而最终用户则是它的间接客户。

要清楚的是，有时候间接客户虽然没有直接带来利润，但是企业如果没有间接客户，那么直接客户也很可能不愿意为企业带来利润。例如，许多互联网公司为间接客户即网民提供了免费服务，而利润则来自直接客户即广告主，广告主正是看中互联网公司的人气才愿意投放广告，如果没有众多网民的支持，广告主很可能不愿意在此做广告。

客户关系管理是一个既古老又新鲜的话题。

说其古老，是因为从人类有商务活动以来，客户关系就一直是商务活动中的核心问题之一，也是商务活动成功与否的关键因素之一。例如，古时候的货郎、商人都意识到，对于那些常客，如果能熟记他们的称呼、爱好和购买习惯，给予朋友般的亲切接待，并且投其所好地满足他们的需要，就容易使其成为忠诚客户。

说其新鲜，是因为现代的客户关系管理不同于传统的客户关系管理，现代客户关系管理的产生源于当前需求的拉动和技术的推动带来的新挑战、新思维。

第一章　客户关系管理理念

> **引例：宝洁与沃尔玛的合作实现了双赢**
>
> 　　宝洁公司是美国最大的日用洗涤、护肤品制造企业。沃尔玛曾经要求宝洁公司降低商品价格，否则就不再销售它的产品，宝洁公司却认定没有它的产品沃尔玛会经营不下去。最终，两家公司的高层主管经过会晤达成了协议，建立一个全新的供应商与零售商关系，提出双方的主要目标和关注焦点始终应该是：不断改进工作，提供良好的服务和丰富优质的商品，保证客户满意。
>
> 　　此后，宝洁公司安排了一个战略性的客户管理小组与沃尔玛公司总部的工作人员一起工作，双方共同制定了长期合约。宝洁公司还向沃尔玛公司透露了各类产品的成本价，保证沃尔玛公司有稳定的货源，并享受尽可能低的价格。双方还共同讨论了每日交换信息的方法，宝洁公司每天将各类产品的价格信息和货源信息通过计算机传给沃尔玛公司，而沃尔玛公司每天也同样把连锁店的销售情况和存货信息传给宝洁公司。
>
> 　　两家公司的这种合作关系，一方面让宝洁公司更加高效地管理存货，因而节约了300亿美元左右的资金，而且毛利增加了约11%；另一方面，也使沃尔玛公司能保证商品的价格低廉、种类丰富，从而招揽了更多客户。
>
> **引例启示**
>
> 　　宝洁公司与沃尔玛公司的亲密合作是建立在信息技术和营销思想基础之上的。可见，企业借助先进的技术手段和营销理念可以有效建立和维护客户关系。

第一节　客户关系管理的产生

一、需求的拉动

客户关系管理的产生源于市场对客户关系管理的需求。这主要体现在两个方面：一方面是客户的重要性；另一方面是客户关系管理的重要性。

(一) 客户的重要性

客户的重要性体现在客户对企业的价值上，它不仅是指客户的购买为企业带来的利润贡献，而是指客户为企业创造的所有价值的总和，具体表现在以下几个方面。

1. 利润源泉

客户购买了企业的产品或服务，就能使企业的利润得以实现。因此，客户是企业利润的源泉，是企业的"摇钱树"，是企业的"财神"，管好了客户就等于管好了"钱袋子"。

正因为如此，通用电气变革的带头人杰克·韦尔奇(Jack Welch)说："公司无法提供职业保障，只有客户才行。"著名的管理学大师彼得·德鲁克(Peter F. Drucker)说："企业的首要任务就是'创造客户'。"沃尔玛的创始人萨姆·沃尔顿(Sam Walton)说："实际上只有一个真正的老板，那就是客户。他只要用把钱花在别处的方式，就能将公司的董事长和所有雇员全部'炒鱿鱼'。"

2. 聚客效应

自古以来，人气就是商家发达的生意经。一般来说，普通人都有很强的从众心理，总是喜欢锦上添花，追捧那些"热门"产品或企业。如果企业拥有庞大的忠诚客户群，这本身就是一个很好的广告、很有力的宣传、很有效的招牌，在"从众心理"的驱使下，它能够吸引更多的新客户加盟。

所以，形象地说，客户是"播种机"，因为满意和忠诚的客户会带来其他新的客户。也就是说，已经拥有较多客户的企业更容易吸引新客户，从而使企业的客户规模不断壮大。

3. 信息价值

客户的信息价值是指客户为企业提供信息，从而使企业更有效、更有的放矢地开展经营活动所产生的价值，如客户需求信息、竞争对手信息、客户满意程度信息等。这些信息的主要来源是：企业在建立客户档案时由客户无偿提供的信息、企业与客户沟通过程中客户以各种方式(如抱怨、建议、要求等)向企业提供的各类信息。

企业是为客户服务的，检验服务优劣的唯一标准就是客户评价。所以，形象地说，客户是"整容镜"，客户的意见、建议为企业的正确经营指明了方向，为企业制定营销策略提供了真实、准确的一手资料。

4. 口碑价值

客户的口碑价值是指由于满意的客户向他人宣传企业的产品或者服务，从而吸引更多新客户的加盟，而使企业销售增长、收益增加所创造的价值。所以，形象地说，客户是"宣传员"，他们会对其他人诉说正面或者负面的评价，从而影响他人对企业的判断和预期。

研究表明，在影响客户购买决策的因素中，口碑传播的可信度最大，远胜过商业广告和公共宣传。因此，客户主动的推荐和口碑传播会使企业的知名度和美誉度迅速提升，还可以降低企业的广告和宣传费用。

5. 对付竞争的利器

在产品与服务供过于求、买方市场日渐形成的今天，客户选择的自由度越来越大，尽管当前企业间的竞争更多地表现为品牌竞争、价格竞争、服务竞争等多个方面，但实质上都是在争夺有限的客户资源。

另外，技术、资金、管理、服务、土地、人力、信息等，很容易被竞争对手模仿，然而，企业拥有的"客户"却很难被竞争对手复制。客户忠诚一旦形成，竞争对手往往要花费数倍的代价来"挖墙脚"(挖客户)。因此，从根本上说，判断一个企业的竞争力有多强，不仅要看技术、看资金、看管理，更为关键的是要看它到底拥有多少忠诚的客户，特别是拥有多少忠诚的优质客户。

在小咖啡店买杯咖啡只要五元，而在星巴克却要三十几元，这是为什么？没有强迫，购买者都是心甘情愿的，因为他们觉得值。所以，企业如果能够拥有较多的、乐意以较高价格购买的客户，就能在激烈的竞争中站稳脚跟，立于不败之地。

此外，企业拥有的客户越多，就越可能获得规模效应，从而降低企业为客户提供产品或者服务的成本，由此还可提供更高价值的产品或服务。同时，如果企业拥有的客户众多，还会给其他企业带来较高的进入壁垒——"蛋糕"(市场份额)就那么大，你拥有的客户多了，就意味着其他企业占有的客户少了，从而使企业在激烈的竞争中处于优势地位。可以说，忠诚、庞大的客户队伍是企业从容面对市场风云变幻的基石。

第一章 客户关系管理理念

> **案例：客户，您是总裁——创维集团的经营观念**
>
> 正当一些企业还在把"客户是上帝"流于口头禅、宣传口号，以至于客户和舆论对这类企业失去信任之时，创维集团隆重推出了"客户，您是总裁"的全新理念，提出了"大服务"的概念，即不仅售前、售中、售后，而且把企业的研发、生产、销售、维修看作一个整合起来的大服务链条，而客户就是这一大服务链条的连接对象和价值实现的终极目标。
>
> 创维集团的"客户是总裁"之所以比"客户是上帝"更深刻、更符合新经济时代的要求就在于：首先，立场的转变。客户从"上帝"变为"总裁"，完成了客户客体地位的主体化，这也是营销理念从4P到4C变化的根本表现。其次，形成利益共同体。客户作为总裁就是企业的内部人，和企业是利益共同体，解决了利益的对立问题。再次，员工从向总裁负责转变为向客户负责。员工意识到客户才是衣食父母，必须首先满足客户的需要。

综上所述，客户是企业的命脉，是企业永恒的宝藏，是企业生存和发展的基础。一个企业不管有多好的设备、多好的技术、多好的品牌、多好的机制、多好的团队，如果没有客户，那么一切都将为零。企业要实现赢利必须依赖客户，没有客户的企业终将无法长远发展！

(二) 客户关系管理的重要性

1. 降低企业维系老客户和开发新客户的成本

客户关系管理可使企业与老客户保持良好、稳定的关系，这就为企业节省了一大笔向老客户进行宣传、促销等活动的费用。

此外，好的客户关系会使老客户主动为企业进行正面的宣传，通过老客户的口碑效应，企业能更有效地吸引新客户加盟，同时减少企业为吸引新客户所需支出的费用，从而降低开发新客户的成本。

例如，可口可乐公司曾经扬言，如果今天工厂被一把火烧了，第二天可另起炉灶，接着生产，继续供应可口可乐。可口可乐为什么这么"牛"？就是因为它有着数以亿计的忠诚客户，也正因为如此，可口可乐用于维系老客户和开发新客户的成本非常低。

2. 降低企业与客户的交易成本

客户关系管理还使企业和客户之间较易形成稳定的伙伴关系和信用关系，这样交易就容易实现，并且由过去逐次逐项的谈判交易发展成为例行的程序化交易，从而大大降低了搜寻成本、谈判成本和履约成本，最终降低企业与客户的整体交易成本。

3. 促进增量购买和交叉购买

客户关系管理可以增加客户对企业的信任度，因而客户增量购买(即客户增加购买产品的数量)的可能性就增大，反之，客户可能缩减其购买量。例如，一位客户在银行办理了活期存款账户，而活期存款账户通常是不赚钱的，但银行仍然为他提供了良好的服务。后来，这位客户申请了一个定期存款账户，不久又申请了汽车消费贷款，再后来又申请了购房贷款……显然，促使其增量购买服务的原因是银行与这位客户建立的良好关系。

良好的客户关系管理还可以使客户交叉购买(即客户购买该企业生产的其他产品或拓展业务范围)的可能性增大。比如，购买海尔冰箱的客户，如果非常认可海尔公司的管理理念和品牌，当需要购买电视、洗衣机、手机、电脑时，就比较容易接受海尔的相关产品。

4. 给企业带来源源不断的利润

传统的管理理念乃至现行的财务制度中，只把厂房、设备、资金、股票、债券等视为资产，后来又将技术、人才也视为企业的资产。如今，人们逐渐认识到，虽然"客户"及"客户关系"不具备实物形态，但也是企业的重要资产，它能为企业带来实实在在的利润。

例如，SAS 航空公司的前首席执行官简·卡尔森(Jan Carlson)认为，在公司资产负债表的"资产"栏记录了几十亿的飞机价值，这是不对的，应该在"资产"栏里记录企业拥有多少满意和忠诚的客户，因为企业唯一的资产是对企业的服务满意并且愿意再次消费的客户。

可见，客户关系管理可使企业拥有相对稳定的客户群体和客户关系，因而能够稳定销售、降低企业的经营风险，并且提高效率、促进销售、扩大市场占有率，从而给企业带来源源不断的利润。此外，好的客户关系，使客户对企业抱有好感，那么客户就会降低对产品价格或服务价格的敏感度，而使企业能够获得较高的利润。

综上所述，客户关系管理意义重大。

第一章 客户关系管理理念

> **知识扩展：客户资产与客户的终生价值**
>
> 客户资产(customer equity)就是将企业与客户的关系视作企业的一项可经营的资产。企业的客户资产也可以理解为企业所有客户终生价值的折现价值的总和。客户资产还包括公司与客户、分销商和合作伙伴所形成的相互信任、合作的关系，是一种能为公司运用、产生长期现金流量的风险资产。
>
> 客户的终生价值(customer lifetime value，CLV)是指一个客户一生所能给企业带来的价值，它是以客户带来的收益减去企业为吸引、推销、维系和服务该客户所产生的成本来计算的，并且要将这个现金量折算为现值。
>
> 客户带来的收益包括客户初期购买给企业带来的收益、客户重复购买带来的收益、客户增量购买及交叉购买给企业带来的收益、由于获取与保持客户的成本降低及提高营销效率给企业带来的收益、客户向朋友或家人推荐企业的产品或服务给企业带来的收益、客户对价格的敏感性降低给企业带来的收益等。例如，可口可乐公司预测其一位忠诚客户50年能给公司带来的收益是1.1万美元，AT&T公司预测其一位忠诚客户30年能给公司带来的收益是7.2万美元等。
>
> 客户终生价值既包括历史价值，又包括未来价值，它随着时间的推移而增长。因此，企业不应太在意客户一次花多少钱，购买了多少产品或服务，而应该考虑他们一生可能给企业带来多少财富。现实中，有的客户往往因为一个心愿没有得到满足，而从此不再光顾该家企业。暂且不论客户离去的各种负面效应或其他间接损失，单就失去一位老客户的直接损失就非常大。例如，某企业评估其一位忠诚客户10年的终生价值是8 000美元，并以此来教育员工失误一次很可能就会失去全部，要以8 000美元的价值而不是一次20美元的营业额来接待每一位客户，提醒员工要时刻让客户满意，才能确保企业得到客户的终生价值。

二、技术的推动

客户关系管理的产生还源于信息技术的迅猛发展，使企业得以借助先进的技术手段去充分了解和掌握客户信息、发现与挖潜市场机会、规避风险，提高客户满意与忠诚度。

客户关系管理起源于20世纪80年代初的"接触管理"，即专门收集整理客户与企业相互联系的所有信息，借以改进企业经营管理，提高企业营销效益。后来，

企业在处理与外部客户的关系时，越来越感觉到没有信息技术支持的客户关系管理使用起来力不从心。因而自20世纪90年代以来，美国许多企业为了满足市场竞争的需要，相继开发了诸如销售自动化系统(SFA)、客户服务系统(CSS)等软件系统。

到20世纪90年代中期，接触管理逐渐演变为包括呼叫中心和数据分析在内的"客户服务"。1996年后一些公司开始把SFA和CSS两个系统合并，并加入营销策划和现场服务的思想，它不仅包括软件，还包括硬件、专业服务和培训，以及为公司雇员提供全面、及时的数据，让他们清楚地了解每位客户的需求和购买历史，从而提供相应的服务。

为了抓住商机，许多软件公司及时地推出了客户关系管理的软件，这在一定程度上促进了客户关系管理的推广。但由于企业一度对客户关系管理的过度投资和过高的预期，而成功率和回报率却非常低，理论界和企业界开始更为理性地思考客户关系管理的适用性，这促使客户管理的研究更为深入、务实，研究的侧重点放在客户关系管理的实施策略，以及系统的分析功能上。

20世纪90年代末，由于信息技术的引入，使客户关系管理的营销模式在技术解决方案方面得到了很大的充实和快速的发展，企业能够有效地分析客户数据，积累和共享客户信息，根据不同客户的偏好和特性，提供相应的服务，从而提高客户价值。同时，信息技术也可以辅助企业识别不同的客户关系，并有针对性地采取策略。信息技术的突飞猛进为客户关系管理的实现和功能的扩展提供了前所未有的手段，如数据挖掘、数据库、商业智能、知识发现，基于浏览器的个性化服务系统等技术的发展使收集、整理、加工和利用客户信息的质量大大提高，也使企业与客户之间进行交流的渠道越来越多。

信息技术对客户关系管理的影响分为自动化、信息化和理念变革三个层次。自动化层次是指用计算机技术替代手工劳动，主要目的是提高客服人员的工作效率，如用一些管理软件自动进行数据统计、自动生成数据分析报表等。信息化层次是指利用现代信息技术，将数据、知识、经验和软件整合起来，为客服人员提供及时的决策信息，以支持营销决策，也就是营销工程。理念变革层次是指应用信息技术促进客户关系管理的理论和实践的创新，如数据库营销、网络营销、关系营销等，这些营销理念已日益为企业所接受和应用。

此外，由于互联网是非常好的信息平台和互动手段，它提供了一个低成本的信息获取工具，同时也使供应商和客户无缝连接。因此，互联网为客户关系管理的发展提供了更大的空间。

总之，在需求拉动和技术推动之下，客户关系管理不断演变发展，逐渐形成了一套管理理论体系和应用技术体系。

第二节 客户关系管理的理论基础

一、关系营销

(一) 关系营销的概念

关系营销的概念最早由学者贝瑞(Berry)于1983年提出,他将其界定为"吸引、保持及加强客户关系",这一概念的提出促使企业纷纷从简单的交易性营销转向关系营销,即在企业与客户和其他利益相关者之间,建立、保持并稳固一种长远的关系,进而实现信息及其他价值的相互交换。1996年他又进一步把关系营销定义为"通过满足客户的想法和需求进而赢得客户的偏爱和忠诚"。

随着理论界对于关系营销研究的不断深入,越来越多的学者提出了自己的定义,比较有代表性的有:麦克纳(McKenna)将关系营销的宗旨归纳为"将客户、供应商和其他合作伙伴整合到企业的发展和营销活动中"。阿德里安·佩恩(Adrian Payne)提出了著名的"六市场框架"模型,认为企业面临六个市场,即内部市场、客户市场、供应商市场、影响者市场、员工市场和推荐者市场。企业要想维持与延续客户价值,仅仅重视客户还不够,必须全面构筑与供应商、内部员工及其他相关利益人之间的良性关系。顾曼森(Gummesson)认为关系营销是关系、网络与互动的统一体。沙尼·查拉萨尼(Shani Chalasani)把关系营销定义为一种整合的应用,旨在识别、保持个体的客户并与他们建立一种网络,通过长时间的、个性化的互动及增值的接触,不断增强这个网络各方的互利。摩根(Morgan)和亨特(Hunt)指出关系营销是指所有旨在建立、发展与保持成功关系交换的营销活动。格罗路斯(Gronroos)指出关系营销就是在保证利润的前提下,识别与建立、保持与提升,以及必要时终止与客户及其他利益相关者的关系。罗杰斯(Rogers)指出关系营销就是与客户建立单独的或一对一的关系,把数据库同长期的客户保持与增长战略整合在一起。

(二) 关系营销的内涵

关系营销认为企业营销是一个与消费者、竞争者、供应商、分销商、政府机构和社会组织发生互动作用的过程,正确处理与这些个人和组织的关系是企业营销的核心,是企业成败的关键。

关系营销的核心是合作，旨在找出高价值客户和潜在客户，并通过人性化的关怀使他们与企业产生"合作伙伴"式的密切关系，通过合作实现双赢或多赢，增加关联方的利益，而不是通过损害其中一方或多方的利益来增加己方的利益。

关系营销强调关系的重要性，即企业通过客户服务、紧密的客户联系、高度的客户参与，对客户高度承诺等方面来建立双方良好的合作关系，视客户为永久性的伙伴、朋友，并与之建立互利互惠的伙伴关系，其目的在于获得新客户的同时保住老客户，并在企业与客户结成的长期关系中获得收益。这种关系超越了简单的物质利益的互惠而形成了一种情感上的满足，企业通过维系这种情感来获得客户的保持，从而形成一种长久的利益机制。

（三）关系营销与交易营销的区别

交易营销关注一次性的交易，较少强调客户服务，对客户的承诺有限，适度地与客户联系，只有生产部门关心质量；关系营销则关注客户保持，高度重视客户服务、客户承诺、客户联系，所有部门都关心质量。

交易营销认为市场中交易双方的主动性不同，即存在"积极的卖方"和"消极的买方"，买卖双方是各自独立的因素，市场营销就是卖方的单方行为，卖方用产品、价格和促销等营销组合手段刺激客户购买；关系营销则认为具有特定需求的买方也存在积极寻找合适供应商的过程，双方是互动的关系。

在交易营销的观念中，市场是由同质的无差别的个体客户构成，市场细分是在庞大的消费群中划分出同质性较高的目标受众；关系营销则认为市场中每个个体客户的需求和欲望、购买能力都有着很大的差异，所以每个客户对于企业的价值也是不同的，不能将所有客户同等对待，应采取客户分级的方法来区别对待处于不同层级的客户。

交易营销注重结果和以产品为中心的价值传播；关系营销则倾向于以服务过程和价值创造为重心。

（四）关系营销的意义

关系营销是对市场营销学理论的重大突破，它首次强调了客户关系在企业战略和营销中的地位与作用，营销的目的从获取短期利润转向与各方建立和谐的关系。保持企业与客户之间的长期关系是关系营销的核心思想。

关系营销吸收了以往各种营销方式的优点，又注重与新技术的结合，其理念是运用各种工具和手段，培养、发展和维持与客户之间的亲密关系，实现有效的客户挽留。所以，很多学者认为关系营销是客户关系管理的理念基石，是客户关

第一章 客户关系管理理念

系管理的雏形，关系营销直接推动了客户关系管理的产生。

二、客户细分

(一) 客户细分的概念

要了解客户细分，首先应了解市场细分的概念。市场细分是美国营销学家温德·史密斯(Wender Smith)于1956年提出来的，是指根据客户的需要与欲望及购买行为和购买习惯等方面的明显差异，把某一产品或者服务的市场划分成若干个由相似需求构成的消费群(即若干个子市场)的过程。

市场是一个多层次、多元化消费需求的综合体，任何企业都无法满足所有的需求。通过市场细分可以帮助企业识别最能赢利的细分市场，找到最有价值的客户，引导企业把主要资源放在这些能产生最大投资回报的客户身上，从而更好地满足他们的需要。

到目前为止，还没有对客户细分形成一致的定义。李(Lee)等人将客户细分称为客户区隔，是指将市场分为具有不同需要、特征或行为的不同购买者的过程。胡少东认为客户细分是指按照一定的标准将企业的现有客户划分为不同的客户群。杨路明等人认为客户细分是指在明确的战略业务模式和专注的市场中，根据客户的价值、需求和兴趣等综合因素对客户进行分类。

(二) 客户细分的意义

客户天生就存在差异，不同的客户有不同的需求，不同的客户其价值也不相同。通过客户细分，企业可以更好地识别不同客户群体对企业的需求，以此指导企业的客户关系管理，就可以达到吸引客户、保持客户，建立客户忠诚的目的。对企业而言，不同的客户群具有不同的价值，企业要识别每个客户群的价值，并据此采取有效方法对客户进行细分。通过客户细分，找寻到哪些客户是能为企业带来赢利的，哪些客户不能，并锁定那些高价值的客户。只有这样，企业才能保证所投入的资源得到回报，企业的长期利润和持续发展才能得到保证。

客户细分可以使企业合理利用有限的资源。对于企业而言，在现有的客户群体中，并不是所有的客户都会或者有价值同企业建立并发展长期合作关系，如果对所有客户不加区别地开展营销活动，势必会造成企业资源的浪费。因此，必须先通过客户细分，识别具有较大概率或较高价值同企业保持密切关系的客户，并有区别地开展目标营销，才会起到事半功倍的效果，大大节约企业有限的资源。

总之，客户细分是实施客户关系管理战略中的重要步骤，也是企业了解客户的重要手段。

(三) 客户细分的原则

企业在进行客户细分时，应该注意以下几个细分原则。

首先，细分后的客户子群体必须具有不同的特点并且保持相对的稳定性，以便企业实现长期的营销策略，有效地开拓并占领目标市场。相反，如果细分后客户群的特点变化过快，则营销风险会随之增加。

其次，每一个细分后的客户群体要具有可衡量的特征，即各子群体内都有明确的组成，具有共同的需求特征，表现出类似的购买行为。

再次，在客户细分中，对所选的目标客户要根据企业的实力量力而行，充分发挥企业的人力、物力、财力，以及生产、技术、营销能力的作用。反之，那些不能充分发挥企业资源作用、难以被企业所占领的子群体，则不能作为目标客户，否则会浪费企业的资源。

最后，细分后的客户群规模必须使企业有利可图，而且有相当的发展潜力。一个细分群体能否达到可以实现具有经济效益的营销目标取决于这个市场的容量，如果容量过小，该目标客户群体就不值得去实施相关营销计划。

三、客户关系生命周期

任何关系都可能有一个生命周期，即关系建立、关系发展、关系破裂、关系恢复或关系结束，客户关系也不例外。

客户关系生命周期是指从企业与客户建立关系到完全终止关系的全过程，是客户关系水平随时间变化的发展轨迹，它动态地描述了客户关系在不同阶段的总体特征。

阶段划分是客户关系生命周期研究的基础，目前这方面已有较多的研究。朱埃·哈尔米克(Juhe Halmke)认为完善的客户关系管理应该将企业作用于客户的活动贯穿客户的整个生命周期，并把客户生命周期描述为包括客户标识、客户获取、客户分类、客户理解、客户定制、客户交流、客户提交和客户保持八个阶段。

我国学者陈明亮将客户关系生命周期划分为考察期、形成期、稳定期、退化期四个阶段。

(一) 考察期

考察期是客户关系的孕育期。由于客户第一次接触企业，需要花大量成本和精力来寻求信息并做出决策，然后尝试性下单，一般交易量较小。企业则需要花

第一章 客户关系管理理念

费大量人力和物力进行调研，确定其是否为目标客户，此时企业对客户投入较多，但客户尚未对企业做出贡献。

（二）形成期

形成期是客户关系发展阶段。此时双方已经建立了一定的相互信任和相互依赖，客户愿意承担部分风险，对价格的忍耐力有所增加，需求进一步扩大。企业从客户交易获得的收入已经大于投入，开始赢利。但是，这一时期客户关系没有固化沉淀，客户在做购买决策时，还会对相关竞争性产品进行评价对比。因此，客户群体表现为稳定性较差、需求的波动性较大，容易受外界影响等特征。针对形成期客户关系的特点，企业要建立和完善客户档案信息，通过恰当的方式与客户保持沟通，了解客户的真实需求和感受，同时向客户传递企业的价值观，通过"承诺和兑现承诺"使客户建立对企业的信任；在满足客户基本预期的基础上，努力实现和超越客户的预期，以帮助客户抵制竞争对手的促销和诱惑。

（三）稳定期

稳定期是客户关系发展的最高阶段。此时双方已经建立持续长期的合作关系，客户对产品或服务的数量和质量需求稳定，对价格的敏感度降低，交易量增大，客户对企业的产品和服务有信心，愿意试用新产品和新服务，并主动为企业传递良好的口碑和推荐客户，形成外部效应。稳定期客户关系管理的任务是"保持"，即将客户关系保持在一个较高的水平，并且延续尽可能长的时间。保持策略是通过恰当的客户接触渠道和客户沟通，传递企业价值观，建立双方信息共享机制和深度合作的平台，提高客户的参与程度，通过企业和客户之间的互动创造价值；构建客户学习曲线，使客户感受到和企业保持现有关系所带来的附加价值和成本节约，培养客户的"主动忠诚"，同时提高客户转移成本，促使客户"被动忠诚"。

（四）退化期

退化期是客户关系发展过程中的逆转阶段。此时表现为客户的购买水平下降，这种下降可能骤然发生，也可能是缓慢出现，原因很可能是客户对产品或服务的抱怨增加，满意度下降，客户开始与企业的竞争者来往。退化期的发生并不总是处在稳定期之后的第四阶段，而是在任一关系阶段中都有可能退化。如果客户关系没有存在的必要，企业就采取客户关系终止策略；如果客户关系仍然存在的必要，企业就应该采取关系恢复策略。采取关系恢复策略时要注

意认真倾听客户的心声、了解客户的真实需求，分析客户流失的原因；制定重建信任的关系恢复计划，并且保证承诺的计划能够兑现；即使客户拒绝恢复关系也要表现得大度。

四、客户感知价值

美国杜克大学学者载瑟摩尔(Zaithaml)在1988年首先从客户角度提出了客户感知价值理论，她将客户感知价值定义为：客户所能感知到的利得与其在获取产品或服务中所付出的成本进行权衡后对产品或服务效用的整体评价。该理论的贡献在于提出了研究客户价值的两个重要因素：一是客户对所获取的价值的感知；二是客户对所付出成本的感知。但该理论没有明确分析因素的具体内容、如何权衡等问题。

营销大师菲利普·科特勒(Philip Kotler)在客户感知价值理论的基础上进一步提出了让渡价值理论。客户让渡价值是指总客户价值与总客户成本之差。总客户价值是指客户从某一特定产品或服务中获得的一系列利益，包括产品价值、服务价值、人员价值和形象价值等；总客户成本是指客户为了购买产品或服务等所耗费的成本，包括货币成本、时间成本、精神成本和体力成本。他认为，客户是以客户让渡价值作为购买价值取向、决定购买及影响以后再购买决策的。客户让渡价值越大，客户满意度就越高；当客户让渡价值为负时，客户不满意就发生了。因此，企业只有努力提高客户让渡价值，才能提高客户的满意度。

第三节 客户关系管理的内涵

客户关系管理的概念最初是由美国著名咨询公司高德纳在1993年前后提出的。其对客户关系管理的定义为："通过管理企业与客户之间的关系细节来改善或维护客户的体验，从而提高和保持客户满意度和忠诚度；同时，通过流程优化、信息共享和业务协同来使企业受益。"

一、关于客户关系管理的各种学说

究竟什么是客户关系管理，理论界与企业界众说纷纭，分别从不同的角度提出各自对客户关系管理的理解，主要有以下各种学说。

第一章 客户关系管理理念

(一) 客户关系管理的战略说

高德纳咨询公司(Garther Group)最早对客户关系管理的定义是:"客户关系管理是代表增进赢利、收入和客户满意度而设计的企业范围的商业战略。"该定义强调客户关系管理是一种商业战略而不是一套系统,它涉及的范围是整个企业而不是一个部门,战略目标是增进赢利、销售收入和提升客户满意度。

阿姆德特·德克(Amdt Dirk)也认为,客户关系管理战略由获取新客户、客户保留和防止客户流失三个部分组成,并提出了一个由客户获取、客户忠诚和客户挽救组成的客户关系管理过程模型。

(二) 客户关系管理的策略说

高德纳咨询公司认为,客户关系管理是为企业提供全方位的管理视角,赋予企业更完善的客户交流能力,最大化客户的收益率,与客户建立起长期、稳定、相互信任、互惠互利的密切关系的动态过程和经营策略;信息技术是实现客户关系管理的一种手段,信息技术对于客户关系管理不是全部,也不是必要条件。

卡尔松营销集团(Carson Marketing Group)对客户关系管理的定义是:"通过培养公司的每一名员工、经销商和客户对该公司更积极的偏爱或偏好,留住他们并以此提升公司业绩的一种营销策略。"该定义认为客户关系管理的目的是形成忠诚的客户,从客户价值和企业利润两方面实现客户关系的价值最大化。

还有的学者跳出单纯的IT技术范畴,将客户关系管理视为一种经营策略,实施以客户为中心的经营业务流程,通过应用信息技术将企业的客户资料整理出来,通过向企业的销售、市场和客户服务的专业人员提供全面的、个性化的客户资料,强化其跟踪服务、信息分析的能力,帮助他们建立和维护与客户之间的亲密信任关系,为客户提供更快捷和周到的服务,并以此为手段提高企业的赢利能力、利润和客户满意度。

(三) 客户关系管理的理念说

格林汉姆(Graham)认为,客户关系管理是企业处理其经营业务及客户关系的一种态度、倾向和价值观。

有学者认为,客户关系管理是一种经营理念,其核心是以客户为中心,这一理念的主要来源是现代营销理论。

也有学者认为,客户关系管理是一种管理理念,其核心思想是将客户视为最

重要的企业资产，通过完善的客户服务和深入的客户分析，发现并满足客户的个性化需求，不断增加企业带给客户的价值，提高客户的满意度和忠诚度，以此建立和巩固企业与客户的长期稳定的关系，使企业获得可持续发展的动力。

(四) 客户关系管理的制度说

客户关系管理的制度说认为客户关系管理是一套原则制度，在整个客户生命周期中都以客户为中心，其目标是缩减销售周期和销售成本、增加收入、寻找扩展业务所需的新的市场和渠道，以及提高客户的价值、满意度、赢利性和忠诚度。

也有学者认为，客户关系管理，从管理科学的角度来考察，它源于"以客户为中心"的市场营销理论，是一种旨在改善企业与客户之间关系的管理机制。

(五) 客户关系管理的目的说

赫尔维茨·格鲁普(Hurwitz Group)认为，客户关系管理的焦点是改善与销售、市场营销、客户服务及支持等领域和客户关系有关的商业流程并且实现自动化。

客户关系管理在方式和内容上，通过对市场营销、销售和服务等前台工作导入流程管理的概念，让每一类客户的需求，通过一系列规范的流程可以得到快速而妥善的处理，并且让服务同一个客户的销售、市场营销、服务与管理人员能够紧密协作，从而大幅度提高销售业绩与客户满意度，使客户不断重复购买本企业的产品或服务。

客户关系管理通过对信息、资源、流程、渠道、管理、技术等进行合理高效的整合利用，使企业能够获得较高的利润回报，并从长远的角度在赢得与巩固客户和市场等方面获得利益。

(六) 客户关系管理的行动说

客户关系管理的行动说认为，客户关系管理是指企业通过富有意义的交流沟通，理解并影响客户行为，最终实现客户获得、客户保留、客户忠诚和客户创利的目的。

客户关系管理的行动说强调企业与客户的互动沟通，而且这种沟通是富有意义的，能够基于此来了解客户，并在了解客户的基础上影响客户的行为，通过这样的努力最终可以获得更多的新客户、留住老客户，从而达到让客户创造价值的目的。

(七)客户关系管理的技术说

莱因霍尔德·拉普(Reinhold Rapp)指出:"客户关系管理是一套管理软件和技术,目的是通过分析客户的兴趣爱好,从而为客户提供更好的服务。它由三部分组成,即网络化销售管理系统、客户服务管理系统、企业决策信息系统。"他将客户关系管理视为对客户数据的管理,客户数据库是企业最重要的数据中心,记录了企业在整个市场营销过程中与客户发生的各种交互行为、各类相关活动的状态。

SAS 公司是全球著名的统计软件提供商,该公司认为:"客户关系管理是一个过程,通过这个过程,企业最大化地掌握和利用客户信息,以增加客户的忠诚度,实现客户的终生挽留。"该定义强调对客户信息的有效掌握和利用,强调技术如数据库、决策支持工具等在收集和分析客户数据中的作用。

古姆·格鲁普(Gum Group)也提出了客户关系管理的技术说,认为客户关系管理是企业在营销、销售和服务范围内,对现实的和潜在的客户关系及业务伙伴关系进行多渠道管理的一系列过程和技术。

SAP 公司认为,客户关系管理是对客户数据的管理,它记录了企业在整个营销与销售过程中和客户发生的各种交互行为,以及各类相关活动的状态,并提供各种数据库的统计模型,为后期的分析与决策提供支持。

乔恩·安东(Jon Anton)认为,客户关系管理是一种客户接入的整合技术系统。它是将公司内部与外部客户对公司的重要信息无缝接入,提高对公司电话系统、网站及电子邮件接触点的整合,形成电脑电话集成和呼叫中心,使客户通过自助服务就能实现对重要产品购买的目的,最终提高客户忠诚度、客户价值和客户利润率。

IBM 公司认为,客户关系管理是企业用来管理客户关系的一套方法和技术,企业通过提高产品性能,增强客户服务,提高客户交互价值和客户满意度,与客户建立起长期、稳定、相互信任的密切关系,从而为企业吸引新客户,维系老客户,提高效益和竞争优势。IBM 对客户关系管理的定义包括两个层面:一是企业实施客户关系管理的目的是通过一系列的技术手段了解客户目前的需求和潜在的需求,适时地为客户提供产品和服务;二是企业要整合各方面的信息,使企业对某一个客户的了解达到完整性和一致性。也就是说,企业内部相关部门实时地输入、共享、查询、处理和更新这些信息,并且对客户信息进行分析和挖掘,分析客户的所有行为,预测客户下一步对产品和服务的需求,根据客户的需求进行一对一的个性化服务。

此外,IBM 还把客户关系管理分为三类:关系管理、接入管理和流程管理,涉及企业识别、挑选、获取、保持和发展客户的整个商业过程。关系管理是与销

售、服务、支持和市场相关的业务流程的自动化历程管理，利用数据挖掘技术或数据库分析客户行为、预期、需要、历史，并具有全面的客户观念和客户忠诚度衡量标准与条件。接入管理主要是用来管理客户和企业进行交互的方式，如计算机电话集成(CTI)、电子邮件响应管理系统(ERMS)等，包括行政管理、服务水平管理和资源分配功能。流程管理是客户关系管理成功实施的关键，所有的业务流程必须灵活，要随商业条件或竞争压力的变化做出相应改变。

(八) 客户关系管理的工具说

客户关系管理的工具说认为，客户关系管理是一个"聚焦客户"的工具，网络时代的客户关系管理应该是利用现代信息技术手段，在企业与客户之间建立一种数字的、实时的、互动的交流管理系统。

客户关系管理系统是通过应用现代信息技术，使市场营销、销售管理、客户服务和支持等经营流程信息化，实现客户资源有效利用的软件系统，其核心思想是"以客户为中心"。

客户关系管理应用软件简化和协调了销售、市场营销、服务和支持等各类业务功能的过程。同时，它还将多种与客户交流的渠道，如面对面、电话沟通及Web访问等集合为一体，以方便企业按客户的喜好使用适当的渠道与之进行交流。

(九) 客户关系管理的方案说

客户关系管理的方案说认为，客户关系管理是信息技术、软硬件系统集成的管理办法和解决方案的总和。

作为一种专门的管理软件和管理方法，客户关系管理是一套基于当代最新技术的企业问题解决方案，它将市场营销的科学管理理念通过信息技术集成在软件上，将互联网、电子商务、多媒体、数据库与数据挖掘、智能系统、呼叫中心等技术因素与营销等管理要素结合，为企业的销售、客户服务及营销决策提供了一个系统的、集成的、智能化的解决方案。

客户关系管理既是帮助企业管理客户关系的方法和手段，又是一系列实现销售、营销、客户服务流程自动化的软件乃至硬件系统，强调客户关系管理系统首先是一种管理信息系统。

二、关于客户关系管理的认识误区

有许多人认为"关系"是个令人费解、难以言传，甚至难以启齿的词语，因而不屑于讨论"关系"，而更愿意讨论战略、创新这样的话题。之所以这样，是因为他们将"关系"简单地理解为"搞关系""走后门"，认为只要多"献殷勤"就

第一章 客户关系管理理念

可以建立客户关系、维护客户关系，这是对客户关系管理的误解。其实，正常的客户关系本质上是买卖关系、交易关系、服务关系、利益关系。因此，客户关系管理不可以"务虚"，而必须"务实"，必须是建立在提供坚实的利益基础之上的，必须是能够为客户创造价值的。如果企业提供的产品与服务不能满足客户的需要，那么不论怎么"搞关系"也无济于事。

还有不少人认为，客户关系管理就是安装客户关系管理软件，或者就是客户数据库管理，这也是对客户关系管理的误解。由于我们最初看到的客户关系管理是与客户关系管理软件、数据库联系在一起的，所以给人们造成一种错觉，似乎引进了客户关系管理软件、建立了客户数据库就是在进行客户关系管理。事实上，客户关系管理可能需要使用相关的管理软件，但它们只是为企业进行客户关系管理提供了一种手段，并不能代表客户关系管理。数据库也只是帮助我们更有效地管理客户信息的工具，它同样不能替代客户关系管理。

从根本上说，企业与客户是利益关系、协作关系、双赢关系，它们是超越了技术系统能力之外的利益、温暖、友善、信任，只有双方都愿意交往、愿意合作，这种关系才能建立、提升与保持。

总之，企业与客户间关系的建立与维护靠的是企业为客户创造的利益、情感和价值，而这些仅凭人际交往、计算机软件或数据库技术是无法达成的。此外，从本质上说，客户关系管理还应当是一种企业文化，而不能把客户关系管理变成"个别人"的事情，只有所有部门和所有员工都认识到自己与客户之间的利益关系、利害关系，他们才能更好地贯彻客户关系管理思想。

> **案例：泰国东方饭店的客户关系管理**
>
> 泰国的东方饭店堪称亚洲饭店之最，几乎天天客满，不提前一个月预订是很难有入住机会的。东方饭店为什么会这么吸引人呢？它靠的是"真功夫"，是非同寻常的客户关系管理。我们不妨通过实例来看一下：
>
> 于先生因公务经常到泰国出差，并下榻在东方饭店。第一次入住时，良好的饭店环境和服务就给他留下了深刻的印象，第二次入住时的几个细节更使他对饭店的好感迅速升级。
>
> 那天早上，在他走出房门准备去餐厅的时候，楼层服务人员恭敬地问道："于先生是要用早餐吗？"他很奇怪，反问："你怎么知道我姓于？"服务人员说："我们饭店规定，晚上要背熟所有客人的姓名。"这令于先生大吃一惊，因为他频繁往返于世界各地，入住过无数高级酒店，但这种情况还是第一次碰到。

于先生高兴地乘电梯到餐厅所在的楼层，刚刚走出电梯门，餐厅的服务人员说："于先生，里面请！"他更加疑惑，因为服务人员并没有看到他的房卡，就问："你知道我姓于？"服务人员答："上面的人刚刚通知我，说您已经下楼了。"如此高的效率让于先生再次大吃一惊。

于先生刚走进餐厅，服务小姐微笑着问："于先生还要老位置吗？"于先生的惊讶再次升级，心想："尽管我不是第一次在这里吃饭，但最近的一次也有一年多了，难道这里的服务人员记忆力那么好？"看到于先生惊讶的表情，服务小姐主动解释说："我刚刚查过电脑记录，您于去年的6月8日在靠近第二个窗口的座位上用过早餐。"于先生听后兴奋地说："老位置！老位置！"服务小姐接着问："老菜单？一个三明治，一杯咖啡，一个鸡蛋？"现在于先生已经不再惊讶，"老菜单，就要老菜单！"于先生已经兴奋到了极点。

餐厅赠送了一碟小菜，由于这种小菜于先生是第一次看到，他问："这是什么？"服务生后退两步说："这是我们特有的某某小菜。"服务生为什么要先后退两步呢？他是怕自己说话时口水不小心落在客人的食品上，这种细致的服务不要说在一般的酒店，就是在很多知名的饭店中都没有见过。这一次早餐给于先生留下了终生难忘的印象。

后来，由于业务调整的原因，于先生有3年的时间没有再到泰国，在于先生生日的时候，他突然收到了一封来自东方饭店的生日贺卡，里面还附了一封短信，内容是："亲爱的于先生，您已经有3年没有来过我们这里了，我们全体人员都非常想念您，希望能再次见到您！今天是您的生日，祝您生日愉快！"于先生很感动，决定如果再去泰国，绝不会到任何其他饭店，一定要住东方饭店，而且要向自己所有的朋友推荐。就这样，一封贴着六元邮票的信买到了一颗心，这就是客户关系管理的魔力。

东方饭店非常重视培养忠实的客户，并且建立了一套完善的客户关系管理体系，使客户入住后可以得到无微不至的人性化服务。迄今为止，世界各国大约20万人曾经入住过那里，用他们的话说，只要每年有1/10的老客户光顾，饭店就会永远客满，这就是东方饭店成功的秘诀。

三、关于客户关系管理的再认识

（一）客户关系管理首先是一种"管理"

"管理"是指有目的的活动，是计划、组织、指挥、协调、控制。

第一章 客户关系管理理念

那么，客户关系管理就是企业对客户关系进行计划、组织、指挥、协调、控制，这就意味着客户关系管理绝不仅仅是使用一套软件、建立一个数据库那么简单，而是涉及企业的定位、战略、业务、流程、管理、营销、文化等一系列问题。

(二) 客户关系管理是关于"关系"的管理

《现代汉语词典》对"关系"的解释是：①事物之间相互作用、相互影响的状态；②人和人或人和事物之间的某种性质的联系；③关联或牵涉等。

由此可见，客户关系是企业与客户之间的相互作用、相互影响、相互联系的状态。当然，客户关系也是有生命周期的，即客户关系的建立、发展、保持、破裂。

(三) 客户关系管理是关于"客户关系"的管理

企业与客户之间的关系既是买卖关系，又是利益关系，还是伙伴关系。企业的销售和客户的购买使企业赢得利润、客户获得价值，企业与客户都从对方获得利益，只要关系不断，这种交换就可以持续下去。可见，客户关系管理要注重研究客户关系的建立、维护、挽救等问题。从关系的持久性来看，企业实施客户关系管理必须实现客户与企业的"双赢"，实现客户价值的最大化和企业收益最大化之间的平衡。

此外，社会关系的一些基本准则大多适用于客户关系管理，因为从本质上说，企业、客户的背后都是人，客户关系本质上是人与人的关系。当然，客户关系侧重于社会关系与人际关系中的商业关系。

知识扩展：客户的状态

按照客户的状态，可将客户划分为潜在客户、目标客户、现实客户、流失客户、非客户。

1. 潜在客户

潜在客户是指对企业的产品或服务有需求和购买动机，有可能购买但还没有产生购买的人群。例如，已经怀孕的母亲很可能就是婴幼儿产品的潜在客户。

2. 目标客户

目标客户是企业经过挑选后确定的力图开发为现实客户的人群。例如，劳斯莱斯就把社会名流或取得巨大成就的人士作为自己的目标客户。

潜在客户与目标客户的区别在于，潜在客户是指有可能购买但还没有购买的客户，目标客户则是企业主动"瞄上"的尚未有购买行动的客户。潜在客户和目标客户是可以重叠或者部分重叠的。

3. 现实客户

现实客户是指已经购买了企业的产品或者服务的人群。

按照客户与企业之间关系的疏密,可以将"现实客户"分为初次购买客户(新客户)、重复购买客户和忠诚客户三类。初次购买客户(新客户)是对企业的产品或者服务进行第一次尝试性购买的客户;重复购买客户是对企业的产品或者服务进行二次及二次以上购买的客户;忠诚客户是对企业的产品或者服务持续地、指向性地重复购买的客户。忠诚客户是企业最值得信赖的客户,他们是企业产品或服务的长期、持续、重复购买者,他们的忠诚也表明企业现有的产品和服务对他们是有价值的。

4. 流失客户

流失客户是指曾经是企业的客户,但由于种种原因,现在不再购买企业的产品或服务的客户。

以上四种客户状态之间是可以相互转化的。比如,潜在客户或目标客户一旦采取购买行为,就变成企业的初次购买客户,初次购买客户如果经常购买企业的产品或服务,就可能发展成为企业的重复购买客户,甚至成为忠诚客户;但是,初次购买客户、重复购买客户、忠诚客户也会因对企业不满或因为其他企业更有诱惑的条件而成为流失客户;而流失客户如果被成功挽回,又可以直接成为现实客户。

5. 非客户

非客户是指那些与企业的产品或者服务无关或者因种种原因不可能购买企业的产品或者服务的人群。

客户的状态如图1-1所示。

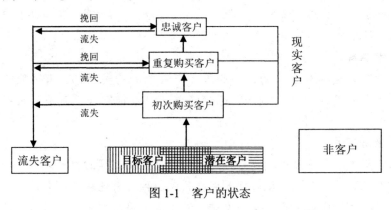

图1-1 客户的状态

四、客户关系管理的内涵与目标

客户关系管理是建立在营销思想和信息技术基础之上的先进的管理理念与策略，是专门研究如何建立客户关系、如何维护客户关系、如何挽救客户关系的科学，它将管理的视野从企业的内部延伸、扩展到企业的外部，是企业管理理论的新领域。

客户关系管理的任务与目标是通过建立客户关系、维护客户关系、挽救客户关系来帮助企业拥有大量的、优质的、忠诚的客户。

第四节　客户关系管理的思路

客户关系管理是一个系统工程，客户关系管理流程可以从图 1-2 中直观反映出来。

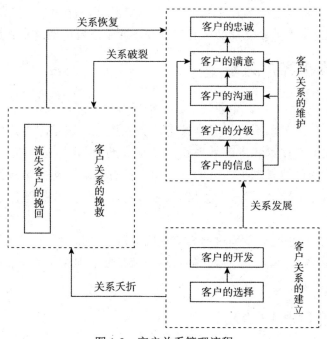

图 1-2　客户关系管理流程

一、以营销思想与信息技术为两翼

首先，客户关系管理必须以营销思想为支撑。不论时代怎么发展、科学技术如何进步，客户关系管理都必须以客户为中心，以营销思想为支撑，通过了解和

掌握客户需求，为客户提供个性化的优质服务以满足客户需要，并且不断提高客户的满意度和忠诚度，从而提高企业的经营效率，实现销售收入的增长、市场份额的增加，以及企业赢利能力和竞争能力的提升。

其次，客户关系管理必须以信息技术为支撑。虽然过去传统的客户关系管理可以不依赖信息技术，但在信息技术如此发达和重要的今天，客户关系管理必须以信息技术等现代科技为支撑，充分利用数据库、数据挖掘、人工智能技术、应用集成技术、移动与互联网技术等现代技术手段，不断改进和优化与客户相关的全部业务流程，实现电子化、自动化运营。

二、主动地、有选择地建立客户关系

首先，当没有客户关系时，企业就要主动、努力地去建立关系。客户关系的建立就是要让潜在客户和目标客户产生购买欲望并付诸行动，促使他们尽快成为企业的现实客户。

其次，为了降低建立客户关系的难度，也为了日后在维护客户关系时容易一些，企业在建立客户关系之前必须有选择性，而不能盲目地建立客户关系。

三、积极维护客户关系

在建立客户关系之后，企业还必须维护好客户关系。

虽说建立客户关系不易，但维护客户关系更难。这是因为，随着科学技术的发展，企业生产技术和生产效率得到了很大的提高，产品及服务极大丰富，相互之间的差别也越来越小，市场已开始由卖方市场向买方市场发展，所以客户的选择余地越来越大，流失变得越来越容易，因而企业想留住客户变得越来越难。

客户关系的维护是企业通过努力来巩固及进一步发展与客户长期、稳定关系的动态过程和策略。客户关系维护的目标，就是要实现客户的忠诚，特别是要实现优质客户的忠诚，避免其流失。

四、及时挽救客户关系

在客户关系的建立阶段、维护阶段，随时都可能发生客户关系的破裂，也就是出现客户关系的夭折或终止。如果企业没有尽快及时地恢复客户关系，就可能造成客户的永远流失。如果企业能够及时地采取有效措施，就有可能使破裂的关系得到恢复，挽回已经流失的客户，促使他们重新购买企业的产品或服务，使他们继续为企业创造价值。

第一章 客户关系管理理念

📄 知识扩展：客户经理制

客户经理(客服代表)制是柜台服务的延伸，是企业为了方便客户而提供的一系列套餐式服务的一项制度，它打破了传统的以产品为导向、业务部门各自为政的组织形式，变"等客服务"为"上门服务"，体现了"以市场为导向，以客户为中心"的服务理念，是一种科学的营销组织形式和服务创新模式。

1. 客户经理的职责与作用

一是开发、发展和巩固客户关系，推广企业的产品或服务，销售谈判，把握合同要点，为客户提供优质的服务。

二是采集市场、客户、竞争对手的信息，及时反馈市场需求，帮助企业以最快的速度捕捉商机，并抓紧新产品的研制、开发和推出，为客户提供综合化、个性化服务。

三是利用客户数据库分析客户的交易历史，了解客户的需求和采购情况，关注客户的动态，并强化跟踪管理，对已发生风险的客户实施保全措施，化解经营风险。

四是整合企业对客户服务的各种资源，根据客户的不同要求设计不同的产品和服务方案，为客户提供全方位、方便快捷的服务，客户只要找到了客户经理，所有需求即可得到一揽子服务及解决方案。

五是客户经理集"推销员""采购员"和"服务员"于一身，即先把客户的所有需求采购回来，并且通过后台的协同工作，再把企业的所有产品推广出去，这样既发挥了企业的整体优势，节约了经营成本，又提高了工作效率，从而增强了企业的赢利能力。

例如，在汇丰银行，客户经理的任务是联系银行与客户之间的各种关系并作为客户策略及财务参谋；研究分析客户的需要并提出解决的办法，协调和争取银行的各项资源，及时解决客户的需要；了解竞争银行的客户策略，及时提出对策、建议；通过管理、服务客户为银行赚取合理的回报；通过分析客户需求，努力从各个角度、各个层面为客户提供全方位的服务。

2. 客户经理的业绩评估与激励

(1) 建立基于客户经理绩效特点的业绩评估体系。

首先，绩效评估指标的设计要反映企业获取客户长期价值的需求，要建立一套有效的基于流程和团队的业绩评估体系。

其次，按照责权利匹配原则，通过科学考核客户经理的工作量及工作难度大小、个人贡献度，客观公正地衡量出客户经理的个人业绩，由此评定出不同等级的客户经理。

再次，推行绩效工资，将客户经理个人业绩与其经济收入、职务升降联系在一起，实现多劳多得和奖优罚劣的效果。

(2) 要对客户经理进行持续有效的激励。

目前，企业对客户经理的激励存在两个缺陷：一是短期的奖金激励导致客户经理忽视对客户关系的提升；二是重视个体激励而忽视对团队的奖励，导致客户经理无法从企业其他部门获得更多的支持。所以，要建立长期的激励制度，就要承认客户经理以外的其他相关部门和人员为战略客户所做的贡献。

此外，客户经理在组织中要有一定的权威，否则他将无法调动企业资源去满足客户需求。如果客户认为企业客户经理在组织中没有话语权，就很难与其建立一种信任关系。因此，要不断完善客户经理制度，把客户经理从"大业务员"转化为团队的领导者与管理者。

 课后练习

一、不定项选择题

1. 以下(　　)不属于根据客户的状态进行的分类。
   A. 新客户　　　　　　　　　B. 忠诚客户
   C. 流失客户　　　　　　　　D. 中小商户
2. 客户关系建立阶段需要经过(　　)环节。
   A. 客户沟通　　　　　　　　B. 客户选择
   C. 客户开发　　　　　　　　D. 客户分级
3. 客户关系维护阶段需要经过(　　)环节。
   A. 客户沟通　　　　　　　　B. 客户满意
   C. 客户开发　　　　　　　　D. 客户忠诚
4. (　　)是指对企业的产品或服务有需求和购买动机，有可能但还没有产生购买的人群。
   A. 潜在客户　　　　　　　　B. 目标客户

第一章 客户关系管理理念

C. 现实客户　　　　　　　　　D. 流失客户

二、判断题

1. 客户就是指最终消费者。　　　　　　　　　　　　　　　　（　）
2. 客户关系管理必须以营销思想与信息技术为支撑。　　　　　（　）
3. 企业在建立客户关系之前必须有选择地建立关系。　　　　　（　）
4. 实施客户关系管理就是购买一个 CRM 软件，并在企业全面使用。（　）
5. 现实客户是指已经购买了企业的产品或者服务的人群。　　　（　）

三、名词解释

目标客户　　潜在客户　　现实客户　　流失客户
客户终生价值　　客户关系管理

四、思考题

1. 简述客户关系管理产生的背景。
2. 客户关系管理的重要性是什么？
3. 如何认识客户关系管理？
4. 客户关系管理的思路是什么？

五、案例分析题

星巴克的客户关系

星巴克是世界上增长最快的品牌之一，也是《商业周刊》评选的"全球品牌100强"最佳品牌之一。

不过，虽然增长速度迅猛，但是星巴克的广告支出却非常少。星巴克每年的广告费用仅为3000万美元，约为营业收入的1%，这些广告费通常用于推广新口味咖啡饮品和店内新服务，譬如店内无线上网服务等。与之形成鲜明对比的，是同等规模的消费品公司的广告支出通常高达3亿美元。

星巴克成功的重要因素是它视"关系"为关键资产，公司董事长霍华德·舒尔茨一再强调，星巴克的产品不是咖啡，而是"咖啡体验"。与客户建立关系是星巴克战略的核心部分，它特别强调了客户与"咖啡大师傅"的关系。

舒尔茨认识到"咖啡大师傅"是为客户创造舒适、稳定和轻松环境的关键角色，那些站在咖啡店吧台后面直接与每一位客户交流的吧台师傅决定了咖啡店的氛围。为此，每个"咖啡大师傅"都要接受培训，培训内容包括客户服务、零售基本技巧及咖啡知识等。"咖啡大师傅"还要预测客户的需求，并在解释不同的咖啡风味时与客户进行目光交流。

认识到员工是向客户推广品牌的关键，星巴克采取与市场营销基本原理完全不同的品牌管理方式。星巴克将在其他公司可能被用于广告的费用投资于员工福利和培训。1988 年，星巴克成为第一家为兼职员工提供完全医疗保险的公司。1991 年，它又成为第一家为兼职员工提供股票期权的公司，星巴克的股票期权被称为"豆股票(bean stock)"。舒尔茨在自传《星巴克咖啡王国传奇》中写道："'豆股票'及信任感使得职员自动、自发地以最大热忱对待客人，这就是星巴克的竞争优势。"星巴克的所有员工，不论职位高低，都被称为"合伙人"，因为他们都拥有公司的股份。

星巴克鼓励授权、沟通和合作。星巴克公司总部的名字为"星巴克支持中心"，这表示对于那些在星巴克店里工作的"咖啡大师傅"们来说，公司管理层的角色是为他们提供信息与支持。星巴克鼓励分散化决策，并将大量的决策放到地区层面，这给员工很大的激励。许多关键决策都是在地区层面完成的，每个地区的员工就新店开发与总部密切合作，帮助识别和选定目标人群，他们与总部一起完成最终的新店计划，保证新店设计能与当地社区文化一致。星巴克的经验显示，在公司范围内沟通文化、价值和最佳实践是建立关系资产的关键部分。

客户在星巴克消费的时候，收银员除了品名、价格以外，还要在收银机输入客户的性别和年龄段，否则收银机就打不开。所以公司可以很快知道客户的消费时间、消费了什么、金额多少、客户的性别和年龄段等。除此之外，星巴克也通过反馈来增强与客户的关系。每周，星巴克的管理团队都要阅读原始的、未经任何处理的客户意见卡。一位主管说："有些时候我们会被客户所说的吓一跳，但是这使我们能够与客户进行直接的交流。"

星巴克将其关系模型拓展到供应商环节。现在，许多优秀的公司都认识到，商业交易和真正的关系之间存在巨大的差别，即无论是否存在信任，它们都投入大量的资源去培养与供应链上的合作伙伴之间的信任。星巴克倾向于建立长期关系，它愿意通过与供应商合作来控制价格，而不仅仅是从外部监控价格，它投入大量的时间与金钱来培育供应商。在星巴克看来，失去一个供应商就像失去一个员工，因为你损失了培育他们的投资。星巴克对合作伙伴的选择可以说非常挑剔，但一旦确立了合作关系，星巴克就非常努力地与供应商保持良好的合作。第一年，两家公司的高层主管代表通常会进行三到四次会面，之后，每年或每半年进行战略性业务回顾以评估这种合作关系。产品和产品的领域越重要，参与的主管级别就越高。

思考：
1. 星巴克的客户理念是怎样的？
2. 星巴克是怎样管理客户关系的？

第二章　客户关系管理技术

> **引例：App 技术在客户关系管理中的优势**
>
> App 技术在客户关系管理中的优势非常明显：一是 App 用户增长的速度极快，且经济能力较强；二是 App 能够整合 AR、LBS 等新技术，会带给用户更好的体验；三是 App 是手机上的应用，因此其随身性与互动性较强，通过微博、SNS 等进行传播后，能够实现快速增长；四是 App 与传统客户关系管理手段相比开发成本较低；五是通过新技术和数据分析，App 能够定位企业潜在客户；六是客户安装 App 以后，有利于企业和客户的良好沟通。
>
> **引例启示**
>
> 企业在进行客户关系管理时，应当积极应用先进技术来改善客户体验、提高服务效率。

现代客户关系管理离不开信息技术的支撑，客户关系管理系统、互联网、大数据、人工智能等已被广泛地运用于企业的客户关系管理中。

第一节　客户关系管理系统

当企业的客户群相对较大时，客户信息的调查、收集、登记、更新、分析、分类、营销等需要建立一个平台和相应的软件系统来完成。也就是说，企业有必要建立快速、准确、动态的客户关系管理系统来满足日益复杂的管理客户关系的需要。

一、客户关系管理系统概述

(一) 客户关系管理系统的定义

客户关系管理系统是以客户数据的管理为核心,利用现代信息技术、网络技术、电子商务、智能管理、系统集成等多种技术,记录企业在市场营销与销售过程中和客户发生的各种交互行为,以及各类有关活动的状态,提供相应数据模型,从而建立一个客户信息的收集、管理、分析、利用的系统,帮助企业实现以客户为中心的管理模式。

客户关系管理系统的主要工作是:帮助记录、管理所有企业与客户交易与交往的记录,并能够通过分析,辨别哪些客户是有价值的,以及这些客户的特征等;实现自动化管理,动态地跟踪客户需求、客户状态变化到客户订单,记录客户意见;通过自动的电子渠道,如短信、邮箱、网站等承担对客户进行的某些自动化管理的任务。

(二) 客户关系管理系统的特点

1. 综合性

客户关系管理系统综合了绝大多数企业有关客户服务、销售和营销管理系统自动化和优化的需要,通过具有多媒体、多渠道的联络中心实现营销与客户服务的功能,同时通过系统具备的为现场销售和远程销售提供的各种服务功能实现销售。客户关系管理系统使企业拥有了畅通高效的客户交流途径、综合面对客户的业务工具和竞争能力,从而使企业顺利实现从传统的企业模式向以电子商务为基础的现代企业模式的转变。

2. 集成性

客户关系管理要有效发挥作用,还要与企业的后台系统进行集成。在电子商务背景下,客户关系管理系统与企业资源计划、供应链管理、计算机集成制造、财务等系统的集成,将彻底改革企业的管理方式和业务流程,确保各部门、各系统的任务能够动态协调和无缝链接。

3. 智能化

客户关系管理应用系统还具有商业智能的决策和分析能力。客户关系管理系统中获得并深化了大量的客户信息,通过加强对数据库的建设和数据挖掘工作,可以对市场和客户的需求展开智能性的分析,从而为管理者提供决策的依据或参考。客户关系管理的商业智能还可以改变产品的定价方式、产品组合方式,提高市场占有率，提高客户忠诚度，以及发现新的商业机会。

4．高技术

客户关系管理系统涉及种类繁多的信息技术，如数据库、数据挖掘、多媒体技术等，同时为实现与客户的全方位交流，在方案部署中要求实现呼叫中心、销售平台、远程销售、移动设备，以及基于互联网的电子商务站点的有机结合，这些不同的技术、不同规则的功能模块和方案要结合成为一个统一的客户关系管理环境。

二、客户关系管理系统的主要功能

（一）接触功能

客户关系管理系统应当能使客户以各种方式与企业接触，典型的方式有呼叫中心、面对面的直接沟通、传真、移动销售、电子邮件、互联网，以及其他营销渠道，如中介或经纪人等。

客户关系管理系统应当能够或多或少地支持各种各样的接触活动，企业必须协调这些沟通渠道，保证客户能够按其方便或偏好的形式随时与企业交流，并且保证来自不同渠道的信息完整、准确和一致。

（二）业务功能

企业中每个部门必须能够通过上述接触方式与客户进行沟通。营销、销售和服务部门与客户的接触和交流最为频繁，因此客户关系管理系统主要应对这些部门予以支持。

1．营销自动化

营销自动化也称为技术辅助式营销，主要是通过设计、执行和评估营销行动和相关活动的全面框架，赋予市场营销人员更多的工作手段及能力，使其能够对营销活动的有效性加以计划、执行、监视和分析，并能够运用工作流技术来优化营销流程，从而使营销任务自动完成。营销自动化的目的在于使企业能够在活动、渠道和媒体选择上合理分配营销资源，以达到收益最大化和客户关系最优化的效果。

2．销售自动化

所谓销售自动化是以自动化方法替代原有的销售过程，这种方法主要是基于信息技术而形成的。销售自动化的实施可以帮助企业的销售机构及销售人员高质量地完成日程安排、进行有效的客户管理、实现销售预测、制作和提交销售建议书、制定定价与折扣策略、分配和管理销售地域，以及报销报告制度的建立与完善等。

3. 服务自动化

服务自动化是企业依靠信息技术与手段，根据客户的背景资料及可能的需求，与客户进行的多种交流与沟通，并且在特定的时机提示客服人员有效、快捷、准确地满足客户的需求，从而进一步发展、维系与客户的关系。例如，对于民航来说，客户关系管理系统中最有用的功能莫过于能够在航班延误或取消的时候自动联系旅客了。在飞行前，旅客能在航空公司的主页上定制参与管理的策略，当航班延误时，民航可以与旅客联系，并且给他们提供几种替代的路线，旅客能够根据这些信息决定下一步的行动。

（三）技术功能

客户关系管理系统一般包含6个主要的技术功能，即信息分析的功能、对客户互动渠道进行集成的功能、支持网络应用的功能、建设集中的客户信息仓库的功能、对工作流进行集成的功能、与企业资源计划集成的功能。

（四）数据库功能

数据库管理系统是客户关系管理系统的重要组成部分，是客户关系管理思想和信息技术的有机结合，是企业前台各部门进行各种业务活动的基础。

从某种角度来说，数据库甚至比其他业务功能更重要。其功能体现在：帮助企业根据客户终生价值来区分各种现有客户；帮助企业准确地找到目标客户群；帮助企业在最合适的时机以最合适的产品满足客户需求，降低成本，提高效率；帮助企业结合最新信息和结果制定出新策略，塑造客户忠诚。

运用数据库这一强大的工具，企业可以与客户进行高效的、可衡量的、双向的沟通，真正体现了以客户为导向的管理思想。

三、客户关系管理系统的类型

客户关系管理系统通常分为操作型、分析型、协作型三类，如图2-1所示。

（一）操作型客户关系管理系统

操作型客户关系管理系统也称为"前台"客户关系管理系统，它包括与客户直接发生接触的各个方面，是通过为客户服务的自动化来改善与客户接触的流程，进而提高工作效率，使客户满意。

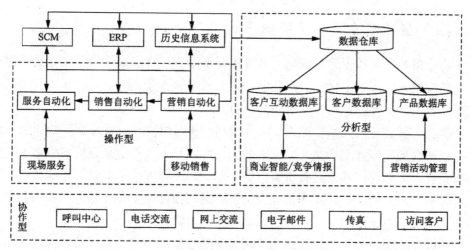

图 2-1 客户关系管理系统

这种系统的设计理念在于：客户管理在企业经营中的地位越来越重要，它要求所有的业务流程流线化与自动化，包括各种渠道的客户接触点的整合，使前台与后台在管理上保持平滑的无缝连接。其目的是企业直接面对客户时能够提供自动化的业务流程，为各个部门的业务人员的日常工作提供客户资源共享，减少信息流动的滞留点，为客户提供高质量的服务。

操作型客户关系管理系统面向的是营销、销售、客户服务等一线、前台的工作。它主要是运用现代技术手段解决"以客户为中心"而带来的一系列问题，如销售信息管理、销售信息分析、销售过程定制、销售过程监控、销售预测功能、营销活动的环境分析、信息管理、计划预算、项目追踪、成本核算、回报预测、营销效果评估、客户服务请求，以及投诉反应机制的建立、分配、解决、跟踪、反馈、回访等。

(二) 分析型客户关系管理系统

分析型客户关系管理系统通常也称"后台"客户关系管理，它不需要直接同客户打交道，其作用主要是从操作型客户关系管理系统应用所产生的大量交易数据中提取各种有价值的信息，分析理解发生在前台的客户活动，为企业的经营管理和决策提供有效的量化依据。

分析型客户关系管理系统主要面向客户数据分析，针对一定企业的业务主题，设计相应的数据库和数据集市，利用各种预测模型和数据挖掘技术，对大量的交易数据进行分析，对将来的趋势做出必要的预测或寻找某种商业规律。

作为一种企业决策支持工具，分析型客户关系管理系统用来指导企业的生产经营活动，提高经营决策的有效性和成功率。

(三) 协作型客户关系管理系统

协作型客户关系管理系统基于多媒体联系中心,将多渠道的交流方式融为一体,建立统一的接入平台——交互中心,为客户和企业之间的互动提供多种渠道和联系方式,提高企业与客户的沟通能力。

从上面三类客户关系管理系统的介绍和分析可以发现,操作型和协作型系统主要解决内部工作效率和交易数据的采集问题,并不具备信息分析的能力,只有分析型客户关系管理系统具有价值分析功能。如果将客户关系管理系统比作一个人,分析型是人的大脑,操作型是人的手和脚,而协作型有点像人的感觉器官,这个比喻虽不完全贴切,但它们的确有一定的相似性。

企业是先采用分析型,还是先采用操作型,或者协作型客户关系管理系统,完全取决于企业的现状。不论怎样,一定要整体设计,先从最紧迫的需求做起,这样投资小、见效快、风险少,是非常切合实际的做法。

此外,这三种类型的客户关系管理系统都是侧重某一个方面的问题,因此是不完全的。要实现企业与客户之间的联动机制,就需要将它们结合在一起。在客户关系管理系统实际项目中,三种类型的客户关系管理系统往往是相互补充的关系。一个完整的、典型的客户关系管理系统在实际应用中并没有严格意义的操作型、协作性和分析型之分,通常为三者共居于一个系统之中,共同完成同一个企业目标——为客户服务。

第二节 互联网在客户关系管理中的应用

一、互联网在客户关系管理中的功能

互联网能够突破时空限制,让用户随时随地进行信息的发布与获取,是当今最先进的信息载体。互联网技术是建立在计算机技术基础上的信息技术,能够实现信息的存储、处理、传输。互联网技术的数字化、网络化、高速化能够让客户享受方便快捷的服务。

网络环境下,客户可通过互联网向企业定制产品、发送订单、提出服务请求和服务类型、查询常见的问题、检查订单状态,实现网上的自助服务。企业可以利用网络建立属于本企业的站点,将大量的产品信息和企业信息放在网站的主页上,客户可以随时上网了解这些信息。对于企业而言,通过网络获得潜在客户也变得更为快捷、简单。当客户在浏览企业产品信息时产生兴趣、想进一步了解更多的信息时,

第二章 客户关系管理技术

可以注册、填写有关资料,这些注册人极有可能成为企业的潜在客户,而他们浏览过的信息对于企业也是极有价值的,销售人员可以有目的地向他们宣传和推销这些产品,使得他们最终成为企业的客户。在利用网络发布产品信息的同时,企业还可以在网上开展问卷调查,了解当前客户对产品的意见及发现客户的诸多个性化需求,从而使产品的设计和服务更接近客户的需求,提高客户的满意度。

> **案例**:强生公司的网上客户关系管理
>
> 强生公司选择婴儿护理品为公司网站的形象产品,将企业网站变成了一部"个性化的、记录孩子出生与成长历程的电子手册",增强了强生品牌的感召力。由于企业网站变成了一部记录孩子整个成长过程的电子相册,所以"强生"这个名字可能伴随其一生。
>
> 强生公司网站界面设计得清新淡雅,明亮简洁,设有"宝宝的书""宝宝与您及小儿科研究院""咨询与帮助中心""母亲交流圈""意见360°反馈"等创新栏目,让年轻的家长产生想去体验的欲望。强生公司网站时刻提醒年轻的父母们关注宝宝的睡眠、饮食、哭闹、体温等,并且有相关的栏目帮助人们解答育儿疑问。随着孩子的成长,强生会不时递来沐浴露、纸尿裤、围嘴、爽身粉等孩子所需的产品。年轻父母们会突然发现,孩子的成长已离不开强生。

二、移动互联网在客户关系管理中的应用

移动互联网时代,人们追求更加方便快捷的生活方式,而传统的沟通方式日益不适应现代快节奏的生活,移动社交软件的出现带来了沟通方式和生活方式的变革,其中以 QQ、微博、微信、陌陌、抖音等应用软件为主要代表。这些应用软件都具有移动互联网时代全新的技术特征,带来了沟通方式的转变,它们实现了人们沟通交流的无距离感、无阻碍性,以更加直接的语音通话和在线视频方式突破了传统沟通方式的局限性,以更加简单的认识渠道和沟通方式打破了忙碌生活状态下都市人群的交流壁垒。

> **案例**:移动互联网在商业银行客户关系管理中的应用
>
> 商业银行可通过微信公众号和手机银行等移动互联网应用推送营销软文、优惠信息等。其目的一是向潜在客户进行信息推送,吸引新客户;二是向老客户推送信息,维护老客户的关系。

> 软文方面，商业银行可根据最新发生的新鲜事、节日等热点撰写软文来营销产品，促进客户了解甚至购买和使用产品。
>
> 优惠信息主要包括信用卡支付优惠、网上商城的折扣商品介绍等，提醒客户使用信用卡或购买优惠产品，以提高客户的满意度和黏度。
>
> 手机银行是商业银行线上流量的主要入口，主要包括支付、交易、理财融资、消费四大功能，银行可以结合营销活动引导客户使用移动端渠道。

随着移动互联网的发展，网络社交购物市场越来越受到各方平台和资本的青睐，是未来发展的一片蓝海。社交网络具有三大特性：一是传播速度快，以微博、微信为代表；二是情感共鸣强，一则消息一旦抓住用户的痛点，引发其共鸣，便会产生大范围的传播，一个热点事件引爆网络后很可能引发全民讨论，瞬间点燃整个网络；三是黏性强，以微信、微博、直播等主导的社交网络平台将目标客户群聚集在一起，通过互动运营、情感营销增加客户对企业的好感，而这种好感不仅影响到社群成员本身，还会通过社交网络的发散性影响到社群成员周围的人。

社群营销是基于社群形成的一种新的营销模式，通过互联网超强的传播效应，借助社群成员对社群的认可和归属感建立良好的互动体验，增加社群成员之间的黏合度，从而让社群成员自觉传播品牌，甚至是直接销售产品，达到营销目的。

案例：知名品牌开展社群营销

> 江小白在电视剧、电影、综艺节目植入广告，在酒瓶上设计文艺范儿的文案，线上通过微博大V及微信公众号宣传，线下举办"约酒大会"等系列活动，即线上宣传与线下活动相结合，让消费者主动参与品牌传播。
>
> 故宫博物院线下开设文创纪念品商店，线上开设淘宝店，利用微信、微博等新媒体进行宣传，传播率高，互动性强，粉丝增长快，且宣传成本低。
>
> 年糕妈妈是一个基于微信公众号社群营销的母婴类"内容+精选特卖"的平台，目前公众号总粉丝量已超1000万，成为优质的母婴商品集合地。

第二章 客户关系管理技术

三、新媒体在客户关系管理中的应用

新媒体是一个相对动态的概念，与报纸、广播、电视等传统媒体不同，主要依赖现代化的数字技术和通信技术，借助计算机、手机 iPad 等用户终端，将视频、文字、图片、语音等多种数字化信息实时、快速、便捷地传输，是一种全新的传播方式和手段。

新媒体时代，受众既是信息的接受者，同时也是信息的创造者，可随时随地将自己看到的内容通过视频、图片等方式，借助网站、论坛、微信、微博、QQ、抖音等平台迅速发布、传播和评价，体现出更强的自主性。

新媒体为企业开展客户关系管理提供了新的传播平台，企业可以对用户信息进行分类汇总，根据用户的需求和消费喜好开发潜在客户，针对产品进行文字描述并配备相应的图片及视频，更好地实施网络推广、广告植入等，从而扩大产品宣传的范围，促进产品宣传的有效性和时效性。

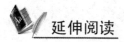延伸阅读

微信营销的优势

(1) 微信的客户群体庞大。微信诞生两年后，我国的微信客户群就已经突破 6 亿，而且目前还在逐步上升，微信添加好友的功能不受地域和时间限制，而且添加方式非常便捷，手机通信录、QQ 好友、摇一摇、查找附近的人、二维码扫描等方式都能添加好友。

(2) 微信的受众精准。传统媒介是以"一对多"的形式广而告之，信息的传播与扩散是单方面的，用户很难迅速接收到有效的信息。相对于微博这类开放式网络社交平台来说，微信账号只有用户自己搜索并通过验证才能相互发送信息。微信用户关注的往往都是自己感兴趣的信息，因此通常没有抵触情绪。利用微信可以对某客户进行一对一、有针对性的消息推送。

(3) 微信的客户体验较好。微信支持的传播形式不局限于文字，还可以发送视频、图片、名片、位置、表情及进行视频聊天和实时对讲等。另外，微信还有朋友圈、公众号、微信群等功能吸引客户参与其中，极大地增强了客户体验感。微信公众平台的主要功能是：互动沟通、客户管理和定制客服。

(4) 微信的营销成本低。微信上的大部分功能是免费的，如发送即时消息、申请个人或企业微信公众号、发布微信朋友圈等；另外一些附加功能也是收费很低的，相对电视广告每秒几十万甚至上百万的费用，微信营销的运营成本

极低。

(5) 微信没有时间和空间的限制。微信平台可提供 7×24 小时的营销服务，客户能够通过微信平台快速地搜索到企业的产品信息，而企业也能够根据客户的使用习惯提供有针对性的服务。

案例：良品铺子的微信运营

在没做微店之前，最让良品铺子头痛的是，有限的线下实体店完全无法容纳品种丰富的产品，很多情况下由于储藏位置有限，爆款产品常常断货，微信很好地解决了这一问题。良品铺子将线下忠实客户聚集在微信公众号，实体店中只展示零食样品及试吃。若客户决定购买，则由店员指导其在微店下单，已购产品会从仓库直接邮寄至客户指定的地点。此外，原本良品铺子得先向供货商拿货储存在库房，再从库房调货至每个门店，然后根据每家店的销售情况定时补货。现在，良品铺子可依据销售情况向供应商按量拿货，且产品可从供应商处直接送到客户手中，从而大大节省了物流成本。

知识扩展：私域流量

公域流量是指一个公共区域的流量，是大家共享的流量，不属于企业和个人。

私域流量是相对于公域流量来说的一个社交电商概念，一般是指品牌、商家或个人构建的私人流量池。私域流量不用付费，可以在任意时间、任意频次直接触达用户。

公域流量平台的代表主要有小红书、淘宝、百度、抖音等，私域流量主要是微博、微信群、微信公众号、小程序、App、个人微信号等。商家在淘宝、京东等平台通过搜索、推荐等方式获取的流量是公域流量，而通过收藏店铺、小程序、粉丝群等方式获得的便是私域流量。

相对于日益昂贵又稀缺的公域流量，私域流量具有低成本、高黏性、自由触达等优点。私域流量运营的核心是建立社群平台，微信平台的用户体量大，而且活跃度较高，因此也深受企业青睐。当下，微信生态矩阵有微信公众号、小程序、微信社群及视频号等。比如，拼多多就是依靠微信社交裂变吸引了一大批用户，从而逆袭成为互联网电商巨头。

第三节 大数据在客户关系管理中的应用

一、数据挖掘技术在客户关系管理中的应用

数据挖掘是从大型数据库中提取人们感兴趣的知识，这些知识是隐含的、未知的、有用的信息，提取的知识表示为概念、规则、规律、模式等。

(一) 数据挖掘的流程

数据挖掘的大致流程如下。

首先，掌握企业内部各部门各自所负责的业务和这些业务的特点，并把这些特点归纳为对现有数据进行分析的必要条件和参数。

其次，对现有数据进行详细归类整理和系统分析，对同类数据进行转换，对不符合条件和参数的数据进行清理，有时还要从数据库的多个数据源中抽取相关联的数据并加以组合。

再次，建立数据挖掘模型，为数据挖掘打造良好的基础框架。数据库技术在客户关系管理系统中起到了技术支撑平台的作用，客户关系管理系统在以数据库技术为代表的信息技术集成作用下，基本摒弃了市场营销领域靠经验决策的做法，极大地提高了决策的科学性和准确性。

最后，对数据挖掘进行评估，在不同的时段让系统对已发生的情况进行预测，然后比较预测结果和实际情况以验证模型的正确性。

> **案例：沃尔玛对数据的挖掘**
>
> 一般看来，啤酒和尿布是完全不同的商品，但是沃尔玛通过数据挖掘发现，在居民区中尿布卖得好的店面啤酒也卖得很好。原因很简单，一般太太让先生下楼买尿布的时候，先生们一般都会犒劳自己两听啤酒，因此啤酒和尿布一起购买的机会是最多的。这是一个现代商场智能化信息分析系统发现的秘密。这个故事被公认为是商业领域数据挖掘的诞生。
>
> 沃尔玛的信息系统是非常先进的，其主要特点是：投入大、功能全、速度快、智能化和全球联网。目前，沃尔玛中国公司与美国总部之间的联系和数据都是通过卫星传送的。沃尔玛能够跨越多个渠道收集最详细

的客户信息,并且能够造就灵活、高速供应链的信息技术系统。通过信息共享,沃尔玛能和供应商们一起增进业务的发展,能帮助供应商在业务的不断扩张和成长中掌握更多的主动权。

沃尔玛的模式已经跨越了企业内部管理(ERP)和与外界"沟通"的范畴,而是形成了以自身为链主,链接生产厂商与客户的全球供应链。沃尔玛能够参与上游厂商的生产计划和控制中去,因此能够将消费者的意见迅速反映到生产中,按客户需求开发定制产品。

(二) 数据挖掘技术的应用

1. 客户画像

客户画像,是根据客户的人口统计学信息、社交关系、偏好习惯和消费行为等信息而抽象出来的标签化画像,包括客户基本属性、购买能力、行为特征、兴趣爱好、心理特征、社交网络等信息的画像。企业可以基于客户终端信息、位置信息、消费等丰富的数据,为每个客户打上人口统计学特征、消费行为和兴趣爱好标签,并借助数据挖掘技术(如分类、聚类、RFM 等)进行客户分群,完善客户的 360 度画像,深入了解客户行为偏好和需求特征。

2. 精准营销和个性化推荐

企业在客户画像的基础上,通过对客户特征的深入理解,实现精准营销,为客户提供定制化的服务,优化产品和定价机制,实现个性化营销和服务,提升客户体验与感知。

3. 客户生命周期管理

客户生命周期管理包括新客户获取、客户成长、客户成熟、客户衰退和客户离开五个阶段的管理。在客户获取阶段,可以通过算法挖掘和发现潜在客户;在客户成长阶段,通过关联规则等算法进行交叉销售,提升客户人均消费额;在客户成熟阶段,可以通过大数据方法进行客户分群并进行精准推荐,同时对不同客户实施忠诚计划;在客户衰退阶段,需要进行流失预警,提前发现高流失风险客户,并做相应的客户关怀;在客户离开阶段,可以通过大数据挖掘高潜回流客户。

二、大数据技术在客户关系管理中的应用

大数据具有 5V 特点,即大量(volume)、高速(velocity)、多样(variety)、价值密度(value)、真实性(veracity)。大数据分析指的是在数据密集型环境下,对数据

第二章 客户关系管理技术

科学的再思考和进行新模式探索的产物。随着大数据技术的发展，企业可以得到关于客户的各种数据，如年龄、性别、住址、收入、购物习惯……可从众多的数据中勾勒出客户的虚拟画像。

大数据的计算和运用，可以帮助企业搜集并对消费数据进行分析，可推断出客户的个人偏好、需求等，进一步预测客户将来的购物行为和需求，从而将相对应的产品信息精准地推送到客户面前，最大限度挖掘市场机会。

> **案例：大数据技术在商业银行客户服务中的应用**
>
> 商业银行通过对大企业的经营管理状况、资金周转周期、竞争对手经营状况等数据进行分析，可以对大企业客户提供系统、及时的服务，满足大企业客户在资金使用上的及时性需求，从而增加客户对商业银行的黏性及满意度、忠诚度。
>
> 同样，商业银行大数据技术对中小企业的风险状况、信用进行评估，能够迅速对中小企业客户融资问题做出决策。同时，商业银行通过大数据帮助中小企业提高闲置资金的利用率，提高中小企业的还款能力，降低商业银行的风险。
>
> 对于个人客户，商业银行可以通过个人客户的账户数据、交易消费数据、电子平台操作记录数据等，分析出个人客户对风险的偏好、消费习惯、消费能力等信息，从中识别出商业银行所需要的优质客户，并采取个性化的服务来满足不同客户的需求。
>
> 此外，商业银行通过大数据对已流失客户群体的业务、行为习惯等因素进行分析，可以分析出流失客户群体的特点及流失的原因，并根据实际情况采取相应的策略尝试挽回。

在大数据时代，企业可基于大数据分析，提取出数据背后的逻辑信息，从而准确地预测、分析市场，并在此基础上制定相应的服务策略。基于大数据分析平台，企业还可通过购买集中度分析等，集中更多的促销资源回馈高价值、高贡献的客户。

大数据、云计算等新兴技术蓬勃发展，企业可以通过移动通信、物联网、数据分析等技术应用，及时了解用户购买偏好、购买习惯、购买频率、品牌忠诚等消费行为，精准把握用户的需求，提供相应的产品和服务，有利于实现个性化的定制营销。

大数据、云计算等不仅是技术的变革，也是人们思维方式的改变，即从以前因果关系的挖掘转变为如今对相关关系的挖掘。因此，管理者通过对客户的

所有数据进行相关性分析、聚类分析，可对客户群体进行偏好分类、年龄层分类、消费习惯分类等，根据类别做出相应的销售策略、服务策略，以期满足客户的个性化需求。

以马蜂窝提供的旅游服务为例，当客户通过网站、App 进行搜索、购买旅行服务的同时，相关的浏览数据如目的地、出行时间、航班、酒店住宿、游玩项目等数据都会传到云端，结合客户的其他数据，马蜂窝可对该客户的行为偏好进行聚类分析，从而为其推荐相应的旅游服务项目，贴合客户的需求。

总而言之，大数据技术的发展赋予了我们更先进的客户关系管理手段。过去企业必须采取昂贵的用户调研、焦点小组等方式去了解客户的需求，而且由于种种偏差，结果往往令人不满。今天，企业和客户之间的触点越来越丰富：用户论坛、社交网络、网页浏览记录、智能硬件交互等。这些触点留下了客户的蛛丝马迹，帮助企业更好地把握客户的需求，提高产品的定制水平。通过无处不在的数字化触点，企业得以与客户展开信息互动，对需求做出快速响应。

第四节　人工智能与呼叫中心在客户关系管理中的应用

一、人工智能在客户关系管理中的应用

人工智能的语音识别技术、人脸识别技术、情感感知技术，能够识别客户并且在和客户交流过程中熟悉客户，回答客户提出的问题、介绍产品、语音引导客户办理业务。机器人在客户输入数据办理业务的同时，可以将数据传送到后台进行分析，了解客户的需求并智能地向客户进行产品推荐。例如，智能语音客服主要运用语音识别功能和语音数据挖掘功能，当客户提出的问题比较简单时，语音客服可以直接回答，如果问题比较复杂，则会转接人工服务进行解答。

新零售是在移动互联技术和新兴消费者群体的带动下，产生并发展起来的以大数据、云计算、物联网、系统仿真、虚拟现实等人工智能技术为支撑，以线上线下物流结合为特点，以消费者为中心的新型零售业态。新零售商业模式下，企业利用人工智能技术更好地分析消费者的需求，锁定并抓住目标消费者，精准推送消费者需要的购物信息，分析目标消费者内在的需求。通过客户关系管理系统将消费者的信息收集起来加以分析利用，利用现代化的通信方式向顾客传递购物信息、优惠活动等。人工智能的大数据计算可以保留顾客的信息，更好地对顾客

第二章 客户关系管理技术

的购物需求及购物能力做出预测，实现客户管理的智能化。

> **案例：京东无人商店**
>
> 京东无人商店是京东推出的无人超市业务，采用了人脸识别、行为抓取、智能理货等智能设备与系统应用。顾客在购物时刷脸进店，自动识别客户身份，关联客户的京东账户；客户进店后随便拿、随便逛，没有导购员跟在后面，给客户留有私密选购的空间；结算时，客户将要买的物品放在结算台上，就能完成支付，自动识别、自动称重、自动计价；客户出店时也是刷脸，识别之后点击"开门"按钮，完成购物。整个过程没有导购员、收银员，从进店到出店自助完成。

二、呼叫中心技术在客户关系管理中的应用

(一) 呼叫中心技术

在日常生活中，我们常常可以足不出户，通过电话就能购买到所需的产品、享受到所需的服务。

不知道如何使用刚刚买来的笔记本？打个电话给厂家或商家问题就解决了。

计算机出了故障？打个电话就有人迅速上门来检修。

没有时间到商场？打个电话就有人给您送货上门。

想旅游吗？打个电话就能定下航班，还能预定您到达目的地后的住宿和餐饮。

想支付或转账吗？打个电话给银行立马就搞定。

有时，我们还会收到陌生人的电话，热情地向我们介绍他们的产品或服务，也许他们的服务或产品正是我们所需的，也许是我们还没有考虑到的需求，他们已经替我们想在前面了。

这些就是我们在充分享受着通信技术的发展带来的舒适与方便，之所以能够这样，都是因为在一个个电话号码背后运行着一个个采用先进的通信技术、计算机技术及二者集成技术的、庞大的、我们称之为呼叫中心的服务系统。

呼叫中心，又称客户服务中心，起源于20世纪30年代，最初是把用户的呼叫转接到应答台或者专家处。此后，随着要转接的呼叫和应答增多，开始建立起交互式语音应答系统，这种系统实现了将客户部分常见问题的应答转交机器"自动话务员"来应答和处理。现阶段的呼叫中心是指综合利用先进的计算机及通信技术，

将计算机的信息处理功能、数字程控交换机的电话接入和智能分配、自动语音处理技术、互联网通信技术、商业智能技术与业务系统、人工业务代表等资源紧密结合在一起，对信息和流程进行优化处理和管理，集中实现沟通、服务和生产的统一指挥的高效服务平台。此外，呼叫中心同互联网结合起来，就形成了互联网呼叫中心，它能够通过互联网实现语音呼叫、文本交谈、电子邮件和回呼等功能，给客户提供方便、快捷的个性化服务，从而提高业务代表为客户提供帮助的能力。

客户拨打的电话接入呼叫中心后，就能收到呼叫中心任务提示音，按照呼叫中心的语音提示，就能接入数据库获得所需的信息服务，并可进行存储、转发、查询、交换等处理，还可以通过呼叫中心完成交易。呼叫中心根据其工作方式和工作内容的不同还有很多别名，这些别名大都是力图去概括和反映其特色，常见的有：客户服务中心、客户关怀中心、客户联系中心、客户接触中心、客户支持中心、多媒体接入中心、客户关系中心、电话销售中心、信息处理中心等。

（二）呼叫中心技术在客户关系管理中的应用

1. 协调内部管理，为客户提供一站式服务

通过呼叫中心，可将企业内分属各职能部门的客户服务集中在一个统一的对外联系"窗口"，采用统一的标准服务界面，最终实现一个电话解决客户所有问题的目标，有助于进一步协调企业的内部管理，避免了企业内部门之间相互扯皮、推诿的现象，有效地为客户提供高质量、高效率、全方位、"一站式"的服务。

2. 提高企业运作效率，降低企业成本

由于高新技术的采用，呼叫中心有效地减少了通话时间，降低了网络费用，提高了员工及业务代表的业务量，特别是自动语音应答系统可以将企业员工从繁杂的工作中解放出来，去管理更复杂、直接和客户打交道的业务，提高了工作效率和服务质量。无须增加服务人员，企业便可以提高服务的等级，同时提高业务代表的利用率。在提供新产品、新业务或增加新系统、新设备时，也能够减少业务代表的培训时间。此外，呼叫中心统一完成语音与数据的传输，用户通过语音提示即可轻易地获取数据库中的数据，有效地减少每个电话的时长。每位座席工作人员在有限的时间内可以处理更多电话，大大提高电话处理的效率及电话系统的利用率，降低企业成本。

3. 个性化服务提高客户满意度，强化客户忠诚

呼叫中心可为客户提供更好的，而且往往是普通营业网点提供不了的服务。

例如，自动语音设备可不间断地提供礼貌而热情的服务，即使在晚上客户也可以利用自动语音设备提取所需的信息，而且由于电话处理速度的提高，大大减少了用户在线等候的时间。呼叫中心的座席代表可以在接听电话时从计算机屏幕上了解到有关来电客户的基本信息，如客户的姓名、住址、个人爱好等，这就可以减少向用户提供所需信息的查询与响应的时间，根据这些资料，座席代表还能为客户提供更加亲切的"个性化"服务，使服务质量得到提高，增加客户价值，提升客户满意度。另外，不少呼叫中心在接受客户呼叫的同时，也能主动向客户进行产品宣传，实现客户购买，在扩大市场份额的同时，也强化了客户忠诚。

4. 提升企业商机，优化资源配置

呼叫中心集中了企业的所有客户信息资料，并实施完善的客户信息管理、客户分析、业务分析等，从而帮助企业判断最有价值客户，留住企业的老客户，找出客户的需要并满足他们的需要，在挖掘商机的同时，为企业的发展、决策提供事实依据。呼叫中心也为企业提供了更好地了解客户、与客户保持联系的机会，使企业能从每次呼叫中捕捉到新的商业机遇，能增加企业的收入。呼叫中心的建立还有助于企业充分掌握客户的情况，使企业能在自身资源和能力范围内，合理分配有限的人力、物力、财力，按业务重要性程度达到资源的最优化利用，实现资源的优化配置。

课后练习

一、不定项选择题

1. 客户关系管理系统的特点是(　　)。
   A. 综合性　　　　　　　　B. 集成性
   C. 智能化　　　　　　　　D. 高技术
2. 呼叫中心的功能有(　　)。
   A. 无地域限制　　　　　　B. 无时间限制
   C. 个性化服务　　　　　　D. 主动性服务
3. 微信公众平台的主要功能是(　　)。
   A. 互动沟通　　　　　　　B. 用户管理
   C. 服务定制　　　　　　　D. 选择用户
4. 客户数据库还可以帮助企业进行(　　)，从而提前发现问题客户。
   A. 外欠款预警　　　　　　B. 销售进度预警

C. 销售费用预警　　　　　　D. 客户流失预警

5. 在客户关系管理战略里,"流失预警"是对(　　)进行的管理。
   A. 客户满意度　　　　　　B. 客户忠诚度
   C. 客户状态　　　　　　　D. 客户成本

二、判断题

1. 互联网呼叫中心增强了呼叫中心的专业能力。（　　）
2. 移动互联网具有可识别、可定位等特点。（　　）
3. 在客户关系管理系统的功能当中,采购管理不在客户关系管理的范畴之内。（　　）
4. 互联网作为客户关系管理的接触点具有高边际成本的特点。（　　）

三、名词解释

客户关系管理系统　　数据挖掘　　呼叫中心　　互联网呼叫中心

四、思考题

1. 客户关系管理系统的主要功能有哪些?
2. 数据库技术在客户关系管理中是如何应用的?
3. 呼叫中心技术在客户关系管理中是如何应用的?
4. 移动互联网技术在客户关系管理中是如何应用的?

五、案例分析题

联邦快递的客户关系管理

联邦快递的全球运送服务

电子商务的兴起,为快递业者提供了良好的机遇。电子商务体系中,很多企业间可通过网络的连接,快速传递必要的信息,但对一些企业来讲,运送实体的东西是一个难解决的问题。联邦快递旨在成为企业运送货物的管家,与客户建立了良好的互动与信息流通模式,使得企业能掌握自己的货物配送流程与状态。使用联邦快递的客户,可借助其网址 www.FedEx.coin 同步追踪货物状况,还可以免费下载实用软件,进入联邦快递协助建立的亚太经济合作组织关税资料库。它的线上交易软件 Business Link 可协助客户整合线上交易的所有环节,从订货到收款、开发票、库存管理一直到将货物交到收货人手中。这个软件能使无店铺零售企业以较低成本比较迅速地在网络上进行销售。另外,联邦快递特别强调,要与客户相配合,针对客户的特定需求,如公司大小、生产线地点、业务办公室地点、客户群科技化程度、公司未来目标等一起制定配送方案。

联邦快递还提供一些高附加值的服务。首先,它提供整合式货物维修运送服务，如将已坏的计算机或电子产品送修或送还所有者；其次，它充当客户的零件或备料银行，承担零售商的角色，提供诸如接受订单与客户服务处理、仓储服务等功能；最后，协助客户简化合并销售业务，帮助客户协调数个地点之间的产品组件运送流程。过去这些作业是由客户自己设法完成，现在联邦快递可完全代劳。

联邦快递的客户服务信息系统

联邦快递采用了先进的自动运送软件和客户服务线上作业系统。为了协助客户网上查询，联邦快递向客户提供了自动运送软件，包含三个版本：DOS版的Power Ship、视窗版的FedEx Ship和网络版的FedEx Internet Ship。利用这套系统，客户可以方便地安排取货日程、追踪和确认运送路线、打印条码、建立并维护寄送清单、追踪寄送记录。而联邦快递则通过这套系统了解客户打算寄送的货物，预先得到的信息有助于运送流程的整合，以及货舱机位、航班的调派等。

客户服务线上作业系统的使用可追溯到20世纪60年代，当时航空业所用的电脑定位系统备受瞩目，联邦快递受到启发，组织专家成立了自动化研发小组，建起了客户服务线上作业系统。在1980年，系统增加了主动跟踪、状态信息显示等重要功能。1997年，公司又推出了网络业务系统Virtual Order。

联邦快递通过这些信息系统的运作，建立起全球的电子化服务网络，利用它们公司实现了订单处理、包裹追踪、信息储存和账单寄送等功能。

思考：

1. 联邦快递的客户关系管理体系突出的特点是什么？
2. 联邦快递的客户服务信息系统包含哪些内容？

第二篇
客户关系的建立

客户关系的建立就是让目标客户和潜在客户成为现实客户的过程。

客户关系的建立包含两个根本问题：一是企业跟谁建立关系；二是企业怎样才能与之建立关系。

客户关系的建立阶段好比是企业与客户的"择偶"与"求婚"阶段。

第三章　客户的选择

> **引例：** 马蜂窝专注于为旅游爱好者提供服务
>
> 马蜂窝是一个旅游社区网站，其创办之初并不是商业项目，纯粹是出于喜好而建立的业余平台，创办宗旨就是为所有旅游爱好者提供信息交流的平台。
>
> 在马蜂窝，旅游爱好者可以交换资讯，交流攻略、美食、摄影作品，分享旅行中的喜悦和感动。马蜂窝上的文章并没有专门的写手撰写，每一个发起的话题都会出现在"我的马蜂窝"里，每一个成员都是马蜂窝的主人，马蜂窝的一切都由成员共同决定。
>
> 马蜂窝的核心产品是旅游攻略，攻略中的信息和感受都来自于真实用户的反馈和评价。马蜂窝的旅游攻略覆盖了中国游客可能出行的全球90%以上的目的地，内容涵盖了旅行中的吃、住、行等重要信息，还有旅行中的真实体验和评价。从2006年开始，这个简单的旅游社区并没有特意进行宣传推广，仅仅依靠口碑就积累了最初的用户。
>
> **引例启示**
>
> 马蜂窝的优势在于其对旅游市场进行细分，专注于旅游攻略市场和追求个性化旅游的需求群体。由于定位准确，马蜂窝在同类网站中取得了领先优势。

客户的选择是指企业对服务对象的选择，即究竟选择与什么样的对象建立客户关系。

第一节 为什么要选择客户

在买方占主导地位的市场条件下,客户可以自由选择企业,而企业是不能够选择客户的,大多数时候企业只能祈求客户的光顾与购买。

但是,我们从另外一个角度来看,即使在买方市场条件下,作为卖方的企业还是应当主动去选择自己的客户,具体原因如下。

一、不是所有的购买者都会是企业的客户

一方面,每个客户都有不同的需求,需求的个性化决定不同的客户会在不同的企业购买产品。例如,劳斯莱斯是世界顶级的轿车,誉满全球,可是并不是所有人都能够买得起,对没有足够购买力的人来说,他就不需要。另一方面,企业的资源如人力、财力、物力、生产能力、时间等都是相对有限的,这就决定了企业不可能什么都做。没有哪家企业能够提供市场上需要的所有产品或者服务,也没有哪家企业能把全世界的钱都挣到。例如,奔驰、宝马的目标客户是中高收入人群,而夏利、吉利关照的是普通低收入人群。此外,竞争者的客观存在,也决定了任何一家企业都不可能为所有的购买者提供产品或服务。

总之,由于需求的差异性、企业资源的有限性,以及竞争者的客观存在,使每个企业能够有效地服务客户的类别和数量是有限的,市场中只有一部分购买者能成为购买本企业产品或服务的实际客户,其余则是非客户。既然如此,企业就没有必要在那些不愿意购买或者没有购买能力的非客户身上浪费时间、精力和金钱。企业应准确选择属于自己的客户,避免花费在非客户上的成本,从而减少企业资源的浪费。

> **案例**:别让无效客户分流广告费
>
> 碧波花园是位于广州郊区的一个占地超过 60 万平方米的大型别墅区,相对于其他的郊区盘,碧波花园的独特优势为总体规模大、小区设计别有特色,性价比也有一定的优势,而且交通发达,与广州有全程高速公路直达,离香港也只需一个小时船程,至东莞更是只有四十分钟的车程。
>
> 由于前期整个楼盘的许多设施尚未启用,加上广告投入少,成交量一直乏善可陈。为了打开局面,发展商委托了本地一家顶尖的广告公司制作了一辑投资巨大的电视广告片,同时准备好所有资料,打算随着电

第三章 客户的选择

视广告的播出,同时上马报纸、夹报、电台、传单、海报等宣传。

在国庆黄金周到来的前一周,碧波花园的大规模广告战在广州、香港、东莞三地同时拉开帷幕。与此同时,发展商还在报上公布了碧波花园国庆七日的活动节目表,安排的节目可谓繁花乱人眼,有专业的歌舞表演、游园活动、魔术表演、儿童歌唱比赛、抽奖、丰富自助餐等一系列的活动,发展商铆足了功夫来吸引客户。

或许是被发展商的"诚心"所打动,前来碧波花园的人潮每日都络绎不绝,趟趟看楼车黑压压挤满了人,每日从广州市中心开出的十来趟看楼车仍然满足不了巨大的人潮,发展商不得不紧急增加几趟看楼车。在售楼部,每日都喧哗得震耳欲聋,几十个位子早早被坐满,很多后来者只能站着,不少看楼客是一家大小外加亲戚朋友十来口人一起来。如此巨大的人潮远远超出发展商的预期,售楼部十几个销售人员外加十个兼职人员根本不够应付。而且由于楼盘占地面积太大,从售楼部到样板间好长一段距离,进出都必须坐电瓶车,开发商原本准备的几辆电瓶车根本不能满足需求。

更糟糕的是,由于样板间分散,销售人员每带一个客户参观样板间兼解说的时间最少长达一小时,许多人白白在售楼部等上老长时间都未能到样板间去参观,更遑论有机会咨询了解情况。到了中午自助餐时间,场面更加混乱,由于人多地方小,你挤我挤的,食物根本不够分,有些人就顾不得礼节,争抢起来,场面一度险些失控。如此混乱的场面,使许多人都皱起了眉头,售楼人员不得不一遍又一遍向前来质问的客户致歉、解说。除了那些坐看楼车前来的客户外,一些自驾车前来的客户带着怒气离去。

热闹而又混乱的七天终于结束,工作人员拖着疲惫的身体在清理完一地狼藉之后,关上门清算一下七天来的收获:一共成交了五套别墅。数百万元的广告费外加几十万元的表演、场地搭建、人员成本、车辆成本,最后仅仅带来了五套成交量,收入与广告费的投入相差无几。每日数以千计熙熙攘攘而来的客户,为什么熙熙攘攘地走了,什么也没有留下?为什么这些花巨资吸引来的客户都是无效客户,问题出在哪里?

分析原因后,发展商才发现,碧波花园的广告投放时,考虑的重点放在如何最大限度地让广告覆盖整个市场,所以不分渠道在全线上马广告信息,电台、现场表演、大横幅、街头派单、几大平面媒体、数家电视台,这种大规模撒网式的市场推广手法只适应大众化的楼盘,而不适合碧波花园这种相对高端的产品。

> 碧波花园的客户属于大众群体中收入水平很高的那一小部分,他们的欣赏口味、阅读习惯、接受信息的渠道必定与一般消费大众有一定的差别。碧波花园这种"大撒网"的市场推广方式,其信息能真正到达有效客户身上的是微乎其微的,而更多的信息却被无效客户所吸收消化。

二、不是所有的客户都能够给企业带来收益

有些流行的观点认为"客户是上帝""客户总是对的""客户越多越好"。在特定的条件下,在强调客户的重要性时可以这么说,但是不等于所有客户都能带来价值,因为有些客户不仅没有带来收益,还可能会使企业蒙受损失。如果一个客户拿了你的东西而不付钱,你还信守"客户是上帝""客户总是对的""客户越多越好",那就可笑了。

事实上,客户天生就存在差异,不是每个客户都能够为企业带来同样的收益,有的客户还可能是"麻烦的制造者",他们或者侮辱、刁难员工,或者骚扰其他客户,或者破坏经营环境,或者提出不合理的要求,不管企业做了多大的努力,都不能令他们满意。甚至有的客户还会给企业带来负面的风险,如信用风险、资金风险、违约风险等,并且有时候这些风险可能超过其为企业带来的价值。

威廉·谢登(William Sherden)的80/20/30法则认为:在顶部的20%的客户创造了企业80%的利润,但其中一半的利润被底部30%的非赢利客户消耗掉了。也就是说,一些优质客户给企业带来的超额价值,通常被许多"坏"客户扼杀了。他们耗费企业高额的服务费用,不仅使企业得不到利润,还要赔钱。可见,回避这样的客户对企业来说是必要的,企业应将其辨别出来,并且一开始就将这些"坏"客户淘汰、剔除!

总之,客户数量不是衡量企业获利能力的唯一指标,客户质量的重要性已经在一定程度上高过了客户数量的重要性,在很大程度上决定着企业赢利的大小。因此,企业应当放弃任何客户对企业都是有价值的想法,而专注服务于真正有价值的客户。

案例:航空公司的黑名单

> 2016年2月1日,中国国际航空、东方航空、南方航空、海南航空、春秋航空五家航空公司在三亚签署《关于共同营造文明乘机大环境的联合声明》,合力对不文明游客采取限制措施。按照此声明,五家航空公司

第三章 客户的选择

> 将建立"旅客不文明行为记录"档案,将扰乱航空公司航空运输秩序受到行政处罚、刑事处罚,或在民航、旅游等相关行业管理机构有过不文明记录的旅客列入其中;建立信息共享机制,航空公司将掌握的扰乱航空运输秩序受到行政处罚、刑事处罚的事件信息,通报给民航、旅游等相关行业主管部门和行业协会;在信息保存期限内,五家航空公司对列入"旅客不文明记录"档案的相关当事人采取一定的限制服务措施。

三、不选择客户可能造成企业定位的模糊

若企业不选择客户,那么形形色色的客户共存于同一家企业,可能会造成企业定位模糊,导致客户对企业的印象产生混乱。例如,一个为专业人士或音乐发烧友生产高保真音响的企业,如果出击"大众音响"的细分市场无疑是危险的,因为这样会破坏它生产高档音响的专业形象。同样,五星级酒店在为高消费的客户提供高档服务的同时,也为低消费的客户提供廉价的服务,就可能令客人对这样的五星级酒店产生疑问。

如果企业主动选择特定的客户,明确客户定位,就能够树立鲜明的企业形象。例如,美国的林肯汽车定位在高档市场,雪佛兰汽车定位在中档市场。又如,新加坡航空公司、汉莎航空公司定位在高端市场,以航线网络的全方位服务和品牌优势为商务乘客服务;而美国西南航空公司和西方喷气航空公司定位在低端市场,为价格敏感型旅客提供服务。

> **案例:劳斯莱斯对客户的选择**
>
> 劳斯莱斯之所以成为世界公认的名车,成为显示地位和身份的象征,有一个重要的原因就是它对客户的背景严加考证和遴选——只卖给国家元首、皇室成员、绅士名流、商界富豪,而且不同的客户类型,车身颜色也有区别——黑蓝色的银灵系列卖给国家元首、政府高级官员、有爵位的人;中性颜色银羽系列卖给绅士名流;白、灰浅色银影系列卖给企业家、富豪。劳斯莱斯还有一个规矩,即不会将车卖给钱财来历不明的人。想买劳斯莱斯的客户需要预定并递交申请资料,在劳斯莱斯公司对申请人的背景身份、地位、文化教养及经济状况进行调查后,如果买家的条件符合要求,公司才会将车辆卖出。正是由于劳斯莱斯对客户的这种挑剔,才更凸显和烘托了其珍贵。

四、选择正确的客户是成功开发客户及实现客户忠诚的前提

我们知道，要做成一件事，首先要选择做正确的事，然后再想办法去把它做成。同样的道理，企业如果选错了客户，那么建立客户关系的难度可能就比较大、成本也可能比较高，而且建立客户关系之后，维护客户关系的难度也比较大、成本也会比较高。

例如，当年宝洁在中国内地正式推出润妍系列产品时，把目标定在18～35岁被称为"新新人类"的年轻女性群体，促销也围绕这部分女性进行，产品的定位是"东方女性的黑发美"。但是，仅仅两年，润妍就因销量不佳而销声匿迹。究其原因，是宝洁相中的年轻女性根本不买润妍的账，她们正热衷于不断改变自己的发色！而中国市场对于黑发这一概念有兴趣并打算购买的人多为购买力不强的家庭妇女，她们却被宝洁抛到脑后。错误的定位最终导致润妍产品以失败告终。

又如，一些小企业忽视了对自身的分析与定位，没有采取更适合自己发展的战略，如市场补缺战略等，而盲目采取进攻战略，与大企业直面争夺大客户，最终导致被动尴尬、甚至危险的局面——既失去了小客户，又没有能力为大客户提供相应的服务，其结果是两手空空。

企业如果经过认真选择，选对了目标客户，那么建立客户关系、维护客户关系的可能性就很大，成本也会很低。

例如，美国近些年来增长最快的共同基金Vanguard，正是由于它选择了那些喜欢成本低、波动小的指数基金投资者作为自己的目标客户，并且专注于为其提供满意的服务，从而赢得了一大批忠诚而稳定的客户。

又如，HIS创业者泽田秀雄在东京新宿车站附近的一幢大楼里租了一间屋子并雇了一名职员，他用自己留学归来所赚到的钱再加上投资股票所得共1000万日元作为资本，办起了一家以供应廉价机票为特色的国际旅行社。日本到海外旅游的人次每年不过三四百万，且以团体旅游为主，日本的大型旅行社经营的主要是团体旅游。HIS看准了个人旅游尚未被重视的市场空隙，异军突起，打出了以接待散客尤其是青年学生为主的经营旗号，同时建立了一个比正规国际机票便宜的廉价机票销售机制，并以此为特色。由于市场定位准确，HIS的业务蒸蒸日上，不出几年，便有了令人刮目相看的业绩，跻身于竞争激烈的日本旅游业。

经过一系列的限制条件(如规模、资金、信誉、管理水平、技术实力)被选择入围的客户肯定会因为珍惜与企业的合作机会而忠诚。假如企业能够为这些最有价值的客户提供满意的产品或服务,并且不断地满足这些客户的特殊需求,那么企业就将得到长期、稳定、高额的回报,企业的业绩也将稳步提高。

> **案例:鞋用胶黏剂生产企业的客户选择**
>
> 鞋用胶黏剂生产企业的客户可分为两类:第一类包括体育用品公司、鞋业公司,即工业类客户;第二类主要为中间商,包括经销商、代理商,即商业类客户。
>
> **1. 工业类客户的选择**
>
> 首先,要选择有一定规模且经营稳定的体育用品公司或鞋业公司。这类客户一般都会有稳定持续的生产流水线,对胶黏剂产品的需求量大。
>
> 其次,选择有实力的客户。为保证货款能成功收回,胶黏剂生产企业要充分地评估客户的市场发展潜力、财务状况等,避免因客户经营困难突然倒闭给企业造成经济损失。
>
> 最后,企业要选择实力相当的客户。由于一些大牌鞋厂的车间生产线较多,每年胶水使用量达到几十吨以上,而付款周期又比较长,如果胶黏剂生产企业没有考虑自身实力,评估所生产的产品是否能够满足大牌鞋厂的质量、数量要求,以及资金链等问题,而盲目开发大客户,就可能导致双方合作不畅,同时增加经营风险及维护客户的成本。
>
> **2. 商业类客户的选择**
>
> 首先,选择愿意积极推广销售的、信誉良好的中间商。由于胶黏剂有一定的使用期限,加上容易受存放温度的影响,因此需要及时销售使用。选择优质中间商可以保障产品有较高的流转率,避免因存放时间过长而导致产品变质,影响客户的正常使用。
>
> 其次,要选择与企业目标市场相近的中间商,从而降低产品运转的成本和损耗,开发更多的潜在客户。例如,我国的制鞋企业主要集中在四个区域,广州、东莞的中高档皮鞋和运动鞋,成都、重庆的女鞋,温岭、温州的皮鞋和凉鞋,以及泉州、晋江的运动鞋,这些地区的胶黏剂需求量较大,企业可以考虑选择当地有信誉的代理商或经销商作为分销渠道,开发更多潜在客户。

总而言之，不是所有的购买者都会是企业的客户，也不是所有的客户都能够给企业带来收益，不选择客户可能造成企业定位模糊。相反，正确选择客户是成功开发客户、实现客户忠诚的前提。因此，企业应当在茫茫人(客)海中选择属于自己的客户，而不应当以服务天下客户为己任。对企业来说，所有好高骛远的想法、做法都应当尽快抛弃和停止，有所舍才能够有所得，盲目求多求大，结果可能是失去所有的客户。

选择客户是企业定位的表现，是一种化被动为主动的思维方式，是企业在处理客户关系上争取主动的一种策略，既体现了企业的个性，也体现了企业的尊严，更决定了一个企业的命运。实践证明，客户忠诚度高的企业往往更重视选择客户，它们非常清楚自己的目标客户是谁，在最初决定是否要开发一类客户时不是考虑一时一事的利益，而是从双方长远合作的角度去考虑，挑选自己称心如意的经营对象、合作伙伴。

案例：江小白的目标客户

江小白能够在整个白酒业的冬天保持着它炽热的温度，不仅仅是凭借其CEO陶石泉在白酒行业十年的经验和浸润，更重要的是其精准的市场定位与客户选择。

针对大多数白酒品牌争夺中老年消费者和高收入人群的市场情况，江小白反其道而行之，将目标顾客锁定为网络时代催生的个性鲜明、追求简单生活、草根并有一颗文艺心的青年群体，理由是年轻人也有社交，也有酒局。目前中国的80后大约有2.8亿人，加上90后部分已经踏入工作岗位的群体，这个年轻群体接近4亿人！他们过着比父辈相对富足的物质精神生活，其消费自由度大大高于已有的社会尺度。他们多是互联网的深度用户，受网络流行文化影响较大，喜爱网络流行语，有态度、有主张，青春活泼，敢于自嘲和表达。他们对传统白酒并不感冒，想要的是一种简单的生活，想要表达的更多是一种纯粹情感的抒发，以及新入社会的人生初体验的情感分享，白酒对于他们来说是情感抒发的媒介。

凭借着精准定位市场和用户，江小白从一个名不见经传的小酒企，蜕变为一个小众畅销品牌。目前，江小白已经做到了两个第一：在25~35岁的年轻消费人群中，白酒品类里的市场占有率第一；在所有白酒品牌中，女性用户占比第一。

第三章　客户的选择

第二节　"好客户"与"坏客户"

一、"好客户"与"坏客户"的标准

(一) 什么样的客户是"好客户"

企业在选择目标客户时肯定要尽量选择好的客户，那么什么样的客户是"好客户"呢？

"好客户"指的是能够给企业带来的利润多、价值多、贡献大，而占用企业的资源少、给企业带来的风险小的客户。菲利浦·科特勒将有益的客户定义为：能不断产生收入流的个人、家庭或公司，其为企业带来的长期收入应该超过企业长期吸引、销售和服务该客户所花费的可接受范围内的成本。

一般来说，"好客户"通常要满足以下几方面的条件。

1. 能够保证企业赢利

"好客户"最起码的条件是能够给企业带来赢利，至少是给企业带来的收入要比企业为其提供产品或者服务所花费的成本高，这样才基本上算是个"好客户"。

此外，"好客户"对价格的敏感度低，付款及时，有良好的信誉。信誉是合作的基础，不讲信誉的客户，条件再好也不能合作。

2. 买得多、买得勤、买得贵

"好客户"的购买欲望强烈、购买力大、购买频率高，有足够大的需求量和资金来购买企业提供的产品或者服务，特别是对企业的高利润产品的购买数量多。

> **案例**：Keep 的目标客户
>
> Keep 是一款具有社交属性的 App，致力于提供健身教学、跑步、骑行、交友及健身饮食指导、装备购买等一站式运动解决方案。Keep 的产品定位为"你的移动健身教练，随时随地练就完美身材"。Keep 的目标客户群集中在年轻的女性身上，特别是年轻的上班族和大学生群体，她们往往接受过先进的教育，有经济基础，在压力巨大的城市中生活，对健身意识的觉醒较早，而且对健身的需求更大，愿意在健身上付费。

3. 服务成本较低

所谓的服务成本较低是相对而言的，而不是绝对数据上的比较。例如，一个大客户的服务成本是 200 元，银行净收益是 10 万元，那这 200 元的服务成本就显得微不足道；而一个小客户的服务成本是 10 元，但银行的净收益只有 20 元，虽然 10 元的服务成本在绝对数值上比 200 元小了很多，但相对服务成本却增加了很多倍。

4. 经营风险小，有良好的发展前景

客户的经营现状是否正常、是否具有成长性、是否具有核心竞争力、经营手段是否灵活、管理是否有章法、资金实力是否足够、分销能力是否强大、与下家的合作关系是否良好，以及国家的支持状况、法律条文的限制情况等都对客户的经营风险有很大的影响。企业只有对客户的发展背景与前景进行全面、客观、远景性的分析，才能对客户有一个准确的判断。

5. 愿意与企业建立长期的伙伴关系

"好客户"能够正确处理与企业的关系，合作意愿高，忠诚度高，让企业做擅长的事，通过提出新的要求友善地引导企业怎样超越现有的产品或服务，从而提高企业的服务水平。

例如，银行选择好的贷款客户的标准大致有：法人治理结构完善，组织结构与企业的经营战略相适应，机制灵活、管理科学；有明确可行的经营战略，经营状况良好，经营能力强，与同类型客户相比，有一定的竞争优势；有可供抵押的资产，贷款风险小；财务状况优良，财务结构合理，现金回流快；产品面向稳定增长的市场，与供应商和分销商的合作良好；属于国家重点扶持或鼓励发展的行业，符合产业技术政策的要求。

6. 有市场号召力、影响力

还有一类"好客户"，虽然他们的订单量相对来说并不是很多，但由于他们有较好的市场影响力、知名度和龙头示范作用，能给企业带来非常好的市场形象，提升企业的美誉度。毫无疑问，这样的客户也是好客户，因为它是具有战略价值的客户。

> **案例**：九阳公司选择经销商的条件
>
> 济南九阳电器有限公司是一家从事新型小家电研发、生产与销售的民营企业，目前已发展成全国最大的家用豆浆机生产厂家。九阳公司在

第三章 客户的选择

选择经销商时，并不是一味地求强求大，而是要求经销商满足三个条件：

一是经销商要具有对公司和产品的认同感。九阳公司认为，经销商只有对企业和企业的产品产生认同，才会重视厂家的产品和市场，才会将企业的产品作为经营的主项，主动投入所需的人力、物力、财力，自觉施行企业营销策略，与企业保持步调一致。

二是经销商要具有负责的态度。经销商要对产品负责、对品牌负责、对市场负责。那些虽然实力较强但缺乏负责态度的经销商，不在九阳公司的选择范围内。

三是经销商要具备一定的实力。九阳公司在评价经销商的实力时采用一种辩证的标准，即只要符合九阳公司的需要，能够保证公司产品的正常经营即可，并不要求资金最多，关键是双方建立起健康的合作伙伴关系。

(二) 什么样的客户是"坏客户"

通过以上"好客户"的标准，可以总结出"坏客户"的定义，即只向企业购买很少一部分产品或者服务，但要求却很多，花费了企业高额的服务费用，使企业为其消耗的成本远远超过他们给企业带来的收入；不讲信誉，给企业带来呆账、坏账、死账及诉讼等，给企业带来负效益，是一群时时刻刻在消耗企业资产的"蛀虫"；让企业做不擅长或做不了的事，分散企业的注意力，使企业改变方向，与自身的战略和计划相脱离。

应当注意的是，"好客户"与"坏客户"是相对而言的，只要具备一定的条件，他们之间是有可能相互转化的，"好客户"可能会变成"坏客户"，"坏客户"也可能会变成"好客户"。因此，企业要用动态的眼光来评价客户的好与坏，及时全面地掌握、了解与追踪客户的动态，如客户的资金周转情况、资产负债情况、利润分配情况等，以及时做出相应的调整。

案例：麦德龙对目标客户的划分

麦德龙是德国最大、欧洲第二、世界第三的零售批发超市集团，它对目标客户的划分标准是：

(1) HORECO，即伙食团，包括酒店或宾馆、餐厅、酒吧或咖啡厅、伙食提供者或食堂。这类客户对价格敏感，服务要求高。

(2) CBU，即企事业服务商，包括行政单位、公共机构、贸易等其他企事业单位。这类客户对价格不敏感，但对服务要求高。他们主要在麦德龙采购劳保用品和发放福利商品，采购频率较低，但每次采购额较大，尤其是在过年、过节时采购额特别大。

(3) TRADE，即专业批发商和零售商。这类客户对价格十分敏感，对服务要求也高，因此价格的高低往往决定了这类客户在麦德龙采购额的高低。

二、大客户不等于"好客户"

通常，购买量大的客户被称为大客户，购买量小的则为小客户，显然，大客户往往是所有企业关注的重点。但是，如果认为所有的大客户都是"好客户"，而不惜一切代价吸引和保持大客户，这就是一个误区了，企业就可能为之承担风险，这是因为许多大客户可能带来以下风险。

(一) 财务风险大

大客户在付款方式上通常要求赊销，这就容易使企业产生大量的应收账款，而较长的账期可能会给企业经营带来资金风险，因而大客户往往也容易成为"欠款大户"，甚至使企业承担呆账、坏账的风险。

例如，美国能源巨头安然公司一夜之间轰然倒塌，为其提供服务的安达信公司受其牵连而破产。这个例子很好地说明了规模有时候带来的可能只是更大的风险。

(二) 利润风险大

大客户有大客户的通病——客户越大，脾气、架子就可能越大。另外，大客户所预期获得的利益也大，某些大客户还会凭借其强大的买方优势和砍价实力，或利用自身的特殊影响与企业讨价还价，向企业提出诸如减价、价格折扣、强索回扣、提供超值服务甚至无偿占用资金等方面的额外要求。因此，这些订单量大的客户可能不但没有给企业带来大的价值，没有为企业带来预期的赢利，反而减少了企业的获利水平，使企业陷入被动局面。

例如，很多大型零售商巧立进场费、赞助费、广告费、专营费、促销费、上架费等费用，而使企业(供应商或生产商)的资金压力很大，增加了企业的利润风险。

(三) 管理风险大

大客户往往容易滥用其强大的市场运作能力，扰乱市场秩序，如窜货、私自提价或降价等，给企业的正常管理造成负面影响，尤其对小客户的生存构成威胁，而企业却需要这些小客户起拾遗补缺的作用。

(四) 流失风险大

激烈的市场竞争往往使大客户成为众多商家尽力争夺的对象,因此大客户很容易被其他竞争企业利诱,从而选择背叛与企业的合作。

(五) 竞争风险大

大客户往往拥有强大的实力,容易采取纵向一体化战略,另起炉灶,经营与企业相同的产品,而从昔日的合作伙伴摇身一变成为竞争对手。例如,恒基伟业公司原本是名人掌上电脑的经销商,结果其利用自身的渠道优势自立门户。

> **案例:经销商榨干白酒厂**
>
> 张全是一家中小型白酒企业的销售主管,负责四川地区市场的开拓。由于张全所在企业的产品在外埠市场没有一点知名度,所以他跑了大半个月也没找到愿意做他产品的经销商。稍有实力的经销商对他的产品理都不理,张全真的是四处碰壁,吃尽了苦头。后来,好不容易在一个地级市找到一个稍微有点经销意愿的经销商,张全就像找到了一根救命稻草,抓住了就不放手。
>
> 然而,该经销商要求厂家的铺底金额不得少于30万元,前三个月每月铺底10万元,从第四个月开始才现款提货,否则免谈;还要求厂家提供的广告和促销费用不得少于20%,并直接从货款中扣除;此外,该经销商还要求厂家必须是按25%的比例来提取终端开发费用,不同意以产品的形式支付,必须直接从货款中扣除,否则没有必要再谈下去……为了"拴住"这好不容易找到的经销商,张全请示公司,答应了经销商的"不平等条约"。
>
> 结果,张全一分钱货款也没有收回来,一个地级市场就白白损失了几十万元。不仅如此,经销商还把厂家的产品低价甩卖、四处冲货,甚至发给经销商的货又倒流回厂家本地。最后,厂家是钱丢了,经销商丢了,市场也丢了。

三、小客户可能是"好客户"

在什么样的客户是"好客户"的标准上,要从客户的终生价值来衡量。然而,

许多企业缺乏战略思维，只追求短期利益和眼前利益，而不顾长远利益，对客户的认识只是着眼于眼前能够给企业带来多少利润，很少去考虑客户在未来可能带来多少利润。因此，一些暂时不能带来利润甚至有些亏损，但长远来说很有发展潜力的小客户没有引起企业足够的重视，甚至往往被遗弃，更不要说得到企业的扶持。

事实上，小客户不等于劣质客户，有些小客户能够给企业带来较多的利润和较大的贡献，而占用企业的资源较少、给企业带来的风险也较小。因此，过分强调当前客户给企业带来的利润，很可能会错失未来的大客户、"好客户"。

例如，在20世纪80年代初期，个人计算机还是一个很小的市场，那时IBM最有价值的客户是主机用户，因此，IBM决定放弃追求个人计算机这个小市场，虽然它在这个市场上有绝对的优势。然而，个人计算机市场却是在近二十多年中增长最快的市场之一，并且主宰了整个计算机市场。微软因生产个人计算机软件而成为世界上最大的公司之一，戴尔、联想和许多其他公司则因为生产个人计算机而享誉全球。相反，IBM则错失良机，在个人计算机市场上越来越落后于竞争对手，最终不得不主动出局。

可见，小客户有可能是"好客户"，对客户的评判要科学，不能只看目前的表象，不能只根据某一时点的表现就轻易否定、盲目抛弃，而要用动态的眼光，看趋势、看潜力。

第三节 选择目标客户的指导思想

企业对目标客户的选择要建立在对客户细分的基础上，对各细分客户群的赢利水平、需求潜力及趋势等情况进行分析、预测，最后根据自身情况、竞争状况，选择和确定一个或几个细分客户群作为自己的服务对象。一般来说，企业选择目标客户应遵循以下一个或几个指导思想。

一、选择与企业定位一致的客户

企业选择目标客户要从实际出发，要根据企业自身的定位，如经营项目、经营目标来选择服务对象，选择与企业定位一致的目标客户。

例如，vivo致力于专为时尚的城市主流年轻群体打造拥有卓越外观、专业级音质享受、极致影像的乐趣、惊喜和愉悦体验的智能产品，品牌价值是科技和时尚，品牌精神是敢于追求极致，持续创造惊喜。这样的品牌定位，与目标客户即年轻群体追求乐趣、充满活力、年轻时尚的文化基因完整契合。

第三章 客户的选择

又如，小米手机坚持"为发烧而生"的设计理念，公司首创了用互联网模式开发手机操作系统、发烧友参与开发改进的模式，将全球顶级元器件供应商的产品和最新的移动通信技术运用到每台手机，并且通过公司网站在线销售，超高的性价比使每款产品都成为消费者关注的焦点。在小米手机刚上市时，客户定位为年轻(18～35岁)、高学历(具有大专及以上学历)的网络用户，他们大多为理工科专业背景，拥有一定的IT知识，喜欢玩手机，喜欢上网，习惯于网络购物和从网络获取信息，易接受新事物，有个人的消费主见。

> **案例：叮咚买菜的目标客户**
>
> 叮咚买菜的目标客户以25～45岁的城市白领和三口之家为主。这个客群有几个特点：时间稀缺，更加看重便利性和品质的稳定性，一旦形成购买习惯很容易复购。
>
> 用户既可以通过叮咚买菜App下单，也可以通过微信小程序下单，十分方便。在价格方面，叮咚买菜与周边菜场超市持平，而且没有配送费，适合经常做饭的家庭使用。

美国西南航空公司将目标客户定位在对航空票价敏感的低端市场上，提供经常性的相对短途的美国国内航班。飞机上不设商务舱和头等舱，而且对航空服务进行了一系列的简化——乘客到了机场的候客厅后，不给安排座位，乘客要像坐公共汽车那样去排队，上了飞机后自己找座位，如果到得早可能会找到一个好座位，如果到得晚就很可能坐在厕所边。飞机上也不供应餐饮，但乘客一坐下就可以听非常幽默的笑话，直到飞机降落，一路上嘻嘻哈哈、闹哄哄的。西南航空公司的这种"节约"服务，对收入低、消费低的人士有很大的吸引力，因为可以用极低的价格乘坐飞机。但对于收入较高的白领人士来说，就不适合了——他们不太在乎机票价格，但需要较好的航空服务，他们受不了要自己去"抢"座位，另外他们上飞机后往往要想问题、做事情或者休息，不喜欢吵吵嚷嚷……因此，中产阶级、官员、富豪等很少愿意乘坐西南航空公司的班机。不过，这恰好是西南航空公司所追求的效果，它很清楚自己的服务对象。正如公司总裁在电视广告上所说："如果您对我们提供的服务感到不满，那么非常抱歉地告诉您，您不是我们服务的目标客户，我们不会因为您的抱怨而改变服务方式。如果我们的服务令您感到不满的话，您可以去乘坐其他航空公司的飞机；当您感觉需要我们服务的时候，欢迎您再次乘坐西南航空的班机。"

案例：星巴克的客户选择

星巴克(Starbucks)公司从1971年西雅图的一间咖啡零售店，发展成为国际最著名的咖啡连锁店品牌，创造了一个企业扩张的奇迹。

星巴克这个名字源自著名小说家赫尔曼·梅尔维尔(Herman Melville)的小说 Mobby Dick(中译名为《白鲸》)中一位处事极其冷静、极具性格魅力的大副，他的嗜好就是喝咖啡。梅尔维尔被海明威、福克纳等美国著名作家认为是美国最伟大的小说家之一，在美国和世界文学史有很高的地位，但其著作的读者并不算多，主要是受过良好教育、有较高文化品位的人士，没有一定文化教养的人是不可能读过《白鲸》这部书，知道 Starbucks 这个人的。

因此，星巴克咖啡的名称暗含其对客户的定位——不是普通民众，而是有一定社会地位、有较高收入、有一定生活情调的人群。这一消费群体普遍收入较高，对价格并不敏感，对咖啡厅的整体环境氛围要求很高，对品牌价值有一定的要求，并且他们希望自己的商务会谈在一个优雅、拥有良好氛围的环境中进行。

星巴克的这种有所为有所不为的经营方式取得了巨大的成功，它追求的不是客户的数量而是客户的质量，是特定人群对于星巴克咖啡的"客户忠诚度"。

二、选择"好客户"

既然我们已经知道，客户有优劣之分，那么企业就应当选择"好客户"来经营，这样才能够给企业带来赢利。

例如，完美日记的品牌理念是倡导年轻一代不被外界标签束缚，积极地探索人生更多的可能性，遇见更优秀的自己，主要通过微信群、小红书、微博等社区、种草类 App 进行社群营销。完美日记将目标客户定位为18~28岁的年轻女性，是刚刚走进大学或职场的美妆领域新人。其特点是追求时尚，爱好多元，对新事物的接受度很高；文化程度高，受互联网、智能手机、平板电脑等科技产品影响很大，可以说是与互联网一起成长的一代，是互联网的"原住民"；喜爱种草，乐于分享，当他们使用完美日记的产品后，会在社交软件上分享使用感受，这就对完美日记进行了免费的宣传，为其带来更多同类型用户。

案例：屈臣氏选准目标客户获得新生

屈臣氏经过多年的观察，发现在日益同质化竞争的零售行业，如何锁定目标客户群至关重要。屈臣氏在调研中发现，亚洲女性会用更多的时间逛街购物，她们愿意投入大量时间去寻找更便宜或是更好的产品。最终屈臣氏将中国内地的主要目标市场锁定在18～35岁的月收入较高的女性。

屈臣氏认为这个年龄段的女性消费者最富有挑战精神，她们喜欢用最好的产品，寻求新奇体验，追求时尚，比较注重个性，有较强的消费能力，但时间紧张，不太喜欢去大卖场或大超市购物，追求的是舒适的购物环境，这与屈臣氏的定位非常吻合。

为了锁定这些"好客户"，在选址方面，最繁华的一类商圈，如有大量客流的街道或大商场是屈臣氏的首选，机场、车站或是白领集中的写字楼等地方也是考虑对象。在店内经营上屈臣氏更有讲究，在屈臣氏销售的产品中，药品占15%，化妆品及护肤用品占35%，个人护理品占30%，剩余的20%是食品、美容产品及衣饰品等。

为了方便"好客户"，屈臣氏将货架的高度从1.65米降低到1.40米，并且主销产品在货架的陈列高度一般在1.3～1.5米。在商品的陈列方面，屈臣氏注重其内在的联系和逻辑性，按化妆品—护肤品—美容用品—护发用品—时尚用品—药品—饰品、化妆工具—女性日用品的分类顺序摆放，并且在不同的分类区域会推出不同的新产品和促销商品，让客户在店内不时有新发现，从而激发"好客户"的兴趣。

屈臣氏还在店内陈列信息快递《护肤易》等各种个人护理资料手册，免费提供各种皮肤护理咨询；药品柜台的"健康知己"资料展架，提供各种保健营养分配和疾病预防治疗方法。此外，屈臣氏还建设了一支强大的健康顾问队伍，包括全职药剂师和"健康活力大使"，为"好客户"免费提供保持健康生活的咨询和建议……

三、选择有潜力的客户

企业选择客户不应局限于客户当前对企业赢利的贡献，而要考虑客户的成长性及未来对企业的贡献。对于当前利润贡献低，但是有潜力的小客户，企业要积极提供支持和援助，尽管满足这些小客户的需求可能会降低企业的当前利润。

例如，麦当劳通过调查发现，去哪个餐馆吃饭并不全是由父母决定，他们往

往会尊重孩子的意见，而只要吸引一名儿童，就等于吸引了两位大人。因此，麦当劳决定将目标市场主要定位在儿童和家庭成员。为此，麦当劳在各个分店设置了游乐区及专门为孩子提供生日聚会的服务项目，同时，店内的食谱不断推陈出新，以满足小客户们日益变化的口味。麦当劳还看到，二三十年后这些孩子长大了还会带着自己的下一代继续吃麦当劳——这就是麦当劳的眼光！

企业支持客户在很大程度上也是在支持自己，因为只有客户发展了，才可能对企业的产品或服务产生越来越大的需求。所以，企业一旦发现了可以从"蚂蚁"变为"大象"的有潜力的客户，就应该给予重点支持和培养，甚至可以考虑与管理咨询公司合作，从而提升有潜力的小客户的"品质"。这样，潜力客户在企业的关照下成长壮大后，它们对企业的产品或者服务的需求也将随之膨胀，也许还会对培养它们的企业产生感情，有更强的忠诚度。在几乎所有优质客户都被各大企业瓜分殆尽的今天，这显然是企业赢得优质客户的好途径。

四、选择"旗鼓相当"的客户

(一) 企业与客户级别不同产生的问题

"低级别"的企业如果瞄上"高级别"的客户，尽管这类客户很好，但由于双方的实力过于悬殊，企业对其服务的能力不够，这样的客户就不容易开发，即使最终开发成功，勉强建立了关系，也会吃力不讨好，因为以后的服务成本也一定较高，维持关系的难度也较大。现实中，有些企业一心想服务于大客户，动辄宣称自己可以满足大客户的任何要求。但由于双方实力的不对等，企业对于大客户提出的要求很难完成，只能降低标准或放松制衡。在面对大客户提出的苛刻条件时，还可能放弃管理的主动权，从而无法对大客户的潜在风险进行有效控制，结果一旦这些大客户出现问题，企业也将面临无法承受的后果。

也有些"高级别"企业可能瞄上"低级别"客户，但由于双方关注点"错位"的原因，如一方财大气粗，另一方精打细算，而造成双方不同步、不协调、不融洽，结果也可能会使两方不欢而散。

事实上，每个客户都有自己的价值判断，从而决定自己与哪家企业建立紧密联系。然而，许多企业没有意识到这一点，总是把自己的意愿强加于客户，最终导致双方的损失。

例如，一家生产汽车配件的公司打算把目标客户锁定为大型汽车制造厂，企图尽快达到盈亏平衡，但经过几年的努力都未成功，因为这些大型汽车制造厂根本看不上这家企业，不相信其产品和服务。无奈之下，该企业转向一些中小型汽

第三章 客户的选择

车制造厂,而这些中小型的汽车制造厂也正在寻找具有价廉物美且未被大型汽车制造厂锁定的供应商,于是双方建立了长期稳定的关系,取得双赢。

总之,客户并非越大越好,也不是越小越好,"旗鼓相当"显然是企业选择客户时稳健和保险的方式——双方在各自的领域如资金、技术、品牌等方面都有吸引对方的优势和魅力,可以相互取长补短,具有平等合作、互不轻视的基础。

> **案例:BBBK 公司的客户选择**
>
> 美国强生公司所属的 BBBK 灭虫公司销售的杀虫剂的价格是其他同类产品的 5 倍,它之所以能够获得溢价价格是因为把销售中心放在一个对质量特别敏感的市场——高档旅店和餐馆,并且为它们提供认为最有价值的东西:保证没有害虫而不只是控制害虫。
>
> BBBK 灭虫公司承诺:在您那里的所有害虫被灭光之前,您不欠我们一分钱;如果您对我们的服务不满意,您将收到相当于 12 个月服务的退款,外加第二年您选择新的灭虫公司的费用;如果您的客人在房间里看到一只害虫,我们将支付客人本次和下次的全部费用,并送上一封道歉信;如果您的酒店因为害虫的存在而停业,我们将赔偿全部罚金和利润损失,并再加 5 000 美元。
>
> 该公司为了提供如此高档的服务,在一年中花费了十多万美元的成本,但是赢来了 3300 万美元的服务收入——实际服务承诺的费用是营业额的 0.36%。正是由于通过无条件的服务承诺与保证,使 BBBK 公司不但可以收取超过同行 600% 的费用,而且得到了许多大客户的追捧。

(二)企业如何寻找"旗鼓相当"的客户

企业要结合客户的综合价值与企业对其服务的综合能力进行分析,然后找到两者的交叉点。具体可分为如下三个步骤。

1. 评价目标客户价值

企业要判断目标客户是否有足够的吸引力,是否有较高的综合价值,是否能为企业带来大的收益,这些可以从几个方面进行分析:客户向企业购买产品或者服务的总金额;客户扩大需求而产生的增量购买和交叉购买等;客户的无形价值,包括规模效应价值、口碑价值和信息价值等;客户为企业带来的风险,如信用风险、资金风险、违约风险等;企业为客户提供产品或者服务需要耗费的总成本。

2. 评价企业自身能力

企业必须衡量一下自己是否有足够的综合能力去满足目标客户的需求。对综合能力的分析不应从企业自身的感知来确定，而应该从客户的角度进行分析，可借用客户让渡价值(指客户获得的总价值与客户为之付出的总成本之间的差额)来衡量企业的综合能力。也就是说，企业能够为目标客户提供的产品价值、服务价值、人员价值及形象价值之和，减去目标客户需要消耗的货币成本、时间成本、精力成本、体力成本，这样就可以大致得出企业的综合能力。如果是正值，说明企业有较强的综合能力去满足目标客户的需求；如果是负值，说明企业满足目标客户的综合能力较弱。

3. 价值能力分析

寻找客户的综合价值与企业的综合能力两者的结合点。也就是说，要将价值足够大、值得企业去开发和维护的，同时企业也有能力去开发和维护的客户，作为企业的目标客户。

企业与客户的价值-能力分析矩阵，如图3-1所示。

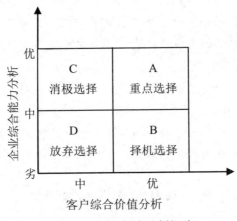

图 3-1　价值-能力分析矩阵

A 区域客户是企业应该重点选择的目标客户群。这类客户的综合价值较高，是优质的客户，另一方面企业对其服务的综合实力也较高，也就是说，企业的实力足以去赢得和维系这类客户。因此，A 类客户值得企业花费大量的资源去争取和维护。

B 区域客户是企业应该择机选择的目标客户群。这类客户的综合价值高，具有非常高的开发与维护价值，但企业对这类客户的服务能力实在有限，很难为其提供满意的产品或服务。企业开发这类客户时，将会面临很大的困难，即使开发成功了，如果企业对其服务的综合能力没有提高，最终也很难长期留住这类客户。因此，B 类客户属于企业在适当的时机(当服务能力提高时)可以选择的客户群。

C 区域客户是企业应该消极选择的客户群。这类客户的价值实在有限，尽管企业对其服务的综合能力较强，但是企业很可能在这类客户身上得不到多少利润，甚至还有可能消耗企业的一部分利润。因此，C 类客户属于企业应当消极选择的客户群。

D 区域客户是企业应该放弃选择的客户群。这类客户群的综合价值较低，很难给企业带来利润，如果企业将过多的资源投入到这类客户群上，是得不偿失的，甚至有时候这类客户还会吞噬企业的利润。此外，企业也很难为这类客户提供长期的具有较高让渡价值的产品和服务。因此，D 类客户属于企业不应选择的客户群。

五、选择与现有"忠诚客户"具有相似特征的客户

企业就好比胳膊，市场就好比大腿。我们知道，"胳膊扭不过大腿"，而且"强扭的瓜不甜"。我们还知道，假如"有心栽花花不开，无心插柳柳成荫"，那么就该顺势而为，改"栽花"为"插柳"——大势所趋啊！

世上没有哪个企业能够满足所有客户的需求，有时候企业费尽心思，企图在市场上扮演某个角色，但是偏偏吃力不讨好，没有得到市场认同，可谓"落花有意，流水无情"。

但是，幸运的是，可能总会有些客户因为认为企业提供的产品或服务比竞争对手的更好、更加"物有所值"而忠诚，他们也许就是企业的知音、伯乐、识货人。因此，选择与现有"忠诚客户"具有相似特征的客户是明智的。

例如，美国某化妆品企业生产一种叫"嫩春"的面霜，可以防治青春痘，并能够减少皱纹。该面霜上市一段时间后，调查人员发现，80%的购买者是 20 岁左右的年轻女子，而其余 20%的购买者却是 35～50 岁的中老年妇女。年轻女子关心防治青春痘，而中老年妇女关心减少皱纹，这样企业面临两种选择，是强调防治青春痘，还是减少皱纹？最后企业决定顺势而为，放弃中老年妇女这个市场，而强调"嫩春"面霜防治青春痘的功效，全力以赴抓住年轻女性客户，从而获得了成功。

又如，目前肯德基的忠诚客户主要是三类——儿童、学生、都市上班族。儿童喜欢的原因是肯德基有好吃的炸鸡腿、汉堡等食品，还可以边吃边到店中的微型儿童游乐场玩。学生喜欢的原因是肯德基的味道不错，且花费与学校旁的小排档相差无几，而那的环境、情调却是小排档无法比拟。上班族喜欢的原因是相对紧凑的工作生活确实需要便捷的快餐，另一方面，上班族们不屑于路边小摊，也不愿工作间隙在写字楼里吃盒饭，肯德基用其干净、精致的产品包装和独特的口味轻而易举地俘获了他们的"芳心"。因此，肯德基将其经营重点放在

这三类人群上,因为他们具备最可能忠诚于肯德基的特征。

 延伸阅读

出版社对销售商的选择

企业对销售商的选择是销售渠道建设的第一步,也是销售商关系管理的关键性环节。出版社也一样,只有选对了销售商,图书进入并占领预期目标市场才会有保证,销售工作会比较顺畅,回款风险也会降低。出版社选择销售商的一般标准是销售商开拓市场的能力、管理市场的能力、销货能力、信用水平和忠诚度。

1. 销售商开拓市场的能力

销售商开拓市场能力的强弱,可以从以下几个方面反映出来:一是销售商现时拥有的销售网络资源。销售商拥有完备的销售网络,说明开拓市场的能力强,也说明分销能力强。二是销售商维护和发展销售网络的能力。它反映出销售商的持续发展能力,是销售商维护并提高图书市场占有率的保证。通过了解销售商近期销售网点的维护和增长情况,可以判断其市场拓展能力的强弱。三是销售商的推广能力,包括运用适当的营销手段推销所经销的图书的能力和联系当地媒体进行宣传的能力等。

2. 销售商管理市场的能力

销售商管理市场的能力主要是销售商管理其下一级销售商的能力,这直接影响其销货能力和控制风险的能力。这种能力主要体现在以下几个方面:一是管理下一级销售商,帮助下一级销售商开拓市场和发展下线销售商或终端销售商的能力。二是控制窜货的能力,主要是控制下一级销售商窜货的能力。三是配合出版社打击当地盗版行为的能力。四是提供售前、售中和售后服务的能力。优质的服务可以稳定客源,提高出版社的信誉度和美誉度,进而提高其市场影响力。

3. 销售商销货能力

销售商销货能力通过销售额、销售增长率、市场占有率等指标反映出来。销售额反映销售商的总体销售规模,销售额越高说明销售商的销货能力越强。销售增长率反映销售商销售业绩的增长速度,指标值越高销售商的经营业绩越好。市场占有率是销售商经销的某个品牌图书的销量占当地市场同类图书销量的比率。市场占有率越高,表示销售商的经营能力和竞争力越强。

销售商销货能力的强弱还受到以下因素的影响:一是具有在区域市场铺货的能力,可以将出版社的图书快速地铺到下线销售商。二是具有经营某类图书的市场经验。有市场经验的销售商,一般都有一定的市场影响力和一批忠实的分销商,能够比较快地打开市场,扩大图书销量。

4. 销售商信用水平

销售商信用水平是指销售商信誉的好坏程度，出版社选择销售商时必须着重考虑销售商的信用水平。销售商的信用水平可以从以下几个方面进行考察：一是销售商主要管理人员的个人品质，其品质往往决定销售商信誉的好坏。出版社必须考察销售商主要管理人员在业内的口碑，其一贯的风格、年龄、更换是否频繁等因素。如果其在业内的口碑好，而且一贯如期付款，且其他方面亦无问题，则是不错的合作伙伴。二是销售商的财务状况。如果财务状况不佳，则可能存在回款风险，因而不适宜选为出版社的销售商。三是货款支付情况。考察销售商是否如期支付所欠出版社的货款，有无拖欠货款的前例。如果经常无故迟付，甚至赖账，则其信誉不佳。四是销售商完成合同的情况和执行发货折扣的情况。不履行合同、信誉欠佳的销售商，出版社不能选。

5. 销售商忠诚度

销售商的忠诚度可以从以下几个方面考察：一是对出版社品牌或出版社图书品牌的认同程度。销售商认同出版社的品牌及图书，认为有市场潜力，才会经销该出版社图书。二是经营该出版社图书时间的长短。经营时间长、回款及时的销售商，一般都是忠诚度高的销售商。三是能否专心于图书批销业务。确认销售商是否有其他产业，如果有，销售商有可能将主要精力放在其他产业上，此时图书批销业务就可能成为其附属业务，销售商无法专心经营，其忠诚度一般也不会太高。

课后练习

一、不定项选择题

1. 企业必须选择客户是因为(　　)。
   A. 不是所有的购买者都会是企业的客户
   B. 不是所有的客户都能够给企业带来收益
   C. 不加选择地建立客户关系可能造成企业定位模糊不清
   D. 选择正确的客户能增加企业的赢利能力

2. (　　)指的是本身的"素质"好、对企业贡献大的客户，至少是给企业带来的收入要比企业为其提供产品或者服务所花费的成本高。
   A. 好客户　　　　B. 坏客户　　　　C. 大客户　　　　D. 小客户

3. 大客户风险表现在( )。
   A. 财务风险大　　　　B. 利润风险大　　　C. 管理风险大
   D. 流失风险大　　　　E. 竞争风险大

4. 选择客户的指导思想有( )。
   A. 选择与企业定位一致的客户
   B. 选择"好客户"
   C. 选择有潜力的客户
   D. 选择"旗鼓相当"的客户
   E. 选择与"忠诚客户"具有相似特征的客户

5. 企业选对、选准了目标客户，那么( )客户关系的可能性就相对大，也相对容易，成本也相对较低。
   A. 建立　　　　　B. 提升　　　　　C. 维护　　　　　D. 挽救

二、判断题

1. 客户天生就存在差异，有优劣之分。（　　）
2. 企业主动选择特定的客户，有利于树立鲜明的企业形象。（　　）
3. 企业可把所有的购买者都视为自己的客户。（　　）
4. "好客户"与"坏客户"是相对而言的，只要具备一定的条件，他们之间是有可能相互转化的。（　　）
5. 每个企业能够有效地服务的客户的类别和数量是有限的。（　　）

三、名词解释

好客户　　坏客户　　大客户　　小客户

四、思考题

1. 企业为什么要选择客户？
2. 为什么大客户不等于"好客户"？
3. 为什么小客户可能是"好客户"？
4. 目标客户选择的指导思想是什么？

五、案例分析题

劳力士的客户选择

劳力士(Rolex)被认为是最成功、被很多人推崇备至的顶级手表品牌，一个多世纪以来，劳力士一直是性能和尊贵的超群象征。劳力士表最初的标志为一只伸开五指的手掌，它表示该品牌的手表完全是靠手工精雕细琢的，之后才逐渐演变为皇冠的注册商标，以示其在手表领域中的霸主地位。

第三章 客户的选择

正确的客户选择对企业是十分重要的,劳力士鲜明的客户选择为其市场领导者地位的奠定起了不可忽视的作用。劳力士的消费人群定位于成熟有品位、懂得鉴赏名表、敢于自我肯定的成功人士,他们追求钟表功能的专业化,走在时尚尖端、追求奢华,喜欢凸显自己的身份和社会地位。

追求钟表功能专业化的客户有潜航者、飞行员、旅行探险者、经常到国外旅行的商务人士等,虽然他们的购买力不稳定,但在专业化功能的吸引下,拥有相对强的购买力,由于对高质量多功能的追求,这类客户拥有较强的品牌偏好。潜航者对钟表牢固可靠性、极致的优雅性和性能的要求极高,要求在从事专业活动之时,能够确保安全的潜水计时;飞行员对钟表专业化的需求集中体现在对不同时区时间的转换,以适应飞行环境的需要;旅行探险者对钟表指示时区及区时的功能要求高,并且要求钟表可以用于区分白昼和夜晚时间,以应对险恶的探险环境;经常出国旅行的商务人士对钟表独立调时、不同时区区时的转换存在着很高的要求。

电影明星、体育明星等走在时尚尖端、追求奢华的人士,他们收入高,购买力强,价格敏感度低,同时品牌忠诚度高,品牌偏好程度高。明星们作为公众人物,很注重钟表的奢华外观,追求新颖的设计。电影明星在公众场合保持着相对高的曝光度,光鲜时尚的配饰是其追求的要点,以保持他们在时尚领域的地位,突出他们的个人品位及修养;体育明星则对运动型手表热衷。

成功的商务人士、艺术家、皇室、贵族等上流社会人士非常追求身份、社会地位象征,他们事业成功、收入颇丰,具有强劲的购买力,文化程度高,品牌偏好程度高。成功的商务人士拥有很强的时间观念,有想要掌握每一分每一秒的消费心理,同时在商务交往中注重佩戴身份地位象征的装饰品,满足其自我实现的需要;艺术家也有体现品味、出众的艺术气质的需要;皇室、贵族等追求能够彰显其社会地位的奢侈消费品,要求装饰品尊贵、稀缺。

劳力士将品牌受众定位于成功人士和一些有财富、地位的人,进一步提升了自身的影响力,使它牢牢占据了钟表行业的霸主地位,其销售量在名贵表当中首屈一指,利润是其他钟表品牌的十几倍,给企业带来了可观的经济效益。

思考:
1. 劳力士选择的目标客户有哪几种类型?
2. 劳力士为什么要选择这几种类型的客户?

第四章　客户的开发

> **引例：喜临门通过线上促销实现线下开发**
>
> 　　"双11"电商盛宴期间,喜临门为吸引线上流量,在天猫旗舰店发起针对"双11"的预售活动,消费者如果在天猫上花99元购买"试睡护照",喜临门的O2O部门会将"试睡护照"邮寄给消费者,消费者收到后可以凭借它到线下门店领取价值500多元的乳胶枕。客户到店后还可以参与线下活动,购买其他产品。
>
> **引例启示**
>
> 　　企业可以通过线上的促销活动将消费者引到线下,从而实现线下开发客户。

　　对新企业来说,首要的任务就是吸引和开发客户。

　　对老企业来说,企业发展也需要源源不断地吸引和开发新客户。根据一般经验,企业每年客户的流失率约为10%～30%,所以老企业在努力培养客户忠诚度的同时,还要不断寻求机会开发新客户,尤其是对优质客户的开发。这样,一方面可以弥补客户流失的缺口,另一方面可以壮大企业的客户队伍,提高企业的综合竞争力,增强企业的赢利能力,实现企业的可持续性发展。

　　客户的开发就是企业让目标客户产生购买欲望并付诸行动,促使他们成为企业现实客户的过程。企业开发客户的策略可分为营销导向的开发策略和推销导向的开发策略。

第一节　营销导向的开发策略

所谓营销导向的开发，就是企业通过有吸引力的产品策略、价格策略、分销策略和促销策略，吸引目标客户和潜在客户产生购买行动的过程。

营销导向开发策略的特点是"不求人"，即想办法让客户主动上门，自己主动和自愿地被开发。因此，营销导向的开发策略是客户开发策略的最高境界，也是获得客户的理想途径。

例如，麦肯锡公司从来没有在大众媒体上投放过广告，更没有通过营销人员主动打电话给客户，但麦肯锡却从来不缺客户。对于麦肯锡而言，成功的营销不是去推销，而是能识别客户需求，创造客户需求，然后利用企业的优势与专业技术去满足客户的需求。

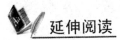

延伸阅读

别人为什么愿意跟你相处

第一，可能因为你有德，对人真诚，为人厚道，心地善良，有规矩，有方圆，有礼貌，有爱心，别人与你相处感到温暖、放心。

第二，可能因为你有用，你能带给人实用的价值。

第三，可能因为你有料，跟你相处能打开眼界，放大格局。

第四，可能因为你有量，你能倾听别人的想法并发表有价值的见解，为人慷慨、包容。

第五，可能因为你有趣，能带给他人愉快的心情，和你在一起会快乐。

一、有吸引力的产品策略

（一）功能效用

功能效用是吸引客户最基本的立足点，功能越强、效用越大的产品或服务对客户的吸引力就越大。

例如，海尔在做市场调研时，一个客户随意提到冰箱里的冻肉拿出来不好切，海尔立刻意识到这是一个未引起冰箱生产企业重视的共性问题。于是，根据食品在-7℃时营养不易被破坏的原理，海尔很快研制出新产品"快乐王子007"。这款冰箱的冷藏冻肉出箱后可即时切，于是销量很快走俏。可见，好东西自然使客户愿意被"吸引"！

宝洁公司也设计出了满足不同消费者需求的产品系列，比如洗发水，宝洁公司设计出了满足消费者营养头发需要的潘婷洗发水，满足消费者去头屑需求的海飞丝洗发水，满足消费者柔顺头发需要的飘柔洗发水，满足消费者保持发型需求的沙宣洗发水等。因此，宝洁公司的产品被客户竞相追捧。

> **案例：陌陌的客户开发**
>
> 陌陌在推广初期资金有限，所以渠道选择需要用户基数大、花费比较少的社区进行推广。符合条件的有 QQ 空间和新浪微博。由于 QQ 空间使用者年龄偏小，所以，陌陌将运营重心放在了新浪微博上。
>
> 一开始，陌陌只在微博上发布传统信息，说有产品上线啦，亲朋好友帮忙给推一下。结果做了些推广之后，每小时的下载量居然最高能达到几百，这让公司推广人员觉得这条路子是对的，但是形式肯定要继续优化。所以，陌陌开始把产品放在场景里去讲故事，让用户置身那个场景的时候会想起来使用。
>
> 在运营过程中，陌陌认为一个社区的活跃取决于女性用户的活跃，而女性用户的活跃度取决于她的需求是否被满足、这里是否有安全感。所以，陌陌在新浪微博上针对女性做了很多推广，用一些情感方面的文案获取她们的好感，并且组建了一个七八人的团队，每天处理举报信息，保证女性用户的使用体验。同时增加了群组功能，做基于地理位置的关系沉淀，如基于小区的业主群，利用它用户可以找到自己的邻居，慢慢转化成熟人关系，构建城市的社区文化。至此，陌陌完成了场景的转变，从一对一的网上社交场景，慢慢向社交、本地化方向转变，从线上走向了线下。

（二）质量

"好东西自己会说话"——质量优异的产品或者服务总是受到客户的青睐，质量在吸引客户上起到了至关重要的作用。

例如，法国家乐福公司对采购品的质量要求很严格，生产厂家必须通过包括工厂检测、产品测试直至装运检验等一系列的长达半年的考核，才能向家乐福供货；德国麦德龙公司对产品质量的要求永远排在第一位，所有进入麦德龙采购系统的产品要先在一个区域销售，效果好才可以进入全国市场，最后才能分销到国外……这些物美价廉的超市吸引了众多客户的光顾。

第四章　客户的开发

一个质量有问题的产品或者服务，即使非常便宜也没有人愿意购买。相反，对于高质量的产品，即使价格高些人们往往也愿意接受。因为质量往往代表着安全、可靠和值得信赖，人们之所以购买名牌产品或服务最主要的就是看中其过硬的质量。

（三）特色

如今市场上同类同质的产品或者服务越来越多，因此企业要想在激烈的市场竞争中脱颖而出，其产品或者服务必须有足够的特色才能吸引客户的注意或光顾。

例如，沃尔玛针对不同的目标消费者，采取了不同的零售经营形式：针对中层及中下层消费者的沃尔玛平价购物广场；只针对会员提供各项优惠及服务的山姆会员商店；深受中高收入消费者欢迎的沃尔玛综合性百货商店等。通过这些不同的经营形式，沃尔玛分别吸引了零售领域各档市场的消费者。

又如，在比利时首都布鲁塞尔，有一家"棺材酒吧"，酒吧里面摆着一副副棺材形的吧台，人们用一个像骷髅的酒杯饮酒，杯里边盛着独家调制的鸡尾酒"午夜之眼""吸血鬼之吻"等，令人毛骨悚然，整个店充满了恐怖的气氛⋯⋯"棺材酒吧"的老板抓住了人们心理上的弱点，反其道而行之，从而刺激了人们的官能，吸引了许多"勇敢者"的光顾。

在芝加哥斯泰特大街三个街区的短短距离内，就有美国最大的女鞋零售商爱迪生兄弟企业的三家不同定位的连锁店，虽然它们相互靠近，却不影响彼此的生意，这是为什么？原来爱迪生兄弟企业经营了900多家鞋店，分为四种不同的连锁形式，每种连锁形式针对不同的细分市场。如钱德勒连锁店专卖高价鞋，贝克连锁店专卖中等价格的鞋，勃特连锁店专卖廉价鞋，瓦尔德派尔连锁店专卖时装鞋，各有各的特色。这就是为什么它们同处一地，却相互不影响的原因——它们各自有相应的目标客户。

（四）品牌

品牌是用以识别某个产品或者服务，并使之与竞争对手的产品或者服务区别开来的商业名称及标志。品牌对于客户的吸引力在于，品牌是一份合同，是一个保证，是一种承诺。无论购买地点在哪里、无论分销形式如何，品牌向客户提供了一种统一的标准，减少了客户可能冒的风险，能够更好地维护客户的利益。

当客户对产品或服务的安全和质量要求很高时（如给婴儿购买护理产品）或者当客户难以事先评估产品的性能时（如购买电脑、音响等高科技产品），品牌的作用尤为突出。因为品牌能够让客户信任、放心，尤其是久负盛名的品牌更能增强客户购买的信心。

品牌对于客户的吸引力还在于，品牌不仅有利于维护客户的利益，还有助于提升客户的形象，特别是有些产品的购买被称为社会地位标志性的购买，如服装、酒、汽车等，由品牌产生的附加值是根本性的，起着绝对的作用。品牌将自己的身份传递到人们的身上，提高了使用它或消费它的人的身价，给人们带来心理上、精神上更高层次和最大限度的满足。

（五）包装

包装是指为产品设计并制作的容器或包扎物，是不属于产品本身的又与产品一起销售的物质因素。包装能够方便产品的保护、运输、储存、摆放上架、被消费者识别、携带和使用。

包装是产品的"无声销售员"。一方面，当产品被放到自选柜台或者自选超市时，好的包装能够吸引客户的视线，引起或加强客户的购买欲望。例如，好的食品包装可以提示产品的口感和质量，并能够引起人们的食欲，令人垂涎欲滴。据英国市场调查公司报道，去超市购物的妇女，由于受精美包装等因素的吸引而购买物品的数量常常超出原来计划购买数量的45%。另一方面，当各个品牌之间的"内在"差异很小或很难被消费者感知的时候，包装在功能方面或视觉方面的优势就会让产品"占上风"，并左右客户的购买决策。美国杜邦公司研究发现，63%的消费者是根据产品的包装来选择产品的。

颜色、造型、风格、陈设、标签等，实际上都是"大包装"的范畴，它们可以塑造产品赏心悦目的形象，吸引客户的光临。如杏黄色的包装，给人以营养丰富的视觉效果；海蓝色的包装，让人联想到蔚蓝色的大海，带来清新凉爽的视觉效果；草绿色的包装给人以青春美的感受。

例如，雅芳在包装上选择了一种光滑饱满带金属光泽的蓝色，其所有产品的包装色彩都以这种核心蓝为底色，这带给客户一种和谐高档的视觉感受。

天津亨得利钟表店在布局上全力推出一个"准"字，沿客户行走路线的柜台橱窗中陈列了样式各异的数千种钟表，并且全部处于走时状态，表针整齐划一，尤其是整点的时候，所有钟表都发出悦耳的声音，组成和谐的乐章，这样刻意的"包装"无疑有助于提示这里钟表的质量，给客户留下深刻的印象，从而吸引客户的购买。类似的包装方式较常见，如住房装潢设计样板间摆上计算机，给人以现代、高科技的感觉；面包房清新而芳香的空气能够提示所出售的面包新鲜程度高；温暖、宜人的气温，柔和的灯光和音乐能够提示西餐厅温情、细腻的服务；强烈的音乐能够提示酒吧热情、豪爽的服务……这些"大包装"的成功，可以吸引众多的客户前来消费。

(六) 服务

服务是指伴随着产品的出售，企业向客户提供的各种附加服务，如产品介绍、送货、安装、调试、维修、技术培训、产品保证等。企业向客户提供的各种服务越完备，产品的附加值就越大，客户从中获得的实际利益就越大，也就越能够吸引客户。

海尔集团是世界第四大白色家电制造商、中国最具价值品牌。获取这些荣誉，海尔推行的"全程管家365"服务立下了汗马功劳——在全年365天里，海尔的服务人员全天候24小时等待客户的来电，无论一年中的哪一天，只要客户打电话到海尔当地的服务热线，服务人员会随时按客户下达的需求上门服务。"全程管家365"的服务内容包括：售前上门设计、售中咨询导购、售后安装调试、定期维护保养等，这些优质的服务使客户购买海尔产品的信心大大提升了。

一般来说，用户在购买产品和服务时有三种担忧：一是担忧经常出故障；二是担忧由于产品故障带来的停工周期，停工周期越长，使用者的成本越高；三是担忧产品保养和维修服务的高额费用。

IBM曾经发生过这样一件事情：一位客户住在小镇的一个小岛上，一天他的电脑发生了故障，求助呼叫中心后发现必须由服务人员现场解决，但当地没有服务网点。于是，IBM公司决定派工程师乘飞机到当地城市再坐出租车到小镇，然后租用快艇到小岛进行维修。碰巧当天下暴雨，工程师在深夜两点才赶到小岛，为了不打扰客户，工程师露宿于小岛，第二天上门并很快排除了故障。不久后这件事情就得到了积极的市场响应，那就是小镇上几乎所有准备购买电脑的人全都选择了或者表示将选择IBM——这就是优质服务的魅力。

如今，为了提供优质和完善的服务，争取更多的客户，越来越多的企业还延长了营业时间。例如，"永和豆浆"为了方便客户，接连延长了服务时间，直至推出24小时服务，满足了客户随时点餐的需要，自然生意兴隆。有些企业则开展流动服务和上门服务，如北京邮政局用流动服务车向居住在市郊的外来民工提供服务。

案例：代客保管剩酒

近年来，在我国香港地区刮起了一股"代客保管剩酒"之风，各家酒店先后都增设了精巧的玻璃橱窗，里面陈列着各式各样的高档名酒，这些名酒都已经开了封，在这些酒瓶的颈上都系有一张小卡片，上面写着客户的姓名，这就是为客户保存的剩酒。客户上次用餐时酒没有喝完，店里可替他保存下来，以便让他下次来时再喝。

"保管剩酒"这招一问世，马上受到客户的欢迎和青睐。其魅力在于：

一是可以有效地招徕回头客——客户剩的酒在这家餐馆里存着，下次当然还是要去这家，而客户下次用餐时可能还会要新酒，也就可能还会剩酒……如此良性循环，餐馆的生意会越做越红火。

二是有助于激发客户消费高档酒的欲望——客户一般不想喝低档酒，而喝高档酒又担心喝不完，白白浪费了，拿走又不雅观，就干脆不喝了，而有了保管剩酒这项服务，就可以一次喝一点，分几次喝完，分摊下来，花费也不大，于是客户就可以大胆地消费高档酒了。

三是可以增近与客户的亲切感——有半瓶酒在这里存着，显得该酒店好像是自己的家，来此就餐便会有宾至如归之感，与酒店的感情也自然拉近了。

(七) 承诺与保证

由于客户的购买总隐含着一定的风险，因此在一定程度上会限制其购买欲望，而卖方提供的承诺可以起到一种保险作用。如果企业对提供的产品或者服务做出承诺与担保，就可以降低客户购买的心理压力，会引起客户的好感和兴趣，从而促进客户放心地购买和消费。实际上，敢于推出承诺和保证就已经体现了企业的一种气魄、一种精神，有利于吸引客户。

例如，航空公司承诺航班准点，同时承诺当航班因非不可抗拒因素的延误、延期、取消、提前时，保证赔偿乘客的损失，这样便可使乘客在一定程度上增强对航空服务可靠性的信心。

类似的案例很多，如上海商业会计学校有"不合格毕业生可退回学校"的承诺；上海邮政局承诺"限时补报"，即在接到订户投诉电话的1个小时内，上门补送报纸；杭州大众出租车公司承诺，凡是气温在30℃以上时，一律打开空调，如没有打开的，乘客可以要求退回所有的车费，并且获得面值30元的乘车证一张，公司还将对违纪司机给予处罚。

二、有吸引力的价格策略

价格是指企业出售产品或者服务所追求的经济回报。价格对客户而言，不是利益的载体，而是代表一种牺牲。因此，价格既可能表达企业对客户的关心，也可能给客户留下企业利欲熏心的印象，企业要想开发客户就应制定有吸引力的价格策略。

客户购买产品或服务时一般都有一个预期价格，当市场价格高于预期价格时，就会有更多的客户放弃购买这个产品或减少购买量。而当市场价格低于预期价格时，客户又可能产生怀疑，而不购买——认为"便宜没好货"；特别是当客户不能客观地鉴别产品质量且这种产品又涉及他们的形象和威望时，就会把价格当作一个质量标准，认定只有贵的产品才会是好的产品。可见，定价太高、太低都不行，企业应当根据产品或者服务的特点，以及市场状况和竞争状况，为自己的产品或服务确定一个对客户有吸引力的价格。

例如，德国的奥斯登零售公司，它经销任何产品都很畅销，资金周转非常快，平均只有17~20天，其诀窍就是采取灵活的定价策略。如它推出一套时装，由于风格独特，有强烈的吸引力，客户也感到很新鲜，于是奥斯登公司采取高价策略，即定价是普通服装价格的4~6倍，但照样销售得很好；后来，当其他企业也相继推出这种时装时，奥斯登公司改变策略，再继续推出两万套这种时装，但将价格下降到相当于普通时装的价格，许多商客闻风而来，两天便抢购一空；又过了一段时间，奥斯登公司又以成本价——不到普通时装价格的60%销售，这下连经济拮据的客户也纷纷跑来购买。

一般来说，企业通过价格吸引客户的策略有如下几种。

（一）低价策略

低价策略即企业用较低的价格来吸引客户的购买，如宾馆把客房的价格定得低一些，就可以吸引更多的住客；或者将原定的价格打个折扣，如原来每购买1箱啤酒30元，现在打8折按每箱24元售卖，以鼓励客户购买。

例如，汇丰银行澳大利亚子银行作为外资银行，在进入澳大利亚市场初期为争取市场份额，推出了比本地银行优惠的存款、贷款利率吸引客户，而近年来随着市场对汇丰银行的认可和该行市场份额的扩大，利率水平已与本地银行接近。

（二）高价策略

高价策略即企业利用有些客户往往以价格高低来判断产品的质量，认为高价位代表高质量，尤其是当这种产品会影响他们的形象、健康和威望时，从而把产品或者服务的价格定成高价。

例如，1945年美国雷诺公司最先制造出圆珠笔，并且作为圣诞礼物投放到市场上成为畅销货。虽然当时每支圆珠笔的成本只需50美分，但是公司以每支10美元的价格卖给零售商，零售商再以每支20美元卖出。尽管价格如此之高，但仍然受到追求时尚、赶潮流的客户的追捧。

总之，高价策略适合有声望需求的产品或服务的定价，如高档的汽车、别墅、西装、香水、高级酒店、著名医院、学校的服务费用等。

(三) 心理定价

心理定价即依据消费者对价格数字的敏感程度和不同联想而采取的定价技巧，常见的有以下三种形式。

1. 吉利数字定价

按照客户喜欢的数字定价，像 6、8、9 等这些人们认为吉利的数字，例如，饭店推出的宴席"一路顺风"666 元/桌，"恭喜发财"888 元/桌。银行推出理财产品，投资期限为 365 天，预期年化收益率为 5.8%，投资门槛为 11.88 万元。365 的意思是"天天"，5.8 谐音"我发"，11.88 谐音"要要发发"，连起来就是"天天我发，要要发发"。

2. 整数定价

整数定价可以给客户留下产品或服务的质量没有零头的感觉，可吸引对质量敏感而对价格不敏感的客户。

3. 零头定价

零头定价即利用有些人的求廉心理，在价格上不进位，保留零头，给人以便宜的感觉，或是让客户感觉到该价格是经过认真的成本核算才确定的，给人以作风严谨，没有水分的感觉，从而吸引客户的购买。

(四) 差别定价

1. 客户差别定价

客户差别定价是指针对不同的客户制订不同的价格，以吸引特定类型的客户群。

例如，航空公司每年寒暑假向教师和学生提供优惠票价；宾馆为吸引回头客，对一部分忠实的老客户提供较优惠的价格；银行房贷对不同客户实行差异化定价，根据客户首付比例、信用记录、购买类别等情况对不同客户实行差异化定价。

2. 消费时间差别定价

消费时间差别定价是指按照不同的时间，如不同的季节、不同的时期、不同的日期、不同的钟点来制定不同的价格，从而达到吸引客户、刺激消费的目的。

例如，在旅游淡季时，将旅游景点的门票改定低价，或使用折扣价、优惠价等，可以吸引游客。电信公司在节假日和晚上 9 点后都推出各种优惠的价格，进行让利销售，可以吸引客户对长途电话业务的购买。

北京音乐厅推出"开场打折"的措施,即无论什么音乐会,也无论日场或夜场,只要一到开场时间,售票大厅的电脑便会以半价自动售票。这项措施吸引了大量对价格敏感的客户(只要迟到、少看那么一小会儿,就可以很低的折扣价购买——合算),音乐厅的上座率大幅度增加。这种限时售票打折的做法在国外是常有的事,一般当天购票可享受七到八折,演出前一小时购票可享受五折,演出开始后购票享受的折扣更低。

3. 消费量差别定价

消费量差别定价是指按照消费量的不同来制定不同的价格,从而达到刺激批量消费的目的。

例如,足球赛的套票平均每场的价格低于单场票,城市公园和博物馆推出的通用年票平均每场的价格也远低于单场票,从而吸引了频繁光顾的客户的购买。

(五) 招徕定价

招徕定价是利用部分客户求廉的心理,将某种产品的价格定得较低以吸引客户,而客户在采购了廉价品后,还往往会选购其他正常价格的产品,从而促进企业的销售。

例如,超市为了增加客流量,吸引更多的客户光顾,而把一些广大客户熟悉的产品的价格定得很低。超市并没有打算从这些产品上赚钱,而是寄希望客户被这些产品吸引来,并且购买其他可为超市带来较多利润的产品。

这种定价方式可用于很多行业,如旅游公司打出旗号,能够为客户提供价格非常优惠的线路,但被吸引来的客户却可能由于出游时间或其他原因,实际上享受不到这些线路的优惠,这时候客户就可能被说服接受价格更高的其他线路。饭店通过价格相对较低的食品来吸引客户前来用餐,而在酒水上获利。当然,也有的饭店会将酒水的价格压低来吸引爱喝酒的客户,而将食品的价格提高,从中获利。

(六) 组合定价

组合定价即先为一个产品定低价,以此吸引客户的购买,然后通过客户以相对高价或者正常价购买同系列的其他"互补"产品来获利。

例如,剃须刀要有刀片才能使用,在这种情况下,可以使互补性产品的主体产品(剃须刀具)以极低的价格进行销售,甚至可以不赚钱,以吸引客户的购买,然后从其互补的产品(刀片)的销售中获利。

又如,美容院对初次惠顾的客户实行很低的体验价格,而之后的护理费用则较高。餐厅为了增加客户惠顾而提供价廉物美的"特价菜",但大多数客人一旦进

入餐厅，最后还是会点其他比较高价的菜色。

组合定价与招徕定价有许多相通之处，但与招徕定价不同的是，产品组合定价是用在同一系列的产品上。

(七) 关联定价

关联定价是指企业对其关联企业的客户的消费实行优惠价，这种优惠是相互的，互惠互利的，其目的是通过互相关照对方的客户来实现客户的开发。

例如，上海新世界商厦与邻近的金门大酒店签订了联合促销协议，凡在金门大酒店住宿、用餐的游客可享受新世界商厦的购物优惠；在新世界商厦购物满 800 元以上，可在金门大酒店享受 8 折以下的住宿、用餐折扣。通过这种商厦与酒店的互惠互利政策，吸引和促进了客户在两家企业中更多的消费。

又如，书店和快餐店联手，规定在书店一次性购买 50 元图书就可获得 10 元的餐饮券，而在快餐店一次消费满 50 元，在书店购买所有图书就可以享受 95% 的优惠。书店和快餐店相互借力、聚敛人气，乃"双赢"之举。

(八) 结果定价

对客户来说，产品或者服务的价值取决于使用或消费的效果，因此企业可以根据产品或者服务的使用效果或者服务效果进行定价，即保证客户得到某种效用后再付款，这有利于吸引客户放心地购买或消费。

例如，职业介绍所做出"等到当事人获得了适当的工作职位后才收取费用"的承诺，这样就可以吸引求职者放心、大胆地来接受职业介绍所的服务。

又如，广告公司推出收费标准：广告播出后，产品销售额增长不低于 10%，全价收费；播出后，产品销售额增长低于 10% 且不低于 5%，半价收费；播出后，产品销售额增长低于 5%，不收费……这样就可以吸引客户放心地做广告。

结果定价方法可以降低客户的风险，对客户有吸引力，尤其是当高质量的产品或者服务无法在削价竞争的环境中获取应有的竞争力，以及企业提供的产品或服务的效果是明确的、有把握的时候，特别适合使用。

三、有吸引力的分销策略

(一) 销售途径要方便客户

古语有云"一步差三市"，说的是开店地址差一步就有可能差三成的买卖。企业提供的产品或服务的渠道是否方便客户，决定了客户获得的价值和付出的成本，是客户决定选择哪一家企业的产品或服务的重要参考指标。一旦购买或消费的地点或便利性不够理想，过于费力、费时，客户就会放弃购买或消费，或者转向竞争者。因此，商店、电影院、餐厅等，如果能够位于人口密集、人流量大、人均收入高、交通便利的地段，就能够吸引和方便客户的消费，其营业收入和利润也会比较高。

例如，传统的邮局都设在闹市区，基本不考虑规划停车场。伴随人口向郊区转移及郊区大型购物中心的兴起，很多邮局开始重新考虑提高其服务的可获得性——有更好的停车场所、地点离公交站很近、设在购物中心……以方便客户。

又如，航空公司在航空市场欠发达的地区建立代销网络，如通过当地旅游部门、民航等代理机票销售，可以方便有需求的乘客，还可在一定程度上使航空公司摆脱因资金和人力的有限而对销售网络的发展产生的制约，同时降低机票的销售成本。在航空市场相对发达的地区，航空公司可以建立直销网络，如在这些地区的主要城市的机场、繁华地段、高级宾馆、银行等开办机票直销处，吸引和方便乘客购买机票，同时增强航空公司自主营销的能力，减少销售代理费的长期支付，降低机票的销售成本，从而增加收益。

企业为客户提供产品或服务的地理位置不仅影响客户接受服务的便利程度，还表现出企业的市场定位和企业形象，因而设店选址对企业来说尤为重要。此外，企业为了更好地为客户服务，对所在地和周边的客户，可采取巡回服务的方式，而对距离较远的外地客户，可以采用设立分公司的形式——一则就近做好客户的服务，二则继续开拓该地和周边的新客户。

(二) 要通过技术手段提高可获得性和便利性

随着信息技术和自动化技术的不断普及，网络、电话、自动加油泵、自动洗车机器、自动取款机、自动售货机等技术的运用越来越广泛，可以大大提高购买或消费的可获得性、便利性。

例如，保险公司为了吸引和方便客户购买寿险，面对新的市场情况和技术情况，开通了寿险超市、网上寿险、银行寿险、邮政寿险等形式来吸引和方便人们购买寿险。银行面对新的市场情况和技术情况，开通了网上银行、电话银行等形式吸引和方便人们对银行服务的消费。而如今除了现金存取业务以外，诸如转账、余额和明细查询、缴费、基金的申购赎回、个人外汇买卖、个人黄金投资等业务都可以通过网上银行或手机银行来办理，功能十分强大。

中国电信提出"大客户营销渠道、社区经理制渠道、农村统包责任制渠道、10000号客服中心渠道"四大主渠道的渠道模式。其中的"大客户营销渠道、社区经理制渠道、10000号客服中心渠道"是中国电信服务的直接渠道，而"农村统包责任制渠道"则是中国电信以代理、承包的模式来开展的间接渠道。

互联网是最经济的分销渠道,它不需进行直销点建设。航空公司可以开通网上机票销售业务,乘客通过信用卡来支付票款,航空公司再通过邮递系统、传真或专门派人员等手段将机票送给乘客。例如,美国轻松航(Easy Jet)90%的座位是通过互联网销售出去的——无论何时何地,只要拥有一台可上网的电脑,顾客就能够订购到轻松航的机票。此外,航空公司还可以广泛地在机场、银行、高级宾馆等地方使用自动售票机,也可以通过问询电话和常旅客计划进行电话直销,这些都是吸引乘客购买机票的有效渠道。

> **案例:小罐茶的客户开发**
>
> 北京小罐茶业有限公司坚持原产地原料,以保持其独特地理、气候环境造就的内在品质和绝妙韵味,并需经过3次农残检测,且严格遵照大师工艺悉心制作。另外,独创铝罐瞬时充氮工艺,彻底隔绝来自空气、阳光、水分、外力和手触对茶叶的侵害,确保好茶不氧化、不吸味、不受潮、不破碎。
>
> 小罐茶以"小罐茶,大师作"为核心,在央视和各大卫视电视黄金时段进行大量的广告投放,在观众面前树立品牌形象。小罐茶目前通过合作代理方式,建立了全面的线上线下销售网络。线上包括官方旗舰店,天猫、京东等主流电商平台旗舰店,线下销售渠道包括超过600家专卖店、2000家合作烟酒店、3000家合作茶叶店等。目前小罐茶的线上销售占比约为25%,线下占比为75%。

四、有吸引力的促销策略

(一)广告

广告就是广而告之,是大众传播的一种形式,它可以大范围地进行信息传播和造势,起到提高产品或服务的知名度、吸引客户和激发客户购买欲望的作用。

此外,广告运用象征、主题、造型等方式,也适合于品牌形象的推广及创造品牌的特色和价值,从而吸引客户采取购买行动。例如,美国著名的旅游者保险公司在促销时,用一个伞式符号作为象征,促销口号是"你们在旅游者的安全伞下"。又如,蒙牛的标识以绿色为底,白色作图,给人一种清新明快的感觉——绿色,容易让人联想到大草原;白色,容易让人联想到新鲜的牛奶。这样就会吸引人们想要去尝试蒙牛乳品的冲动。

第四章 客户的开发

广告如果能突出给客户带来的利益,也能够吸引客户的购买。沃尔沃卡车刚进入中国市场的时候,连续几年都卖得很不好,这对于这个称雄全球市场的汽车品牌来说无疑十分尴尬。后来本土的营销专家提示他们,沃尔沃卡车太贵,昂贵得让中国的个体运输户望而生畏!这使他们如梦初醒,立即将广告语改为"沃尔沃卡车提供了一流的挣钱方案",还将沃尔沃的卡车和其他品牌的低价格卡车进行对比,并且帮目标客户算账——买一款低价格品牌的卡车,初期投入是多少,一年的维护费用、使用费用是多少,每天能拉多少货,跑多少里程,能挣多少钱,几年之后这辆车一共能带来多少收益,投入产出比是多少;同样,如果多花一些钱买了沃尔沃卡车,尽管初期投入大一些,但载货量大,维护费用少,几年下来一共能带来多少收益,投入产出比是多少。通过这样的对比,客户该如何选择就显而易见了。这个案例同样告诉我们,要善于挖掘产品的功能、效用,并且通过恰当的措施引起目标客户或者潜在客户的注意,这样就能够顺利地吸引客户。

案例:省钱看得见

美国西南航空公司是美国赢利最多、定价最低的航空公司,它往往以低于竞争对手的价格扩大市场。因此,其竞争对手通过刻画"登上西南航空公司飞机的乘客需掩上面颊"的形象,来嘲笑西南航空公司的定价有损乘客的形象。作为回应,西南航空公司的总裁亲自做广告,他手举一只大口袋,大声地说:"如果您认为乘坐西南航空公司的飞机让您尴尬,我给您这个口袋蒙住头;如果您并不觉得尴尬,就用这个口袋装您省下的钱。"画面上随之出现大量的钞票纷纷落入口袋,直至装满……由于这则广告让客户明明白白地看到了西南航空公司提供的利益所在和服务优势——省钱!因此,广告播出后,吸引了许多对价格敏感的乘客。

广告的优点是迅速及时,能够准确无误地刊登或安排播放的时间,并可全面控制信息内容。此外,由于客户所具有的消费常识可能比较欠缺,而企业可以通过广告开展适当的客户教育。

例如,宝洁公司的电视广告最常用的两个典型公式是"专家法"与"比较法"。"专家法"——首先,宝洁会指出顾客面临的一个问题来吸引注意力;接着,便有一个权威的专家来告诉顾客,有个解决的方案,那就是用宝洁的产品;最后,顾客听从专家的建议后问题就得到了解决。"比较法"——宝洁将自己的产品与竞争者的产品相比,通过电视画面的"效果图",使观众能很清楚地看出宝洁产品的优越性。

案例：通缉令带来的生意

美国有位年轻人在纽约闹市区开了家保险柜专卖店，但是生意惨淡，很少有人去留意店里琳琅满目的保险柜。看着川流不息的人群，年轻人终于想出一个办法。他从警察局借来正在被通缉的罪犯的照片，并且放大好几倍，贴在店铺的玻璃上，照片下面附上一张通缉令。很快，行人们被照片吸引，看到罪犯的照片，人们产生了一种恐惧感，于是本来不想买保险柜的人也想买了，年轻人的生意一下子好起来了。不仅如此，年轻人在店里贴出的照片，还使警察局获得了重要的线索，顺利地将罪犯缉拿归案，年轻人因此受到警察局的表彰，媒体也做了大量的报道。年轻人又将奖状、报纸一并贴到店铺的玻璃上，这下保险柜专卖店的生意更加红火了。

这则案例告诉我们，有些需求是隐藏的，如果企业的产品或者服务的功能、效用能够满足这些需求，那么企业就应当想办法去挖掘产品或者服务的功能、效用，一旦这种需求被激发，那么市场就打开了，客户会争先恐后地寻觅企业，及企业的产品或服务。

企业通过开展客户教育，可以帮助客户认识产品或者服务，可以加速客户的接受过程，同时转化为客户的需求冲动，并且形成合理预期。当然，进行客户教育的时候必须把握一个最基本的原则，那就是内容必须是实事求是、合情、合理、合法的。

知识扩展：网络直播

网络直播是基于流媒体技术，通过互联网平台传播，整合视频、音频、弹幕、图片、表情包和打赏等传播和反馈形式，在计算机端或手机客户端呈现，基于用户兴趣和直播内容的实时的网络视音频传播和互动的传播媒介，网络主播实时对用户传播信息、与用户互动沟通，用户实时对信息做出反馈。

网络直播具有以下几个传播特征：准入门槛低，全民参与直播；去"把关人"，直播内容繁杂；互动性强，传播具有实时性。

（二）公共关系

公共关系是指企业采用各种交际技巧、公关宣传、公关赞助等形式来加强与社会公众沟通的一种活动，其目的是树立或维护企业的良好形象，建立或改善企业与社会公众的关系,并且控制和纠正对企业不利的舆论,引导各种舆论朝着有利于企业的方向发展。

与广告相比,公共关系更客观、更可信,对客户的影响更深远。其类型包括:服务性公关、公益性公关、宣传性公关等。

1. 服务性公关

服务性公关是指企业向社会公众提供各类附加服务和优质服务。服务性公关的目的是通过企业的各种活动使顾客和大众得到实惠,从而提高企业知名度,塑造良好形象。

在美国最大的百货公司纽约梅西百货公司的店堂里,有一个小小的咨询服务亭。如果顾客在梅西百货公司没有买到自己想要的产品,那么可以去那个服务亭询问,服务人员会指引顾客去另一家有这种产品的商店,即把顾客介绍到竞争对手那里。这种一反常态的做法收到了意想不到的效果——既获得了广大客户的普遍好感,招徕了更多的客户,又向竞争对手表示了友好,从而改善了竞争环境。

在宝岛眼镜店,顾客可以免费用超声波清洗眼镜,并且得到很多关于清洗和使用眼镜的小知识,这大大增加了企业在消费者心目中的好感,很多消费者也因此成为宝岛眼镜店的常客。本着"把视力健康带给每一双眼睛"的目的,宝岛眼镜走进高校,宣传眼科知识,普及用眼常识,并进行视力免费大普查,从而吸引了众多大学生客户。

2. 公益性公关

公益性公关是指企业举办各种公益性、赞助性活动,以关心人的生存发展、社会进步为出发点,搭建使消费者认同的企业形象,促进企业的产品或服务销售。

宝洁公司多年来援建的希望小学总数已近150所,创下了在华跨国公司援建希望小学最多的纪录。在长期支持希望工程的实践过程中,宝洁公司本着务实、创新的精神开创性地提出了"从我做起,携手商业伙伴,感召客户,帮助中国需要帮助的儿童生活、学习、成长"的公益模式,获得了社会的广泛认可。

在某一年的中秋前夕,中国邮政速递公司得知驻黎巴嫩的中国维和部队吃不到中秋月饼的信息后,立即通过国际速递网络,给维和部队送去了月饼,从而树立了良好的企业形象,赢得了公众的赞誉。

3. 宣传性公关

宣传性公关是指企业利用各种宣传途径、宣传方式向大众宣传自己,形成社会舆论,提高企业知名度。

1984年,美国总统里根访华,临别前要举行盛大的答谢宴会,按惯例,这样规格的国宴总是在人民大会堂国宴厅举行的。刚开放一年的长城饭店得知后,主动出击，成功地承办了这一盛大的国宴。随同里根访华的500多名外国记者到长城饭店现场采访，宴会还在进行中，一条条消息就通过电传打字机源源不断地传送到世界各地："今日×时×分，美国总统里根在北京长城饭店举行答谢宴会……"而电视的实况转播，更使上亿观众将长城饭店的里里外外看得清清楚楚，从此长城饭店名扬天下。

法国白兰地在美国市场上没有贸然采用常规手段进行销售，而是借美国总统艾森豪威尔67岁寿辰之际，把窖藏达67年之久的白兰地作为贺礼，派专机送往美国，同时宣布将在总统寿辰之日举行隆重的赠送仪式。这个消息通过新闻媒介传播到美国后，一时间成了美国的热门话题。到了总统寿辰之日，为了观看赠酒仪式，不少人从各地赶来目睹盛况。就这样，新闻报道、新闻照片、专题特写，使法国圣酒在欢声笑语中昂首阔步地走上了美国的国宴和家庭餐桌。

案例：安利公司的客户开发策略

安利公司主要生产家居护理用品、美容护肤品、个人护理用品和营养食品。为了更好地满足消费者对产品功能的需求，安利在全球设有97个实验室，其中有7个在中国。安利目前有两大生产基地，一个在美国本土，另一个在中国广东。安利在广东设立生产基地的目的是专门针对中国人的特征进行产品研发和改进，以更好地服务于亚洲区市场。

安利公司为了向用户提供优质产品，从筛选原料到加工、配方测试，到成品包装，都经过严格的质量检验，每项生产工序都由质量控制人员严密监督，确保只有完全合格的产品才能进入市场。安利公司一直实行售出商品的"保退"政策，在中国市场上是"30天保退"。因少部分消费者的不规范行为，中国市场的退货率曾一度达到32%，但安利坚持实行这一政策不动摇。

由于中国的消费者对直销模式带有一定的避讳，所以安利的分销模式逐渐变成了店铺销售+雇佣推销员的形式。其经营方式既保留了安利的优势，又符合中国国情，而且减少了中间环节的费用，安利把节省下来的开支让利给消费者、用于产品研发及作为营销人员的工作奖励。

另外，安利邀请了众多体育明星进行产品代言，很大程度上提升了安利在消费者心中的影响力，以明星效应带动消费者的购买欲望。安利的纽崔莱系列产品两度成为中国体育代表团出征奥运专用营养品，品牌

第四章 客户的开发

塑造与巨大的奥运效应牢牢联系在了一起，树立起了"营养健康"的品牌形象。

安利进入中国以来，怀着"取之于社会，用之于社会"的真诚意愿，围绕"营养、运动、健康"，有健康才有将来的品牌理念，坚持"回馈社会、关怀民生"的企业理念，开展各类公益活动，在中国的教育事业、扶贫救灾、社会公益、环境保护和文化体育方面的捐赠超过2000万元人民币。此外，安利(中国)公司已经植树100万株……所有这些活动有效地树立了安利公司良好的企业形象，当然也增强了安利产品的魅力，这最终使得安利的客户开发变得更加容易！

(三) 销售促进

销售促进是企业利用短期诱因，刺激客户购买的促销活动，其主要手段如下。

1. 免费试用

为打消用户对产品质量的顾虑或产品所能带来收益的怀疑，企业可以采取免费试用的方式，促使用户下定决心购买。免费试用是吸引潜在客户或者目标客户迅速认同，并且购买企业的产品或者服务的有效方式。在买方市场条件下，顾客更精明、挑剔，免费试用是"欲擒故纵，先予后取"。

例如，许多报纸杂志采取在一定时间内请客户免费试阅，由此吸引了一些读者，而一旦读者满意后便会订阅。又如，中法合资上海达能酸乳酪有限公司为吸引长期客户，向上海市民馈赠了10万瓶达能酸奶，许多市民品尝后感觉不错便长期购买。

早在中国改革开放之初，美国的IBM公司曾经免费赠送给中国工业科技管理(大连)培训中心20台计算机。该中心的学员都是来自全国各地的大中型企业的厂长和经理，他们在培训中心使用IBM计算机后，印象很好，很多人回到企业后就做出了购买IBM计算机的决定。IBM公司正是通过这种方式打开了中国市场。

2. 免费服务

免费服务，即企业为购买者提供免费送货上门、免费安装、免费调试等产品以外的附加服务。例如，皮革行除免费为客户保修外，还免费为用户在夏季收藏皮夹克……从而吸引了对服务要求甚高的客户前来购买。

酒楼看准每年有很多新人办喜事的行情，而竞相推出免费代送宾客，免费提供新婚礼服、化妆品、花车及结婚蛋糕等，谁的服务招数高，谁的生意就兴隆！

3. 奖金或礼品

企业提供奖金或礼品这种促进手段，是指与购买一件产品相关联的奖金或礼品馈赠活动。如购买一辆汽车可获赠一辆自行车，酒厂承诺凭若干个酒瓶盖就可换得若干奖金或者一瓶酒等。

口香糖刚问世时，销路不畅，后来厂家制定了一个新的规则，即回收一定数量的口香糖纸就可以换得一个小礼品，从而打开了市场。

4. 优惠券

优惠券是指企业印发的给予持有人购买产品时一定减价的凭证。由于能够得到价格优惠，所以对价格敏感的客户有很强的吸引力。优惠券可在报纸或杂志上刊印，还可以在产品中或在邮寄广告中附送。

在美国，很多人会在周五下班后到商店采购，准备度周末，而在前一天，许多商店已经在报纸上刊登了减价广告和赠券，客户如被赠券所说的产品吸引，就会将赠券剪下来，然后持券购买该产品便可获得相应的优惠。

案例：京东商城客户关系的建立

京东商城是一个以科技为驱动的自营电商平台，是品牌方与消费者之间的纽带，所以京东的客户除了消费者外，还有供应商。

1. 消费者的选择与开发

京东的目标消费者为经常性网络购物的网民，一般为 3C 产品的主流消费群体，主要是 18～35 岁的白领阶层、公务人员、事业单位员工、在校大学生和其他有稳定收入但又没有时间上街购物的消费人群。

京东商城为目标消费者提供了品类丰富的商品，且拥有高效的、高度标准化的后台支撑系统，能够严格掌控从生产需求、产品选购到购买决策，再到支付、配送和售后服务的各个环节，带给用户专业的一体化购物体验。此外，京东商城价格只是在商品的采购价之上加上 5%的毛利即为京东价。这个价格要比 3C 实体渠道之王的国美、苏宁低 10%～20%，比厂商指导价低 10%～30%。京东没有实体门店可以节省销售额的 10%，没有批发环节可以节省销售额的 20%，没有中间商可以节省销售额的 20%，而节省下来的费用体现在商品价格上，毫无疑问比传统零售企业的商品更具有竞争力。

除了线上京东商城外，京东还在线下一二线城市的核心商圈建设了多家 3C 零售体验店"京东之家"和"京东专卖店"。在京东之家，不仅

第四章 客户的开发

有各个品牌的热卖爆品,更有一些线上难以抢购的首发爆品、专供线上的商品,可以让客户一次体验过瘾。这里的所有商品均来自有品质保障的京东自营,并与京东线上实时同价,不管客户看中哪个商品,都可以当场下单提货,也可以选择京东配送到家,省时又省力。

2. 供应商客户的选择与开发

京东商城签约的供应商涉及 IT 数码、消费电子、日用百货、图书音像等多个产品领域,并包含自营合作与开放平台的联营品牌。在最具优势的 3C 领域,京东与宏基、戴尔、富士通等主流电脑品牌厂商分别签署了独家首发、旗舰店计划,并与包括索尼、TCL、三星等在内的家电、通信厂商达成了采购协议。

京东还具有持续优化供应链的能力,能够聚拢更多品牌商、供应商,形成规模化效应,让产业链的各方获取更大价值,实现多方共赢。

第二节 推销导向的开发策略

所谓推销导向的开发策略,就是企业在自己的产品、价格、分销渠道和促销手段没有明显特色或者缺乏吸引力的情况下,通过人员推销的形式,引导或者劝说客户购买,从而将目标客户开发为现实客户的过程。

推销导向的开发策略,首先要能够寻找到客户,其次是要想办法接近客户,最后是要想办法说服客户采取购买行动。

一、寻找客户

寻找客户是推销产品的起点,企业不能大海捞针般地盲目寻找客户,而应掌握并运用正确的方法。常用的寻找客户的方法如下。

(一)逐户访问法

逐户访问法又称为"地毯式寻找法",指推销人员在所选择的目标客户群的活动区域内,对目标客户进行挨家挨户的访问,然后进行说服的方法。

例如,被誉称为"洋参丸大王"的庄永竟,本来是做药材小本生意的,但经营却十分艰难,甚至到了连房租都付不起的地步。后来他制作了 2000 盒洋参丸,取名"一洲洋参丸",刚开始这种药的销路依旧不佳。走投无路之下他想出一条妙计,他每天拿着刊登"一洲洋参丸"广告的报纸,到各个药店走访:"老板,你这儿有一洲洋参丸吗？"他装成客户拿广告给老板看，通常药店老板都会说："对不起，我们存货刚卖完，想要的话请留下电话，明天通知你。"庄永竟笑着说："不用打电话，过两天我再来，先买一打，这是订金。"就这样，他一连跑了十几家，进行强化宣传，效果很好。五天后，他派伙计将一洲洋参丸推销到这些商店，取回一叠订单并连夜送货，体现办事效率。第二天庄永竟又辛苦一趟，把各店铺的货统统买回来，这样由批发价送出去，又用零售价买回来，虽然白白送人几块钱，但终于打开了一洲洋参丸的销路。

逐户访问法的优点：在锁定的目标客户中不放过任何一个有可能成交的客户；可借机进行市场调查，了解目标客户的需求倾向；是推销人员与各种类型客户打交道并积累经验的好机会。

逐户访问法的缺点：家庭或单位出于安全方面的考虑一般多会拒绝访问；需耗费大量的人力；推销人员为人处世的素质和能力是成功的关键；若赠送样品则成本更高。

一般来说，推销人员采用此法成功开发客户的数量与走访的人数成正比，要想获得更多的客户，就得访问更多数量的人。

(二) 会议寻找法

会议寻找法是指到目标客户出席的各种会议中，如订货会、采购会、交易会、展览会和博览会，捕捉机会与目标客户建立联系，从中寻找开发客户的机会。

例如，出版社利用"全国书市"聚集全国各地的大小书店、图书馆等的机会，与他们接触、交谈，争取把他们培养成为自己的客户。

(三) 俱乐部寻找法

物以类聚、人以群分，每个人都有自己的小圈子和自己特定的活动场所。因此，如果能够进入目标客户的社交圈子，对其的开发工作也就容易进行了，胜算也大一些。

例如，打高尔夫球的一般是高收入阶层的人士，一名保险推销员为了能够接触到这类人士，花了不少钱，参加了一家高尔夫球俱乐部，这使得他有机会经常与这些高收入人士交流球技，与他们做朋友……结果，他签下了许多金额很大的保险单。

(四) 亲朋故旧寻找法

在亲朋故旧中寻找是指将自己接触过的亲戚、朋友列出清单，然后一一拜访，争取在这些人中寻找自己的客户。每个人都有一个关系网，如同学、同乡、同事等，可以依靠关系网进行客户开发。

亲朋故旧寻找法的优点：容易接近，不需要过多地寒暄和客套即可切入主题；较易成功，比陌生拜访的成功率要高出许多倍。

亲朋故旧寻找法的缺点：因为是亲朋故旧，所以可能会害怕遭拒绝、丢面子而患得患失，不敢开口。

采用这种方式时，推销人员要对亲友负责，绝不欺骗、隐瞒，否则将可能面临众叛亲离的下场；绝不强迫营销；为他们提供最优质的服务。

> **案例：250人法则**
>
> 乔·吉拉德(Joe Girard)是美国著名的汽车推销大王，他在1963至1978年之间共推销出13 000多辆汽车，平均每天要销售5辆汽车，创下吉尼斯世界纪录。他曾自豪地说："'250人法则'的发现，使我成为世界上最伟大的推销员！"
>
> 原来，有一次吉拉德从朋友母亲葬礼的主持人那里偶然了解到，每次葬礼来祭奠死者的人数平均为250人左右。后来，吉拉德参加一位朋友的婚礼，又偶然从教堂主人那里得知，每次婚礼新娘方参加婚礼的人数大概为250人，新郎方大概也有250人。由此，他总结出"250人法则"，即认为一个人一生的亲戚、朋友、同学等经常往来的人数平均大约是250人。他联想到自己的客户，能把产品卖给一位客户，就意味着可能再卖给250位客户，但关键是要让他将亲朋好友介绍给自己。

（五）资料查询法

资料查询法是指通过查询目标客户的资料来寻找目标客户的方法。可供查询的资料来源包括：电话号码簿，记录公司或机构的名称、地址和电话号码；团体会员名册，如刊物订阅者的名册、协会会员名册、股份公司的股东名册、行业的公司名册、工商企业名录等；证照核发机构，如企业经营许可证、烟酒专卖证、驾驶执照等；税收名册，如纳税记录、纳税排行榜等；报纸、杂志登载的信息，如新公司的成立、新商店的开业、新工程的修建等，往往需要多种产品，他们都可能会成为企业的客户。

资料查询法的优点：能较快地了解市场需求量和目标客户的情况；成本较低。

资料查询法的缺点：时效性较差。

(六) 咨询寻找法

咨询寻找法是指利用信息服务机构所提供的有偿咨询服务来寻找目标客户的方法。

咨询寻找法的优点：方便快捷，节省时间。

咨询寻找法的缺点：咨询机构的可靠性很难判断；咨询机构都是有偿服务，成本比较高。

(七) 委托助手法

委托助手法，指委托与目标客户有联系的人士协助寻找目标客户的方法。

委托助手法的优点：可节省推销人员的时间，使他们把精力用在重点推销的对象上；委托的助手所从事的职业都是在直接使用推销品的行业或与之对口、相关的行业，这样有利于捕捉有效信息，扩大信息情报网，甚至可利用职业的关系以第三者的公正形象出现，说服能力更强；在地域辽阔、市场分散、交通通信不发达、供求信息比较闭塞的地方，利用推销助手既可及时获得有效的推销情报，有利于开拓新的推销区域，又可以降低推销成本，提高推销的经济效益。

委托助手法的缺点：助手的人选不易确定，因此确定适当的助手是该方法成功的关键。

(八) 介绍法

介绍法是指通过他人的介绍来寻找有可能购买的客户的一种方法。人与人之间有着普遍的交往与联系，消费需求和购买动机常常互相影响，同一个社交圈内的人可能具有某种共同的消费需求。只要取得现有客户的信任，就可以通过现有客户的自愿介绍，寻找到可能成为客户的其他人，而且说服的可能性较大。

商业伙伴也可以帮助介绍和推荐。企业是无法单独生存的，至少它必须有进货的上家和销售的下家。由于大家都处在同一利益链中，很容易因同伴意识而"互相照顾""互相捧场"，如果能利用这种心态和利害关系，请合作伙伴帮助介绍客户，将会有不小的收获。另外，有的企业客户很多，甚至没有时间招待客户，如果我们与这类企业搞好关系，就可能得到他们的帮助——将自己来不及照顾的客户介绍给我们。当然，这里的关键点在于处理好与这类企业的关系。

介绍法的优点：信息比较准确、有用。介绍人知道什么时候、他的哪位朋友需要这样的产品，这样就可减少开发客户过程中的盲目性；能够增强说服力。由于是经熟人介绍，容易取得客户的信任，成功率较高。

介绍法的缺点：由于客户没有介绍新客户的义务，所以是否介绍完全取决于个人意愿，因此客源不稳定；企业不了解介绍的新客户的情况，事先难以做出准备和安排。

(九)"中心开花"法

"中心开花"法是指在某一特定的目标客户群中选择有影响的人物或组织，并使其成为自己的客户，借助其帮助和协作，将该目标客户群中的其他对象转化为现实客户的方法。

一般来说，可作为"中心"的人物或组织，有政要商人、文体巨星、知名学者、名牌大学、星级酒店、知名企业等，他(它)们往往在公众中具有很强的影响力和很高的社会地位，拥有很多的崇拜者，他们的购买与消费行为有示范作用和先导作用，从而引发甚至左右崇拜者的购买与消费行为。

"中心开花"法的优点：利用名人的影响力可扩大企业及产品的影响力，容易让客户接受。

"中心开花"法的缺点："中心"的选择比较困难，如果选择不当可能反而给企业造成损失；中心人物或组织是否愿意合作，以及其后期的表现会影响其介绍的客户的忠诚。

> **案例**：广州邮政选准目标客户实现"中心开花"
>
> 广州邮政在业务徘徊不前的时候，按照选择"有影响力的，可带来长期、稳定、高额回报的行业性大客户"这个思路，决定在金融行业中选择工商银行作为第一个目标大客户，为其提供单证速递、账单商函、信用卡配送、单据交换、商函广告、企业邮品、储蓄中间业务……使工商银行的服务质量、信用卡销售量得到显著提升，在银行业界引起很大震动，当然也给广州邮政带来每年500万元的收入。有了工商银行这个典型引路，中行、建行、农行、民生、招商、华夏等银行先后也成为广州邮政的大客户，仅银行界大客户的业务，每年就为广州邮政创造2000万元以上的收入。
>
> 国美电器进入广州市场前期，广州邮政大客户服务中心深入分析家电零售行业的特点，以及国美开拓南方市场所关注的问题，为国美电器设计了包括物流、广告促销、代理销售等业务的综合服务方案。国美电器对广州邮政的服务方案非常满意，立即与之签订了全面合作协议。双方合作推出的创新服务，在广州家电零售行业产生了强烈反响，于是其他家电零售商也纷纷主动联系广州邮政，希望广州邮政也为它们提供类

似的服务。就这样，在国美电器的示范作用下，广州邮政又顺利开发了广州的其他家电零售客户。

(十) 电话寻找法

电话寻找法是指以打电话给目标客户的形式来寻找客户的方法。电话寻找是一项重复性高、易疲劳的工作，需要一个良好的交流环境，要保证电话推销人员在与客户交流时有一个放松的心情，如配备半封闭式的工作台，甚至有私密的空间等。打电话前，必须提前做好功课，如目标客户的名称，要说的内容，目标客户可能会提出的问题，以及如何应对目标客户的拒绝等。打电话时口齿要清晰，语气要热情，另外要注意通话的时机，一般应该是正常的工作时间，也要注意通话时间的长短和谈话技巧，最好能用简短的话语引发对方的兴趣，激发其想进一步了解产品的欲望，否则极易遭到拒绝。如果第一个接听电话的是总机或者秘书，客服人员必须简短介绍自己，接下来要用礼貌、坚定的语气，说出要找的客户的名称。如果感觉这次电话开发的成功性不大，就要退而求其次，争取获得一个见面的机会，对方如果答应，就要立即确定时间和地点，收线之前，要再重复确认与对方见面的时间和地点。

电话寻找法的优点：成本较低，节约人力。

电话寻找法的缺点：无法从客户的表情、举止判断他的反应，无"见面三分情"的基础，很容易遭到拒绝。

(十一) 网络寻找法

网络寻找法，即借助互联网(微博、微信等平台)宣传、介绍自己的产品，从而寻找客户的方法。随着上网人数的日渐增多，企业很容易在网络上找到客户，因此网络寻找法前景广阔。企业使用该方法的方式是根据自己的经营范围登录专业网站，浏览国内外的需求信息，并与这些有需求的客户联系，还可以在网上发布供应信息，吸引客户，进而积累客户资源；登录专门的商务网站，如登录阿里巴巴的商务通、贸易通寻找客户并与客户即时沟通，从而挖掘和开发客户；还可以进入聊天室，广交海内外的朋友，从中寻找客户，或者请结交的朋友帮忙介绍客户；企业可以自建网页、微博、微信公众号，吸引和方便潜在的客户主动与自己联系。

网络寻找法的优点：方便、快捷，信息量大，成本低。

网络寻找法的缺点：受到网络普及、上网条件及网络诚信的影响。

(十二) 挖对手的客户

挖对手的客户是指企业运用各种竞争手段，如通过创新的产品、免费的培训和优惠的价格等方式，从竞争对手手中抢夺目标客户的方法。当对手的产品、服务明显不能满足目标客户的需求时，此方法最适合企业采用。

例如，一家企业想把自己的高档写字楼租出去，而当时写字楼出租市场处于严重的供过于求状态。经过分析，公司认为客户来源只能挖掘在其他写字楼办公的公司，于是派销售人员收集客户情报，与这些客户保持密切联系，并赠送一些内部刊物，把工作做在前面，以使自己处在"替补"地位。果然，有些租期已满、又对现租的写字楼不满意的客户纷纷选择了这家"替补"的写字楼。

又如，西尔斯公司是全球大宗邮购与零售业的始祖，一直保持着零售业之冠的地位，可是后来它被沃尔玛所赶超。怎么会这样呢？原来，西尔斯一向以"中下阶层"为目标客户，主要卖点是价格低廉，可是"二战"后消费者结构层次发生了变化，中下阶层已逐渐分化为"中上"和"下"两个阶层。沃尔玛针对这一变化，采取了不同的经营形式。其中山姆会员店和沃尔玛购物广场争取到"下"层消费者的惠顾；沃尔玛综合性百货商店，装修气派、规模庞大、产品多样、服务周到，争取到"中上"层消费者的青睐。就这样，由于沃尔玛从两方面同时向西尔斯发起进攻，从而取代了曾经风靡整个美国的西尔斯，成为零售业第一品牌。

二、接近客户的方法

（一）馈赠接近法

馈赠接近法是指推销人员通过赠送礼物来接近客户的方法。此法比较容易博得客户的欢心，取得他们的好感，从而拉近推销员与客户的关系，而且客户也比较乐于合作。

（二）赞美接近法

赞美接近法是指推销人员利用客户的虚荣心，以称赞的语言博得客户的好感，从而接近客户的方法。需要注意的是，推销人员称赞客户时要真诚、要恰如其分，切忌虚情假意，否则会引起客户的反感。

知识扩展：立即获得客户好感的方法

问候。面带微笑，有礼貌地与客户打招呼，适当地尊称对方，热情称呼他们的名字，向他们问好，表达自己的喜悦与兴奋。要记住客户的名字，并且不时亲切地、动听地称呼他。频频称呼客户的名字会使客户产生被尊重的感觉，因此能够加深与客户之间的感情。

> 感谢与称赞。首先感谢对方的接见，语气要热忱有力，接着要对客户做出具体、真诚的称赞，而不要随便奉承——如果做不到，就不要勉强，宁可省略，否则会产生反效果。
>
> 微笑。微笑是一种简单、易行、不花本钱却又行之长久的秘诀，服务、环境可以令客户"宾至如归"，热情、微笑会令客户"流连忘返"。

（三）服务接近法

服务接近法是指推销人员通过为客户提供有效的，并符合需求的服务。例如，推销员以维修服务、信息服务、免费试用服务、咨询服务等来博得客户的好感，赢得客户的信任，从而接近客户。

> **案例：成功挖掘客户——慧眼识珠**
>
> 一天，两名女客户在某银行营业厅内绕行一圈后准备离开，大堂经理见状，主动上前询问她们要办理什么业务。客户表示想开立个人结算账户，但想要优先办理。大堂经理听后，立即向客户推介了理财金卡，并通过言谈判定此客户为潜在优质客户，便将其引至理财室，做进一步深入交流。
>
> 理财经理通过与客户进一步交谈得知，客户在多家银行都有大额存款，对银行提供的高端服务有潜力需求，便带领客户参观了银行的财富管理中心，向客户详细介绍了中心的功能和服务，推介了财富管理中心的专属理财产品，鼓励客户成为会员，以便享受预约式服务、专属理财服务及专属泊车位服务等。客户对财富管理中心优雅的环境与周到的服务印象深刻，当场表示将从他行转100万元至财富管理中心成为会员。如今，该客户已在这家银行购买了共计1200万元的理财产品，成为财富管理中心又一高端客户。

（四）求教接近法

求教接近法是指推销人员通过请客户帮忙解答疑难问题，从而接近客户的方法。使用该方法时要注意提出对方擅长的问题，而不要考问对方，如果客户答不出来、下不了台，也就无法达成销售目的。在求教后要注意及时、自然地将话题导入有利于促成交易的谈话中。

> **知识扩展**：接待不同类型的客户的方法
>
> (1) 接待熟悉的老客户要热情，要有如遇故友的感觉。
> (2) 接待新客户要有礼貌，以给其留下良好的第一印象。
> (3) 接待麻烦的客户要有耐心，不要显示出厌烦的情绪。
> (4) 接待性子急或有急事的客户，要提高效率。
> (5) 接待需要参谋的客户，要当好他们的参谋，不要推诿。
> (6) 接待自有主张的客户，要让其自由挑选，不要去干扰他。
> (7) 接待女性客户，要注重新颖和时尚，满足她们爱美和求新的心态。
> (8) 接待老年客户，要注意方便和实用，要让他们感到公道和实在。

三、如何说服客户

(一) 说服客户的技巧

1. 介绍到位

大大方方地介绍自己的公司，介绍自己的名字，自信地说出拜访理由，让客户感觉你专业及可信赖。要向客户介绍企业的情况和产品的优点、价格及服务方式等信息，及时解答和解决客户提出的问题，消除客户的疑虑，并且根据客户的特点和反应，及时调整策略和方法。

推销人员可以运用富兰克林式的表达方法，即向客户说明，如果你买了我们的产品，能够得到的第一个好处是什么，第二个好处是什么，第三个好处是什么，第四个好处是什么……同时也向客户说明不买我们的产品，蒙受的第一个损失是什么，第二个损失是什么，第三个损失是什么，第四个损失是什么……这样，客户权衡利弊得失之后，就会做出选择。

2. 善于倾听

要想更多地鼓励客户参与，了解更多的信息，还要善于倾听。倾听不仅有助于了解客户，而且也显示了对客户的尊重。良好的倾听表现如下。

(1) 身体稍微前倾，眼睛保持与客户的视线接触(不时对视，但不是目不转睛)，经常点头，表示在听。

(2) 认真听客户讲的话，把客户所说的每一句话、每一个字都当作打开成功之门不可缺少的密码，绝不放过，还要意会客户讲话时的表情和动作。

(3) 适当地做笔记，适时地提问，确保理解客户的意思，并且思考客户为什

么这么说，或为什么不这么说。

如果能够有意识地从这些方面提高技巧，那么大多数客户都会乐意讲出自己的需求和想法。

3. 换位思考

一般来说，客户只关心自己能够从企业那里得到什么，因此，企业应当站在客户的立场上去想问题。

管理大师彼得·德鲁克曾经讲过一个故事：20世纪60年代，美国一家润滑油企业的销售人员到南美洲一著名的矿厂推销润滑油，这里的机器设备很多，每年需要大量的润滑油，因此世界上许多润滑油生产厂家都把它作为重点的目标客户。为了应对竞争，美国的这位销售人员不得不把价格压得很低，并许下很多承诺，但矿厂老板不为所动。在一次次的失败之后，这个销售人员苦思冥想，终于发现了真相——客户根本不需要润滑油，他需要的是机器设备能够正常运转！在发现了客户的根本需要之后，销售人员找到矿厂老板，对他说："我负责赔偿你的机器设备出现故障停工造成的各种损失。"矿厂老板颇感意外，但显然这句话引起了老板极大的兴趣。销售人员接着说："条件是你要按照我提出的保养计划保养机器，并要使用我的润滑油……"不用说，这个销售人员成功了，而他的成功应归功于他将自己的身份由润滑油推销员转换成机器设备的保养顾问。

4. 投其所好

每个人都有自己的爱好，而这种爱好往往又希望得到别人的赞赏和认同。因此，我们应当积极发现客户的爱好和兴趣，迎合他、欣赏他，尽量满足对方的爱好和愿望，投其所好，这样客户会把你当成"知音"，双方之间的距离一下会拉近很多，甚至成为好朋友，那么接下来的说服工作就容易得多了。

> **案例：投其所好促合作**
>
> 某通信设备公司，其产品在业内处于前列，产品性价比也不差。可最近一年来，公司的销售人员张经理多次拜访某集团单位的设备采购部李经理，但都未能获得对方对产品的认可和采购。该单位每年采购同类产品的支出高达几千万元，张经理尝试了很多方法但都未能如愿，难以同对方建立良好的客户关系。
>
> 一次偶然的机会，张经理来拜访时恰好李经理外出不在，他发现对方办公桌上放了很多篆刻作品。经询问才知道，李经理喜欢篆刻到了如痴如醉的地步，这些作品也全是李经理个人的得意之作。面对此事，张

第四章 客户的开发

经理心生一计。

拜访归来,张经理赶紧收集相关的篆刻书籍资料,努力学习篆刻知识,待累积了一定的基础知识后,又去拜访李经理。这次张经理闭口不谈产品,以篆刻为题谈古论今,并以篆刻爱好者的角色赞赏对方的作品,不断请教对方,高度赞赏李经理篆刻方面的造诣。李经理身边的朋友不少,但真正喜欢篆刻和懂得篆刻的人是少之又少,如今碰巧遇到一个知己,而且又特别欣赏他的作品,使他非常开心,双方关系增近不少。

此次过后,张经理又亲自陪同李经理观看了一次篆刻展览,双方的个人感情日益增进。没过多久,张经理轻易就获得了每年近3000万元的订单。

(二)说服客户要有恒心

《荀子·劝学》告诫我们:"锲而舍之,朽木不折;锲而不舍,金石可镂。"这句话告诉我们:做事要持之以恒,说服客户也是同样的道理。

案例:好事多磨

庄经理刚到分行营业部上任,就发现隔壁的某证券公司并没有在他们的营业部开户。问了几个人,都说这家证券公司与另一家商业银行不仅在业务上是"老交情",而且两位老总之间的私人关系也非常"铁",营业部的人都知道这个关系,所以几年来从来没有人动过争取该证券公司业务的念头。

庄经理说:"你们没有试过怎么知道不行?"下午,庄经理就带了一位副经理登门造访。开始,证券公司的老总听说是近邻来访,十分热情,因为是第一次来,庄经理也不谈业务,看上去只是一次普通拜访。但接着就有了第二次、第三次,业务问题也就摆到了桌面上。可是一提到业务,证券公司的老总立刻面有难色,他说:"我们多年来都是在建国路的银行办业务,而且那家银行的行长是我的好朋友,我说什么也不能从他那里退出来。"

庄经理笑着说:"我们哪里敢让您做不仁不义之人呢。只是觉得我们离得近,如果您在这边开一个户,遇到急事可以更方便一些。"

证券公司的老总依然没有答应,那种老交情不是一朝一夕就能攻破的。尽管没有成为业务上的伙伴,但在庄经理的心里,这家证券公司就是自己的客户。每当银行推出一项新的业务，他都会记着送去一些宣传资料；召开产品推介会，他也会送去一份请帖；营业部装修剪彩，他也会把证券公司的与会者安排到最醒目的位置；甚至自己多年的剪报，凡是关于证券方面的，他都会复印送给证券公司的老总……无论这位老总的态度多么坚定，他从来都没有放弃过。

一天早晨，庄经理又来到证券公司老总的办公室，这里他已经熟悉的像自己的经理室一样了，但他从不敢有任何懈怠或随意，他心里明白客户永远是客户，要多给他们一份尊重，他们才会更尊重你。证券公司老总刚刚上班，他与庄经理也很熟了，习惯了他时常来坐一坐。

庄经理这一次来是告诉他，在今年全市举办的公众评选中，他们的营业厅荣获"青年文明窗口"称号，并表示希望能为证券公司服务。可证券公司老总依然觉得不能舍弃朋友。庄经理笑着回答："我们不会勉强您的，我们只想让您尝试一下我们的服务，感受一下我们营业厅里年轻人的朝气，您可以试一个月，如果在这一个月里，您或者您的下属有任何不满意，我从此只跟您做朋友，不再提一个关于业务方面的词……"

一个月过去了，庄经理的营业部与证券公司成了业务上的长期合作伙伴，他与证券公司老总也成了老朋友。

课后练习

一、不定项选择题

1. 客户的开发就是企业让(   )产生购买欲望并付诸行动，促使他们成为企业现实客户的过程。

   A. 目标客户　　　B. 潜在客户　　　C. 忠诚客户　　　D. 满意客户

2. 企业开发客户的策略可分为(   )的开发策略。

   A. 营销导向　　　B. 推销导向　　　C. 客户导向　　　D. 产品导向

3. 企业为客户提供产品或服务的地理位置不仅影响客户接受服务的便利程度，还表现出企业的(   )，因而设店选址对企业来说尤为重要。

   A. 市场定位　　　B. 企业形象　　　C. 态度　　　　　D. 理念

4. (   )是指针对不同的客户制订不同的价格，以吸引特定类型的客户群。

   A. 客户差别定价　　　　　　　　　B. 需求导向定价

   C. 时间差别定价　　　　　　　　　D. 成本导向定价

5. (　　)是指在某一特定的目标客户群中选择有影响的人物或组织,并使其成为自己的客户,借助其帮助和协作,将该目标客户群中的其他对象转化为现实客户的方法。

　　A."中心开花"法　　　　　　B. 逐户访问法
　　C. 咨询寻找法　　　　　　　D. 委托助手法

二、判断题

1. 营销导向的开发策略是客户开发策略的最高境界,也是获得客户的理想途径。　　　　　　　　　　　　　　　　　　　　　　　　　　(　　)
2. 价格对客户而言,不是利益的载体,而是代表一种牺牲。　　(　　)
3. 企业要努力通过技术手段提高可获得性和便利性。　　　　(　　)
4. 广告可以大范围地进行信息传播和造势,起到提高产品或服务的知名度、吸引客户和激发客户购买欲望的作用。　　　　　　　　　　　(　　)
5. 咨询寻找法是指利用信息服务机构所提供的有偿咨询服务来寻找目标客户的方法。　　　　　　　　　　　　　　　　　　　　　　　(　　)

三、名词解释

逐户访问法　　咨询寻找法　　委托助手法　　"中心开花"法

四、思考题

1. 什么是营销导向的客户开发策略?
2. 什么是推销导向的客户开发策略?
3. 寻找客户有哪些途径?
4. 说服客户的技巧有哪些?

五、案例分析题

哈根达斯——冰淇淋中的劳斯莱斯

1989年,哈根达斯在欧洲知名的富人街区开设了几个环境优雅的冰淇淋大厅,并塑造了一种高贵、优质、洁净而自然的气氛,让走进大厅的人都对这个环境流连忘返。当哈根达斯进入超市和便利店时,它用具有品牌特征的玻璃门冷冻柜展示不同口味的产品,这些柜子把哈根达斯和其他品牌的产品区分开了——其他品牌的产品一般放在柜子下面或随便放在零售商的冷冻架上,显得无足轻重。哈根达斯的这种品牌创建是成功的,在为客户创造品牌价值的基础上,哈根达斯走上了顺利发展的道路。

在媒体投放上,哈根达斯从来不与传播电池、洗衣粉之类的"大众媒体"混为一谈,因此它几乎从不大张旗鼓地做电视广告,原因是电视的覆盖面太广、太散，对于哈根达斯来说没必要。哈根达斯的大部分广告都是平面广告，而且是在某些特定媒体上刊登大篇幅的广告。如此既节省了广告费，又增加了广告效果，以此锁定那些金字塔尖的消费者。哈根达斯的广告语针对的目标客户也十分明确："爱她就请她吃哈根达斯"，将甜蜜的味道与爱情结合在一起十分和谐，给情侣消费一个新的理由。

哈根达斯进入上海市场之前就认真分析了上海消费者的心态。当时上海人认为：出入高档办公场所的公司白领是时尚的代言人。于是，哈根达斯就邀请这些人参加特别活动，吸引电视台、报纸的视线，媒体的争相报道，一举把"哈根达斯"定义为时尚生活的代名词。一批在哈根达斯有过"高贵、时尚生活"的人成了其口碑宣传者，很快更多的人蜂拥而至。这种分析消费者心态、口碑宣传的手法被业内认为是哈根达斯的专长，而且极为有效，每进入一个新的城市，它就如法炮制，从未失手。

与此同时，哈根达斯还有选择地切入了其他零售渠道，以扩大自己的零售面。例如，在上海，它慎重地选择了五六百家超市，进入家庭冰淇淋市场。哈根达斯最经典的动作之一，就是给自己贴上"爱情"的标签，由此吸引恋人们的眼球。在情人节，哈根达斯把店里、店外布置得柔情蜜意，不但特别推出由情人分享的冰淇淋产品，而且还给来消费的情侣们免费拍合影，让他们从此对哈根达斯"情有独钟"。相对其他冰淇淋而言，哈根达斯是奢侈的，但是对比情侣们的其他消费方式它又是廉价的，再加上耗费大量的人力、物力的选址与环境打造，使精心设计的"哈根达斯一刻"带来的浪漫感觉一点都不廉价。

哈根达斯为了留住消费者，采取了会员制，一位客户消费累计500元，就可以填写一张表格，成为他们的会员。到目前为止，哈根达斯的数据库里已经有了几万名核心会员的资料。哈根达斯细心呵护每一位重点会员，其结果是在中国市场上这些消费者对其品牌忠诚度之高、之久，很少有其他品牌能企及。其具体策略包括：定期寄送直邮广告，自办"酷"杂志来推销新产品；不定期举办核心消费群体的时尚聚会，听取他们对产品的意见；针对不同的消费季节、会员的消费额和特定的产品发放折扣券。

中国巨大的企业购买市场也吸引了哈根达斯。针对中秋节礼品市场，哈根达斯专门开发了价高质优的冰淇淋月饼，向所在城市的各大公司推销，很多公司把这款月饼作为送给员工和客户的节日礼物，着实让哈根达斯猛赚了一把。哈根达斯的销售员还专门带上新鲜的冰淇淋样品跑遍各大公司，让那些采购主管当场品尝。这种近距离营销的新鲜手法也吸引了一些大客户，如上海对外服务公司在一年中秋前向哈根达斯订了两万多份产品作为客户礼物。

思考：
1. 哈根达斯是怎样开发客户的？
2. 哈根达斯为什么会令人无法抗拒？

第三篇

客户关系的维护

管理大师彼得·德鲁克告诫我们:"衡量一个企业是否兴旺发达,只要回头看看其身后的客户队伍有多长就一清二楚了。"

当前许多企业把工作重心放在建立客户关系上,放在不断开发新客户上,消耗了企业大部分的人力、物力和财力,然而却没有维护或者不善于维护客户关系,或者缺乏维护客户关系和实现客户忠诚的策略。于是伴随着新客户的到来,老客户却流失了,这就是营销界所称的"漏桶"现象——一方面企业开发新客户就像是往桶里添水,另一方面老客户不断流失就像桶里的水因为漏洞而不断流失,漏洞的大小实际上代表着企业客户流失的速度,出现这些情况实际上表明了客户对企业的不忠诚——这给企业带来了很大的损失。

可见,企业固然要努力争取新客户,但维护老客户比争取新客户更加重要。企业既要不断建立新的客户关系,不断争取新客户,开辟新市场,又要努力维护已经建立的客户关系,并且不断加深和提升关系,从而让客户为企业创造更多的价值。

客户关系的维护是企业巩固及进一步发展与客户长期、稳定关系的过程。为此,企业要全面掌握客户的信息,注意对不同价值的客户进行分级管理,还要与客户进行有效沟通,同时努力让客户满意,争取实现客户的忠诚。

第五章　客户的信息

> **引例：沃尔玛的意外发现**
>
> 零售业的龙头老大沃尔玛在 20 世纪 80 年代就建立了客户数据库，用于记载客户的交易数据和背景信息。时至今日，该数据库已成为世界上最大的客户数据系统之一。利用客户数据库，沃尔玛对商品购买的相关性进行分析，意外发现：跟尿布一起购买最多的商品竟然是啤酒。原来美国的太太们常叮嘱她们的丈夫下班后为小孩买尿布，而丈夫们在买尿布后又会随手带两瓶啤酒。既然尿布与啤酒一起购买的概率最大，沃尔玛就干脆在各分店中将它们并排摆放在一起，结果使尿布与啤酒的销售量双双增长。
>
> **引例启示**
>
> 通过对客户数据库的深入挖掘，企业可以发现购买某一商品的客户的特征，从而向那些同样具有这些特征却没有购买的客户推销这个商品。

第一节　客户信息的意义及具体内容

一、客户信息的重要性

（一）客户信息是企业决策的基础

信息是决策的基础，如果企业想要维护与客户的关系，就必须充分掌握客户

的信息,就必须像了解自己的产品或服务那样了解客户,像了解库存的变化那样了解客户的变化。

任何一个企业总是在特定的客户环境中经营发展的,如果企业对客户的信息掌握不全、不准,判断就会失误,决策就会有偏差,就可能失去好不容易建立起来的客户关系。所以,企业必须全面、准确、及时地掌握客户的信息。

例如,惠氏奶粉从医院收集已经怀孕6~8个月的孕妇数据,然后一面为孕妇们提供育儿教育服务,一面实施产品促销活动。

(二) 客户信息是客户分级的基础

企业只有收集全面的客户信息,特别是他们与企业的交易信息,才能够知道自己有哪些客户,他们分别创造了多少价值,哪些是优质客户、哪些是劣质客户,哪些是贡献大的客户、哪些是贡献小的客户,并且根据客户带给企业价值的大小和贡献的不同对客户进行分级管理。

例如,美国联邦快递公司根据客户的信息和历史交易信息来判断每位客户的赢利能力,把客户分为"好""不好"和"坏"三种,并且为三种不同价值的客户提供不同的服务。

(三) 客户信息是客户沟通的基础

随着市场竞争的日趋激烈,客户情报越显珍贵。拥有准确、完整的客户信息,既有利于了解客户、接近客户、说服客户,也有利于客户沟通,如果企业能够掌握详尽的客户信息,就可以做到"因人而异"地进行沟通。

例如,中原油田销售公司设计了统一的"客户基本信息"表格并分发给各个加油站,内容包括司机的姓名、性别、出生年月、身份证号、家庭住址、联系电话、个人爱好、车型、车号、单位、承运类型、车载标准、动力燃料、油箱容量、主要行车线路、经过本站时间,并有累计加油记录。通过这些信息,中原油田销售公司建立了客户数据库,加油站每天从计算机中调出当天过生日的客户,向其赠送蛋糕等生日礼物,架起了加油站与客户之间友谊的桥梁。

(四) 客户信息是客户满意的基础

企业要满足客户的需求、期待和偏好,就必须掌握客户的需求特征、交易习惯、行为偏好和预期愿望等信息。如果企业能够掌握详尽的客户信息,就可以有针对性地为客户提供个性化的产品或者服务,满足客户的特殊需要,从而提高他们的满意度。

例如,日本花王公司就随时将收集到的数据、意见或问题输入电脑,建立了

第五章 客户的信息

客户资料档案，每年公司凭借这些资料开展回报忠诚客户的活动，以此来巩固与老客户的关系，并且吸引新客户。

如果企业能够及时掌握客户对企业的产品或服务的抱怨信息，就可以立即派出得力的人员妥善处理和解决，从而消除他们的不满。如果企业知道客户的某个纪念日，就可以在这个日子送上适当的礼物、折扣券、贺卡或电影票，或在知道客户正为失眠困扰时，寄一份"如何治疗失眠"的资料给他，这些都会给客户带来意外的惊喜，从而使客户对企业产生依赖感。如果企业能够及时发现客户订货持续减少的信息，就可以赶在竞争对手之前去拜访该客户，同时采取必要的措施进行补救，从而防止他们的流失。

总而言之，客户信息是企业决策的基础，是对客户进行分级管理的基础，是与客户沟通的基础，也是实现客户满意的基础。因此，企业应当重视和掌握客户的信息，这对于保持良好的客户关系、实现客户忠诚将起到十分重要的作用。

二、应当掌握的客户信息

(一) 个人客户的信息

1. 基本信息

姓名、户籍、籍贯、血型、身高、体重、年龄、家庭住址、电子邮箱、手机号码等。

2. 消费情况

消费的金额、消费的频率、每次消费的额度、消费的档次、消费的偏好、购买渠道与购买方式的偏好、消费高峰时点、消费低峰时点、最近一次的消费时间等。

3. 事业情况

以往就业情况、职务、在目前单位的职务、年收入等。

4. 家庭情况

已婚或未婚、结婚纪念日、如何庆祝结婚纪念日、配偶姓名、生日及血型、教育情况、兴趣专长及嗜好、有无子女、子女的年龄、文化程度、对子女教育的看法等。

5. 生活情况

过去的医疗病史、目前的健康状况、是否喝酒(种类、数量)、对喝酒的看法、是否吸烟(种类、数量)、对吸烟的看法、喜欢在何处用餐、喜欢吃什么菜、对生活的态

度、休闲习惯、度假习惯、喜欢哪种运动、喜欢聊的话题、最喜欢哪类媒体等。

6. 教育情况

高中、大学、研究生的起止时间、最高学历、所修专业、主要课程、在校期间所获奖励等。

7. 个性情况

曾参加过什么俱乐部或社团、目前所在的俱乐部或社团、喜欢看哪些类型的书、忌讳哪些事、重视哪些事、是否重视别人的意见、为人处世的风格等。

8. 人际情况

亲戚情况、与亲戚相处的情况、最要好的亲戚、朋友情况、与朋友相处的情况、最要好的朋友、邻居情况、与邻居相处的情况、最要好的邻居、对人际关系的看法等。

例如,房地产企业在收集客户信息时,通常关注客户目前拥有房地产的数量、品牌、购买时间等,而这些在结合家庭人口、职业、年龄和收入等数据进行分析后,往往能够得出该客户是否具有购买或持续购买的需求、购买的时间和数量、购买的档次等结论。

知识扩展:"二维码技术"在客户关系管理中的应用

二维码在服务场景中,其应用本质就是一种"代号"或者"凭证",用来标识其内容数据及内容数据背后的服务。比如,健身会所的会员卡、餐饮店的积分卡、SAP养生美容卡等,扫一扫即可识别客户身份。同时,企业能够根据客户视图内记录的客户以往的消费习惯、房间偏好、兴趣爱好,做出更好的服务安排或者人员配置。

二维码的制作和使用很简单,企业首先生成自己的二维码,将优惠信息、宣传信息等企业想要传递给客户的信息存入其中,在客户使用"扫一扫"功能后便能获取这些信息,从而了解企业动态。该模式面对客户可以实现精准的定位,适用于能够满足大多客户日常生活需求的企业,尤其是很多企业通过扫描二维码进行折扣优惠,以此吸引更多的客户,从而实现自己的宣传推广目的。

(二) 企业客户的信息

1. 基本信息

企业的名称、地址、电话、创立时间、组织方式、资产规模等。

2. 客户特征

服务区域、经营观念、经营方向、经营特点、企业形象、声誉等。

3. 业务状况

销售能力、销售业绩、发展潜力与优势、存在的问题及未来的对策等。

4. 交易状况

订单记录、交易条件、信用状况及出现过的信用问题、与客户的关系及合作态度、客户评价与意见等。

5. 负责人信息

所有者(法人代表)及经营管理者的姓名、年龄、学历、个性、兴趣、爱好、家庭、能力、素质等。

第二节　收集客户信息的渠道

一、直接渠道

直接收集客户信息的渠道，主要是指客户与企业直接接触的各种机会，如从客户购买前的咨询开始到售后服务，包括处理投诉或退换产品，这些都是直接收集客户信息的渠道。以电信业为例，客户信息的直接收集渠道包括营业厅、呼叫中心、网站、客户经理等。也有很多企业通过展会、市场调查等途径来获取客户信息。具体来说，直接收集客户信息的渠道包括如下几种。

(一) 在调查中获取客户信息

调查人员通过面谈、问卷调查、电话调查等方法得到第一手的客户资料，也可以通过仪器观察被调查客户的行为并加以记录而获取信息。

例如，美国尼尔逊公司就曾通过计算机系统，在全国各地1250个家庭的电视机里装上了电子监视器，每90秒钟扫描一次电视机，只要收看3分钟以上的节目，就会被监视器记录下来，这样就可以得到家庭、个人收视偏好的信息。

优秀的营销人员往往善于收集、整理、保存和利用各种有效的客户信息。如在拜访客户时，除了日常的信息搜集外，还会思考这个客户与其他客户有什么相同、有什么不同、并对重点客户进行长期的信息跟踪。

IBM公司在已有市场经理、销售经理职位的基础上，增设了客户关系经理，其职责是尽可能详尽地收集一切相关的客户资料，追踪所属客户的动向，判断和

评估从客户那里还可能获得多少赢利的机会,并且努力维护和发展客户关系,以便争取更多的生意。IBM 公司的这种做法,使它拥有了大量的客户信息。

(二) 在经营活动中获取客户信息

在企业广告发布后,潜在客户或者目标客户可能会与企业联系,一旦得到回应,企业就可以把他们的信息添加到客户数据库中。

另外,与客户的业务往来邮件可以反映客户的经营品质、经营作风和经营能力,也可以反映客户关注的问题及其对交易的态度等。因此,往来邮件可以帮助企业获取客户信息。另外,在与客户的谈判中,客户的经营作风、经营能力及对本企业的态度都会有所体现,谈判中往往还会涉及客户的资本、信用、目前的经营状况等信息,所以谈判也是收集客户资料的极好机会。

企业还可启动频繁的营销方案,或者实行会员制度,或者成立客户联谊会、俱乐部等,也可以收集到有效的客户信息。此外,博览会、展销会、洽谈会针对性强且客户群体集中,因此可以成为企业迅速采集客户信息、达成购买意向的场所。

(三) 在服务过程中获取客户信息

对客户的服务过程也是企业深入了解客户、联系客户、收集客户信息的最佳时机。

在服务过程中,客户通常能够直接并且毫无避讳地讲述自己对产品的看法和预期,对服务的评价和要求,对竞争对手的认识,以及其他客户的意愿和销售机会,其信息量之大、准确性之高是在其他条件下难以实现的。

服务记录、客户服务部的热线电话记录及其他客户服务系统能够收集到客户信息。此外,客户投诉也是企业了解客户信息的重要渠道,企业可将客户的投诉意见进行分析整理,同时建立客户投诉的档案资料,从而为改进服务、开发新产品提供基础数据资料。

(四) 在销售终端获取客户信息

销售终端是直接接触最终客户的前沿阵地,通过面对面的接触可以收集到客户的第一手资料。目前超市普遍都设置了结账扫描仪,并且利用前端收款机收集、存储大量的售货数据,而会员卡的发放也可以帮助超市记录单个客户的购买历史。

例如,服装商场可以要求客户在优惠卡上填写基本情况,如住址、电话、邮编、性别、年龄、家庭人数等,当客户采购时,只要在收款处刷一下,就可以将采购信息记录在数据库中。商场通过客户采购商品的档次、品牌、数量、消费金额、采购时间、采购次数等,可以大致判断客户的消费模式、生活方式、消费水平,以及对价格和促销的敏感程度等。这些信息不仅对商场管理和促销具有重要的价值(可据此确定进货的种类和档次及促销的时机、方式和频率),而且对生产厂家也具有非常重要的价值(通过这些信息,生产厂家可以知道什么样的人喜欢什么颜色的衣服,何时购买,在什么价格范围内购买,这样生产厂家就可以针对特定的客户来设计产品,以及制定价格策略和促销策略)。

一般来说,终端收集的难度较大,因为这关系到商家的切身利益。因此,生产企业要通过激励机制,调动商家的积极性,促使商家乐意去收集。

案例:乐购对客户信息的管理

乐购(TESCO)将超市中客户经常购买的产品分为 50 种类别,每种类别和消费者的一种生活习惯和家庭特征相对应,如"奶粉、尿片等类别"代表年轻父母,"水果、蔬菜类别"代表健康的生活习惯。乐购通过客户在付款时出示的"俱乐部卡",掌握了大量翔实的客户购买习惯数据,了解了每个客户每次采购的总量,主要偏爱哪类产品、产品使用的频率等。通过软件分析,乐购将这些客户划分成了十多个不同的俱乐部,比如单身男人的"足球俱乐部"、年轻母亲的"妈妈俱乐部"等。营销人员为这十几个分类俱乐部制作了不同版本的俱乐部卡杂志,刊登最吸引他们的促销信息和其他一些他们关注的话题。乐购分布在各地的连锁店还会在当地为不同俱乐部的成员组织各种活动。

(五)其他渠道

呼叫中心、网站留言、电子邮箱、微信公众号等是收集客户信息的渠道。

客户拨打呼叫中心电话,呼叫中心可以自动将客户的来电记录在计算机数据库内。另外,信息技术及互联网技术的广泛使用为企业开拓了新的获得客户信息的渠道,如网站注册、网上留言、电子邮箱、微信公众平台等已经成为企业收集客户信息的重要渠道。

在以上这些渠道中,客户与企业接触的主动性越强,客户信息的真实性和价值就越高,如客户呼入电话,包括投诉电话、请求帮助或者抱怨时所反馈的客户信息就比呼叫中心的呼出电话得到的客户信息价值高。同时,客户与企业接触的频率越高,客户信息的质量就越高,如在营业厅或呼叫中心获取的客户资料一般要比在展会中得到的客户信息真实,而且成本较低。

二、间接渠道

间接收集客户信息的渠道，是指企业从公开的信息中或者通过购买获得客户信息。间接渠道一般包括如下几种。

(一) 各种媒介

国内外各种权威媒体、图书和国内外各大通讯社、互联网、电视台发布的有关信息，这些往往都会涉及客户的信息。

(二) 市场管理部门及驻外机构

市场管理部门一般掌握客户的注册情况、资金情况、经营范围、经营历史等，是可靠的信息来源。对国外客户，可委托我国驻各国大使馆、领事馆的商务参赞帮助了解。另外，可以通过我国一些大公司的驻外业务机构帮助了解客户的资信情况、经营范围、经营能力等。

(三) 国内外金融机构及其分支机构

一般来说，客户均与各种金融机构有业务往来。企业可以通过金融机构调查客户的信息，这个渠道获得的客户信息，尤其是资金状况是比较准确的。

(四) 国内外咨询公司及市场研究公司

国内外咨询公司及市场研究公司具有业务范围广、更新速度较快、信息准确的优势，可以充分利用这个渠道对指定的客户进行全面调查，从而获取客户的相关信息。

(五) 从已建立客户数据库的公司租用或购买

小公司由于实力有限或其他因素的限制，无力自己去收集客户信息，对此可通过向已经建立客户数据库的公司租用或者购买来获取客户的信息，这往往比企业自己去收集客户信息而支付的费用要低得多。

(六) 其他渠道

企业还可从战略合作伙伴或者老客户，以及行业协会、商会等获取相关的客户信息，还可以与同行业中一些不具有竞争威胁的企业交换客户信息。

总之，客户信息的收集有许多途径，在具体运用时要根据实际情况灵活选择，有时也可以多种途径结合在一起使用。

第五章 客户的信息

第三节 运用数据库管理客户信息

企业的客户有多少、客户是谁、重要的客户是谁、主要客户是谁、客户买多少、每隔多长时间购买一次、他们怎样购买、去哪里购买、通过什么途径了解企业、他们对企业的产品或者服务有什么意见或建议、想要什么样的产品或服务……要回答这些问题，企业需要花费大量的时间、精力和财力去调查，而获得的结果往往不尽如人意。因为只通过一两次的调查，即使调查方式是科学的，也带有很强的主观性和随意性，往往会出现偏差。所以，企业应当积极运用数据来管理客户信息。

数据库是信息的中心存储库，是由一条条记录所构成，记载着有相互联系的一组信息，许多条记录连在一起就是一个基本的数据库。数据库是面向主题的、集成的、相对稳定的、与时间相关的数据集合，数据库能够及时反映市场的实际状况，是企业掌握市场的重要途径。难怪有营销专家说："没有数据库，就像在沙漠中迷失了方向一样会付出惨痛的代价。"

客户数据库是企业运用数据库技术，收集现有客户、目标客户的综合数据资料，追踪和掌握他们的情况、需求和偏好，并且进行深入的统计、分析和数据挖掘，而使企业的营销工作更有针对性的一项技术措施，是企业维护客户关系、获取竞争优势的重要手段和有效工具。

一、客户数据库中的几个重要指标

根据美国数据库营销研究所的研究发现，客户数据库中有三个要素，它们构成了数据分析最好的指标。这三个要素包括最近一次消费、消费频率和消费金额。

(一) 最近一次消费

最近一次消费是指客户上一次购买的时间，它是维系客户的一个重要指标，可以反映客户的忠诚度。一般来说，上一次消费时间越近越理想，因为最近才购买本企业的产品或服务的客户是最有可能再购买的客户。要吸引一位几个月前购买本企业产品或服务的客户，比吸引一位几年前购买的客户要容易得多。如果最近一次消费时间离现在很远，说明客户长期没有光顾，就要调查客户是否已经流失。最近一次消费还可监督企业目前业务的进展情况——如果最近消费的客户人数增加，则表示企业发展稳健；如果最近一次消费的客户人数减少，则表明企业的业绩可能滑坡。

(二) 消费频率

消费频率是指客户在限定的时间内购买本企业的产品或服务的次数。一般来说，最常、最频繁购买的客户，可能是满意度最高、忠诚度最高的客户，也可能是最有价值的客户。

(三) 消费金额

消费金额是客户购买本企业的产品或服务金额的多少。通过比较客户在一定期限内购买本企业的产品或服务的数量，可以知道客户购买态度的变化，如果购买量下降，则要引起足够的重视。

综合分析上述指标可帮助企业识别最有价值的客户、忠诚客户和即将流失的客户。将最近一次消费、消费频率结合起来分析，可判断客户下一次交易的时间距离现在还有多久。将消费频率、消费金额结合起来分析，可计算出在一段时间内客户为企业创造的利润，从而帮助企业明确谁才是自己最有价值的客户。当客户最近一次消费离现在很远、而消费频率或消费金额也出现显著萎缩时，就是在提示企业这些客户很可能即将流失或者已经流失，从而促使企业做出相应的对策，如对其重点拜访或联系等。

二、运用客户数据库可以深入挖掘客户消费信息

由于客户数据库是企业经过长时间对客户信息(客户的基本资料和历史交易行为)的积累和跟踪建立起来的，剔除了一些偶然因素，因而对客户行为的判断是客观的。

此外，通过客户数据库对客户过去的购买和习惯进行分析，企业还可以了解客户是被产品所吸引还是被服务所吸引，或是被价格所吸引，从而有根据、有针对性地开发新产品，或者向客户推荐相应的服务，或者调整价格。

例如，饭店通过数据库建立详细的客户档案，包括客户的消费时间、消费频率及偏好等一系列特征，如客户喜欢什么样的房间和床铺、哪种品牌的香皂，是否吸烟，有什么特殊的服务要求等。通过这个客户数据库，饭店可使每一位客户都得到满意的服务，从而提高营销效率，降低营销成本。

许多航空公司也利用常旅客留下的信息建立了"常旅客数据库"，在此基础上，航空公司可统计和分析常旅客的构成、流向、流量，分析常旅客出行及消费的趋势，订票、购票的方式与习惯，以及对航空公司市场营销活动的反应等，从而采取相应的措施，如挑选适当的时机定期、主动对常旅客进行回访，变被动推销为

第五章 客户的信息

主动促销。例如,美国航空公司建立了一个"重要旅行者"的数据库,其中存有80万名旅客的资料。这部分人虽然占该公司每年乘客总数的比例不到4%,但他们每人每年平均乘坐该公司飞机约13次,对公司总营业额的贡献在60%以上。因此,每当航空公司举行活动时,总是把他们作为重点推广对象。

三、运用客户数据库可以对客户开展精准营销

客户数据是企业内部最容易收集到的营销信息,通过对客户基础信息和交易信息进行加工、提炼、挖掘、分析、处理和对比,可以在海量数据中探求客户现有及潜在的需求、模式、机会,从而直接针对目标客户进行精准营销,而无须借助大众宣传的方式,因而减少了竞争对手的注意度,有效地避免"促销战""价格战"等公开的对抗行为。

精准营销是依托信息技术手段,对客户的相关数据进行搜集,然后对这些数据运用技术平台进行统计和分析,掌握每一个客户的消费倾向,再通过微信、邮件等传播方式进行的营销,并根据客户反映和市场效果不断进行修改和完善。精准营销非常适合于个性化、分散化的小客户,是对小客户进行管理的一种非常好的方法。

例如,蒙牛牛奶初次进入上海市场时,想采取进入连锁超市的销售方式,但是这些体系的"门槛"太高。于是蒙牛找到了麦德龙公司,麦德龙利用其强大的客户数据优势,将蒙牛牛奶的样品免费赠送给经过分析、精心挑选出的4000户家庭品尝,随后跟踪客户的反馈信息,同时在网上及直邮单上发布蒙牛牛奶促销的消息,从而促进了蒙牛牛奶在上海的销售,从一开始每月只有几万元的销售额一下子增加到几十万元。就这样,蒙牛牛奶没有投入大量资金进行广告宣传,也没有投入巨额的超市"入场费",而是在仅仅投入了数千盒样品的成本下,就顺利地打开了上海市场。这一切如果没有麦德龙庞大的客户数据系统的支持是不可能做到的。

客户数据库可以帮助企业了解客户信息、了解客户过去的消费行为,而客户过去的购买行为是未来购买模式的最好指示器,因此企业可通过客户数据库来推测客户未来的消费行为。客户数据库还能反映出每个客户的购买频率、购买量等重要信息,并保存每次交易的记录及客户的反馈情况,通过对客户进行定期跟踪,可使企业对客户的资料有详细全面的了解,利用"数据挖掘"和"智能分析"技术可以发现赢利机会,继而采取相应的营销策略,这就是数据库营销。

四、运用客户数据库可以实现客户服务及管理的自动化

客户数据库能够强化企业跟踪服务和自动服务的能力,使客户得到更快捷和更周到的服务,从而有利于企业更好地保持客户。例如,通过对客户历史交易行为的监控、分析,当某一客户购买价值累计达到一定金额后,数据库可以提示企业向该客户提供优惠或个性化服务。

> **案例**:澳大利亚国民银行对客户的自动管理
>
> 澳大利亚国民银行是一家全球性的大银行,它每天都会将所收集到的客户信息放在数据库中,并且设定了一些智能分析机制,对客户交易状态进行管理。例如,对一些非正常的交易金额,即大额的提款和大额的存款进行专门的处理,一旦有客户异常状态发生,客户数据库就会自动做出相关统计,并将统计的结果提交给营销部门的人员,由营销人员及时与客户进行接触,找出客户状态异常的原因。
>
> 一次,银行发现一位77岁的老太太提款很多,原来老太太提款是为女儿买房子,于是银行立即与老太太的女儿联系,表示愿意为其提供买房贷款。结果,老太太将从银行提的款项又全部存回,而且银行为老太太的女儿提供了一笔贷款,女儿还将自己在其他银行的存款转存到这家银行——一举三得,银行和客户共同受益。

五、运用客户数据库可以实现对客户的动态管理

1. 了解客户的需求变化

运用客户数据库的企业可以了解和掌握客户的需求及其变化,可以知道哪些客户何时应该更换产品。

例如,美国通用电气公司通过建立详尽的客户数据库,可以清楚地知道哪些客户何时应该更换电器,并时常赠送一些礼品以吸引他们继续购买公司的产品。

由于客户的情况总是在不断地发生变化,所以客户的资料应随之不断地进行调整。企业如果有一套好的客户数据库,就可以对客户进行长期跟踪,通过调整,剔除陈旧的或已经变化的资料,及时补充新的资料,就可以使企业对客户的管理保持动态性。

例如,富士产经公司建立了包括客户姓名、地址、电话、性别、年龄、成交记录(商品名称、成交数量、总金额)等内容的客户名址库。根据业务需要,还

可对客户名址进行重新整理,如 4 年前购买过婴儿用品的客户,现在成为儿童用品的潜在客户,如果向他们寄发儿童用品专题目录,订货的概率则会较高。公司还对客户名址库实行动态管理,对于长期不购买公司商品的客户,就不再寄送目录。

又如,美国金百利公司建立了一个包括全美 74%的孕妇的资料库,这些准妈妈们在怀孕期间就收到了公司寄来的杂志和信件。新生儿出生后,公司带电脑条码的折价券随即送到产妇手中,公司凭此折价券可记录客户的购买情况,并继续追踪客户持续使用该产品的情况。

2. 客户预警管理

客户数据库可以帮助企业进行客户预警管理,从而提前发现问题客户。例如以下几种情况。

(1) 外欠款预警。企业在客户资信管理方面给不同的客户设定一个不同的授信额度,当客户的欠款超过授信额度时就发出警告,并对此客户进行调查分析,及时回款,以避免出现真正的风险。

(2) 销售进度预警。根据客户数据库记录的销售资料,当客户的进货进度和计划进度相比有下降时就发出警告,并对此情况进行调查,拿出相应的解决办法,防止问题扩大。

(3) 销售费用预警。企业在客户数据库中记录每笔销售费用,当销售费用攀升或超出费用预算时就发出警告,并及时中止销售,防止陷入费用陷阱。

(4) 客户流失预警。根据客户数据库记录的销售资料,当客户不再进货就发出预警,使企业及时进行调查,并采取对策,防止客户流失。

六、客户数据库的管理

客户是企业最宝贵的资产,是企业的命脉,客户档案的泄密势必影响企业的信誉,甚至危及企业生命。因此,企业对客户数据库的管理要慎之又慎。

对客户数据库的管理应当由专人负责,并且要选择在企业工作时间较长、对企业满意度高、归属感强、忠诚度高、有一定的调查分析能力的老员工作为客户数据库的管理人员,要避免低工资人员、新聘用人员、临时人员做这方面的工作。此外,企业必须抱着对客户负责的态度,严格保密客户的信息,避免信息外泄。

课后练习

一、不定项选择题

1. 客户信息是实现( )的基础。
   A. 客户分级　　B. 客户满意　　C. 客户沟通　　D. 客户流动

2. 间接收集客户信息的渠道包括( )。
   A. 各种媒介
   B. 市场管理部门及驻外机构
   C. 国内外金融机构及其分支机构
   D. 国内外咨询公司及市场研究公司

3. 以下( )情形,可以考虑不建立客户数据。
   A. 客户一生当中重复购买的可能性没有或者很小
   B. 没有品牌忠诚度的客户
   C. 建立客户数据库的代价高于从中得到的收益
   D. 经常投诉的客户

4. 关于个人客户的信息应当包括( )等。
   A. 基本信息　　　　　　　　B. 消费情况
   C. 事业家庭情况　　　　　　D. 教育情况

5. 关于企业客户的信息,应当包括( )等。
   A. 基本信息　　　　　　　　B. 客户特征
   C. 业务状况　　　　　　　　D. 负责人信息

二、判断题

1. 企业无须对客户负责,不需要严格保密客户的信息。　　　　( )

2. 最近一次消费、消费频率、消费金额、每次的平均消费额都是客户数据库的重要指标。　　　　　　　　　　　　　　　　　　　　　　　　( )

3. 依据客户数据库对客户行为的判断是客观的。　　　　　　( )

4. 通过对客户数据的挖掘,企业可以发现购买某一商品的客户的特征,从而可以向那些同样具有这些特征却没有购买的客户推销这个商品。( )

5. 通过客户数据库对客户过去的购买和习惯进行分析,企业可以向客户推荐相应的服务,或者调整价格。　　　　　　　　　　　　　　　　( )

三、名词解释

客户特征　　业务状况　　交易状况　　客户数据库

四、思考题

1. 客户信息的重要性体现在哪些方面？
2. 对个人客户应掌握哪些信息？
3. 对企业客户应掌握哪些信息？
4. 收集客户信息有哪些渠道？
5. 如何运用客户数据库管理客户信息？

五、案例分析题

美国第一银行的"如您所愿"服务

作为世界上最大的 Visa 信用卡发卡行，拥有超过 5600 万信用卡客户的美国第一银行，其核心理念是"成为客户信任的代理人"。

在与客户建立联系时，银行采用一种被称为"ICARE"的要诀：I (inquire)，向客户询问并明确其需求；C(communicate)，向客户保证将尽快满足其需求；A(affirm)，使客户确信有完成服务工作的能力和愿望；R(recommend)，向客户提供一系列服务的选择；E(express)，使客户了解银行接受单个客户的委托。在"ICARE"的基础上，美国第一银行推出了一项名为"At your request"（如您所愿）的客户服务，赢得了客户的信任，获得巨大的商业成功。

无论是"ICARE"还是"At your request"，都离不开第一银行先进的数据仓库的全面信息支持。

美国第一银行的客户可通过电话、电子邮件或网络得到"At your request"提供的三项服务：金融服务、旅行娱乐服务和综合信息服务。客户在使用美国第一银行的信用卡一定时期后，在信用记录良好的情况下，银行会寄一份业务邀请函给客户。客户如果接受，只需填写一份爱好简介，包括其每个家庭成员的姓名、生日、最喜欢的杂志、最喜欢的文娱活动等，就可获得各种相关服务。银行通过"At your request"满足客户的各种需求，比如"提醒服务"功能，在客户的周年纪念日、特殊事件和重要约会前，会按客户所希望的时间、方式、渠道来提醒。再比如客户想在饭店订座或想要送花，都可以通过"At your request"来实现。

在业务后台，第一银行开发了庞大而先进的数据库系统，从每一笔信用卡交易中提取大范围的有重要价值的数据。在银行看来，可以从大多数使用信用卡的客户的业务记录中发现客户最感兴趣的商品或服务。

利用所掌握的交易数据，第一银行建立了高度准确、按等级分类的单个客户实际偏好的记录，当然也能分析群体客户的消费情况和偏好。银行可以根据客户

的消费偏好信息确定商业合作伙伴,从他们那里得到最优惠的价格并提供给客户。银行的数据仓库通过持续的更新,会越来越清晰地反映出客户的需求和消费偏好,这为银行业务的开展提供了最有力的信息支持。

思考:

美国第一银行是如何管理和利用客户信息的?

第六章　客户的分级

> **引例：IBM 的觉悟**
>
> IBM 公司认为所有的客户日后都可能成为大型服务器设备的购买者，所以即便是小客户也提供专家销售力量且上门服务，即便是利润很低的客户也为其免费修理旧机器。由此，IBM 公司赢得了很高的美誉度，然而这是以牺牲利润为代价的……
>
> 后来 IBM 意识到这种不计成本的策略长远来看并不可行，于是果断决定区别对待不同层级的客户，降低小客户的服务成本，并且向利润低的客户适当收取维修费，从而使公司利润大幅上扬。
>
> **引例启示**
>
> 客户有大小，贡献有差异，每个客户带来的价值是不同的，企业应区别对待每个客户。

客户分级是企业依据客户的不同价值，将客户区分为不同的层级，从而为针对不同级别的客户进行区别服务与管理提供依据。

第一节　为什么要对客户分级

一、不同客户带来的价值不同

尽管每个客户的重要性不容低估，但是由于购买力、购买欲望、服务(维系)

成本等差异，每个客户能给企业创造的收益是不同的。对企业来讲，一些客户就是比另一些客户更有价值。

据国外的一份统计资料证明，23%的成年男性消费了啤酒总量的81%，16%的家庭消费了蛋糕总量的62%，17%的家庭购买了79%的即溶咖啡。也就是说，大约20%的客户消费了产品总量的80%，其余80%的客户只消费了该种产品总量的20%。这就是经典的"二八法则"，即关键的少数和次要的多数两者比率约为2:8。对于企业来说，就是80%的收益往往来自20%的高贡献度的客户，即少量的客户为企业创造了大量的利润。

根据美国学者弗雷德里克·雷奇汉（Frederick Reiehheld）的研究，企业从10%最重要的客户那里获得的利润，往往比企业从10%最次要的客户那里获得的利润多5~10倍，甚至更多。

Meridien Research研究机构指出，一个企业的客户群中，前20%的客户产生约150%的利润，而后30%的客户消耗了50%的利润——"他们一般是喜欢买便宜货的人，或被特别优惠的计划所吸引，而当企业开始试图从他们身上赚钱时他们便离去"。

以上的研究结果虽然不尽相同，但是都表明了一个真理，那就是"客户有大小，贡献有差异"。每个客户带来的价值是不同的，有的客户提供的价值可能比其他客户高10倍、100倍，甚至更多，而有的客户则不能给企业带来多少利润，甚至还会吞噬其他客户带来的利润。

二、企业有限的资源不能平均分配

由于任何一家企业的资源都是有限的，因此把企业资源平均分配到不同价值客户身上的做法是不经济的，还会引起大客户的不满。

现实中有些企业对所有的客户一视同仁，无论是大客户，还是小客户，无论是能带来赢利的客户，还是根本无法带来赢利甚至造成亏损的客户，都平等对待，从而导致企业成本增加，利润降低，效益下降。

小客户享受大客户的待遇，小客户自然没有意见，而大客户就会心理不平衡，感到不受重视，他们轻则满腹牢骚，重则不满甚至叛离。如果这个时候竞争对手乘虚而入，为这些最能赢利的大客户提供更多的实惠，就可以轻而易举地将他们"挖"走，毕竟买方市场下大客户的选择面很宽。

可见，企业不能平均对待大客户和小客户，不能"眉毛胡子一把抓"。因为那样做，不但大客户不满意，甚至有提升潜力的小客户也不愿意成为大客户。

第六章　客户的分级

三、客户分级是客户沟通、客户满意的基础

客户沟通应当根据客户价值的不同采取不同的沟通策略，因此，区分不同客户的价值是进行客户沟通的前提。

实现客户满意也要根据客户的不同采取不同的策略，因为每个客户给企业带来的价值不同，他们对企业的预期也就会有差别，满意标准也会不一样。为企业创造主要利润、带来较大价值的关键客户会希望得到有别于普通客户的待遇，如更贴心的产品或服务，以及更优惠的条件等。

如果企业能够找出这些带来丰厚利润的、最有价值的客户，并且把更多的资源用在为他们提供优质的产品和针对性的服务上，就很可能提高他们的满意度。

例如，某旅游企业根据交易纪录，将客户分成 A、B、C 三级，并针对不同级别给予不同待遇。如消费金额最低的 C 级客户如果提出很费时的服务要求(例如行程规划)，就必须预付 25 美元作为订金，而 A 级和 B 级客户则无须预付订金。其道理是"过滤掉随口问问或三心二意的客户，我们才能把大部分时间放在服务前两级的客户上面"。

美国第一联合国家银行的客户服务中心采用的 Einstein 系统能在电脑屏幕上用颜色来区分客户的级别。例如，红色标注的是不能为银行带来赢利的客户，对他们不需要给予特殊的服务，利率不得降低，透支也不准通融；绿色标注的是能为银行带来高赢利的客户，需多加取悦，并给予额外的服务。

花旗银行把客户市场细分为不同的类别，然后采用针对性的服务方式，如对大众市场提供各种低成本的电子银行，对高收入阶层则提供多种私人银行业务。

总之，不同客户带来的价值不同，企业的资源又是有限的，因此企业只有对客户进行分级管理，才能强化与高价值客户的关系，降低为低价值客户服务的成本，也才能在达到客户满意的同时实现企业利润的最大化。

第二节　怎样对客户分级

企业对客户的选择由于是在开发客户之前，因此判断客户的"好"与"坏"只能用科学的理论或经验去判断、推测。企业对客户的分级则是在开发客户之后，判断客户价值的高低要用事实、用数据，如消费金额、消费频率、消费档次、信用状况、利润贡献等来衡量。

企业根据客户为企业创造的价值，按由小到大的顺序排列，可以得到如图 6-1 所示的客户金字塔模型。

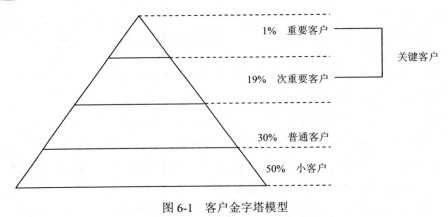

图 6-1 客户金字塔模型

(注：百分比不是绝对的，而是相对的，可根据实际情况进行调整。)

如图所示，给企业创造价值最大的客户位于客户模型顶部，给企业创造价值最小的客户位于模型的底部。

该模型可划分为三个层级，分别是关键客户、普通客户和小客户。

一、关键客户

关键客户是企业的核心客户，一般占企业客户总数的20%，但企业80%的利润靠他们贡献，是企业的重点保护对象。关键客户由重要客户和次重要客户构成。

(一) 重要客户

重要客户是客户金字塔中最高层的客户，是能够给企业带来最大价值的前1%的客户。

重要客户往往是产品的重度用户，他们为企业创造了绝大部分的利润，而企业却只需支付较低的服务成本；他们对价格不敏感，也乐意试用新产品，还可帮助企业介绍客户，为企业节省开发新客户的成本；他们不但有很高的当前价值，而且有巨大的增值潜力，其业务总量在不断增大，未来在增量销售、交叉销售等方面仍有潜力可挖。可以说，企业拥有重要客户的多少，决定了其在市场上的竞争地位。

(二) 次重要客户

次重要客户是除重要客户以外给企业带来最大价值的前20%的客户，一般占客户总数的19%。

次重要客户，也许是企业产品或者服务的大量使用者，也许是中度使用者，他们对价格的敏感度比较高，因而为企业创造的利润和价值没有重要客户那么高；

他们为了降低风险，可能会同时与多家同类型的企业保持长期关系；他们也在真诚、积极地为本企业介绍新客户，但在增量销售、交叉销售方面可能已经没有多少潜力可供进一步挖掘。

二、普通客户

普通客户是除关键客户之外的为企业创造最大价值的前50%的客户，一般占客户总数的30%。普通客户包含的客户数量较大，但他们单个人带来的价值比不上单个关键客户。对于此类客户，企业只需提供常规服务，不需要特殊关照。

三、小客户

小客户是客户金字塔中最底层的客户，指除了关键客户、普通客户外，剩下的后50%的客户。虽然小客户数量大，但其单个人带来的价值往往很小，甚至没有。对于这类客户，企业只需维护最基本的服务。

知识扩展：客户数量金字塔和利润金字塔对应关系

"客户数量金字塔"和"客户利润金字塔"体现了客户类型、数量分布和创造利润能力之间的关系，如图6-2所示。

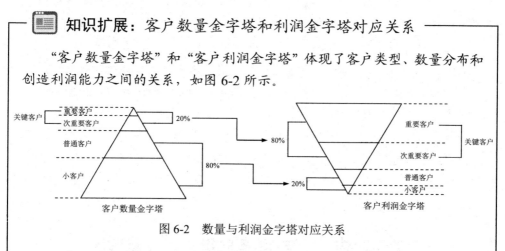

图6-2　数量与利润金字塔对应关系

图中所示明确表示了客户数量与利润间的关系，也包含着重要的思想，即企业应为对本企业的利润贡献最大的关键客户提供最优质的服务，配置最强大的资源，并加强与这类客户的关系，从而使企业的赢利能力最大化。

英国巴克莱银行十分重视对客户群的细分，并有一套划分客户的办法，主要标准就是看给银行带来利润的大小，同时注意潜在的重点客户，即能给银行带来潜在利润的客户。巴克莱银行将客户分为四级，相应地将服务也分为四个层次：一是基本的、必不可少的服务；二是一般服务，即在基本服务基础上增加一些不是对所有客户都提供的服务，如电话银行；三是高级服务，包括一些可以不提供但提供了能使客户很高兴的服务；四是全面服务，包括一些客户本身都没有想到的、为客户提供的特殊服务。

又如，美国大通银行根据客户的不同贡献将其所有的客户分为五级：蓝色客户，每年能为银行提供500万美元的综合效益或300万美元的中间业务收入；绿色客户，每年能为银行提供300万美元的综合效益或100万美元的中间业务收入；红色客户，需求比较单一，赢利少，但却是银行的忠诚客户；转移客户，需求复杂，却不能给银行带来很大利润；清退客户，基本上不能给银行带来利润，甚至造成亏损。

> **案例：携程旅行的客户分级**
>
> 携程旅行作为中国领先的综合性旅行服务公司，向超过3亿会员提供集无线应用、酒店预订、机票预订、旅游度假、商旅管理及旅游资讯在内的全方位旅行服务，被誉为互联网和传统旅游无缝结合的典范。
>
> 携程是按照等级分来划分客户等级的。等级分是根据客户在携程的个人账户近12个月内的订单消费情况、任务活动完成情况及信誉记录，来综合计算得出的相应分值。携程旅行将客户分为：钻石会员，综合计算等级分达到10 000且信誉记录良好；铂金会员，综合计算等级分达到了3000且信誉记录良好；黄金会员，综合计算等级分达到300且信誉记录良好；普通会员，综合计算等级分低于300(注册即可得)。由普通会员升级为黄金会员的门槛较低，以"门槛低+权益多"为吸引点，可培养出更多的黄金会员。此外，会员等级的有效期限为60天，有效期结束后，系统会根据客户当前的等级分重新划分会员等级。

第三节　怎样管理各级客户

客户分级管理是指企业依据客户带来价值的多少对客户进行分级，对不同级别的客户提供不同的服务。同时，积极提升各级客户在客户金字塔中的级别。

一、关键客户的管理

关键客户是企业可持续发展的最重要的保障之一，因而关键客户的管理在企业管理中处于重要的地位。关键客户管理的成功与否，对整个企业的经营业绩具有决定性的影响。

第六章　客户的分级

一般来说，企业花了很大的代价才与关键客户的关系进入稳定、良好的状态，然而竞争对手，总是瞄准这些客户并伺机发动"进攻"，而一旦失去关键客户就会使企业的生产经营受到很大伤害。因此，企业必须认真维护与关键客户的关系，牢牢地抓住关键客户这个龙头，才能保证企业持续稳定地发展，才能使企业保持竞争优势及对竞争对手的顽强抵御力，才能在市场竞争日益激烈的今天，屹立潮头，稳操胜券！为此，企业应加强以下几个方面的建设。

(一) 成立专门机构服务于关键客户

目前，许多企业对关键客户都比较重视，经常由管理高层亲自出面处理与这些客户的关系，但是这样势必分散高层管理者的精力。如果企业成立一个专门服务于关键客户的机构，便可一举两得——一方面可使企业高层不会因为频繁处理与关键客户的关系而分散精力，能够集中精力考虑企业的战略和重大决策；另一方面也有利于企业对关键客户的管理系统化、规范化。专门机构的具体工作如下：

首先，为企业高层提供准确的关键客户信息，协调技术、生产、企划、销售、运输等部门，根据关键客户的要求设计不同的产品和服务方案。

其次，负责联系关键客户，利用客户数据库分析每位关键客户的交易历史，注意了解关键客户的需求和采购情况，及时与关键客户就市场趋势、合理的库存量进行商讨。

再次，关注关键客户的动态，并强化对关键客户的跟踪管理，对出现衰退和困难的关键客户要进行深入分析，必要时伸出援手。当然，也要密切注意其经营状况、财务状况、人事状况的异常动向等。

此外，对关键客户的服务是一项涉及部门多、要求非常细的工作，需要企业各部门无边界协同，各个部门和员工都要以整体利益为重，主动承担责任，追求协同效率和效果的最大化。

例如，花旗银行各分支机构普遍设有公关部专门负责联系客户，每个重要客户在公关部都有专职的客户经理，他们负责与重要客户联系，跟踪重要客户的生产、经营、财务、发展等情况，协调和争取银行的各项资源(产品)，及时了解并受理重要客户的服务需求。

(二) 集中优势资源服务于关键客户

为了进一步提高企业的赢利水平，企业可根据二八法则反向操作，即为20%的客户付出80%的努力。企业要将有限的资源用在前20%的最有价值的客户身上，用在能为企业创造80%利润的关键客户身上，具体操作方法如下。

首先，企业应该准确预测关键客户的需求，主动提供售前、售中、售后的全程、全面、高档次的服务，包括专门定制的、精细化的服务，甚至邀请关键客户参与企业产品或服务的研发、决策，从而更好地满足关键客户的需要。

其次，要集中优势"兵力"，加大对关键客户的服务力度，如在销售旺季到来之前，要协调好生产及运输等部门，保证在旺季对关键客户的供应，避免出现因缺货而导致关键客户的不满。当出现供货紧张的情况时，要优先保证关键客户的需要，使他们坚信本企业是他们最好的供应商或服务商，从而提高关键客户的满意度。

例如，美国电话电报公司(AT&T)采用高新科技手段，将不同层次的客户分配给各个彼此独立的服务中心，分别为他们提供不同的服务并收取不同的费用，但客户对其中的差别一无所知。当客户呼叫服务中心时，系统能迅速甄别出客户类型，根据客户给企业带来的价值不同，迅速把客户呼叫转接到不同的服务中心。此外，AT&T公司对不同类型客户的服务标准(如服务时间)也不一样，对于带来高利润的客户，服务时间没有限制，唯一的目标是满足客户的需要。对于利润低的客户，目标是服务时间尽量缩短，降低成本，公司专门对与该类型客户打交道的服务代表进行培训，从而使这些客户感觉享受到的仍然是高水准的服务。

再次，企业要增加给关键客户的财务收益，为他们提供优惠的价格和折扣，以及为关键客户提供灵活的支付条件和安全便利的支付方式，并且适当放宽付款时间限制，甚至允许关键客户可以延迟一定时间付款，目的是奖励关键客户的忠诚，提高其流失成本。

例如，现在几乎所有航空公司均实行的是多等级舱位的定价方法，并且还制定了不同的退改规则。一般来说，高票价旅客因各种原因弃乘的负效用会更大，所以高票价旅客主动乘机的意愿会更加强烈；而低票价旅客因各种原因弃乘的负效用相对会小一些，所以低票价旅客主动乘机的意愿稍小。为此，航空公司在制定退改规则时，高票价旅客退改规定相对宽松，这是航空公司对其更大负效用的一种补偿和鼓励；而低票价退改规则较为严格，是航空公司对其较小负效用的一种制约，以更多地避免座位虚耗。

当然，也许有些关键客户并不看重优惠，而看重企业带给他们的超值服务，他们更需要的是对其地位和身份的"特别关心"。例如，在机场的贵宾候机室里体验贵宾的感觉，优先免费使用新推出的业务等，都会使关键客户觉得自己与众不同，有一种优越感。为此，企业可实行VIP制，创建VIP客户服务通道，更好地为关键客户服务，让关键客户尽享荣耀，这对巩固企业与关键客户的关系，提高关键客户的忠诚度将起到很好的作用。

(三) 通过沟通和情感交流，使双方的关系更密切

企业应利用一切机会加强与关键客户的沟通和交流，让关键客户感觉到双方之间不仅仅是一种买卖关系，还是合作关系、双赢关系。

1. 有计划地拜访关键客户

一般来说，有着良好业绩的企业营销主管每年大约有 1/3 的时间是在拜访客户中度过的，其中关键客户正是他们拜访的主要对象。对关键客户的定期拜访，有利于熟悉关键客户的经营动态，并且能够及时发现问题和有效解决问题，有利于与关键客户搞好关系。在与客户的沟通中，要根据客户给企业带来价值的不同进行"分级沟通"，即针对客户的不同级别实施不同级别的沟通——对重要客户，每个月打一次电话，每季度拜访一次；对次要客户，每季度打一次电话，每半年拜访一次；对普通客户，每半年打一次电话，每年拜访一次；对小客户，每年打一次电话或者根本不必打电话和拜访。

2. 经常性地征求关键客户的意见

企业高层经常性地征求关键客户的意见将有助于增加关键客户的信任度。例如，每年组织一次企业高层与关键客户之间的座谈会，听取关键客户对企业的产品、服务、营销、产品开发等方面的意见和建议，以及对企业下一步的发展计划进行研讨等，这些都有益于企业与关键客户建立长期、稳定的战略合作伙伴关系。为了随时了解关键客户的意见和问题，企业应适当增加与其沟通的次数和时间，并且提高沟通的有效性。

3. 及时有效地处理关键客户的投诉或抱怨

客户的问题体现了客户的需求，无论是投诉或者抱怨，都是寻求答案的标志。处理投诉或抱怨是企业向关键客户提供售后服务必不可少的环节之一，企业要积极建立有效的机制，优先、认真、迅速、有效及专业地处理关键客户的投诉或抱怨。

4. 充分利用多种手段与关键客户沟通

企业要充分利用包括移动互联网在内的各种手段与关键客户建立快速、双向的沟通渠道，不断地、主动地与关键客户进行有效沟通，真正了解他们的需求，甚至了解他们的客户的需求或能影响他们购买决策的群体的偏好，只有这样才能够与关键客户建立更加密切的联系，促使关键客户成为企业的忠诚客户。企业还应利用一切机会，例如，关键客户开业周年庆典，或者关键客户获得特别荣誉之时，或者关键客户有重大商业举措时，表示祝贺与支持，这些都能加深企业与关键客户之间的感情。

📋 案例：招商银行走到高端客户背后

颐和园文昌院里，几株金色的桂花树幽雅开放，百年皇家之地此时熙熙攘攘，招商银行北京分行在这里为它们的高端客户——"金葵花"客户举办招待活动。看上去，这似乎是一个很老套的营销活动：很多单位此时都在举办类似的活动，招商银行年年也为"金葵花"客户举办这种活动。

不过，这次有点不同，与这些高端客户同时到来的还有他们的家庭成员，招商银行专门为他们组织了这次活动，还准备了礼品，比如为女士准备了化妆礼品、为孩子们准备了毛绒玩具。招商银行北京分行行长助理刘加隆表示："这次活动折射出的是招商银行高端客户整体营销思路的改变，我们把营销的重点之一转向了客户的家庭，对中资银行来说，这还是第一次；更重要的是，我们不再把营销的重点放在丰富产品的低级层次上，开始导入全新的价值理念，让高端客户去认同我们的价值观。"

原来，招商银行经过调查发现金葵花客户虽然各有特点，但却有几个共性，他们的年龄处在30～45岁之间，这个年龄段的人一般都上有老下有小，所以普遍对家庭和子女教育有着强烈的关心。第二个特点是对健康的重视，这种重视甚至超越了财富和工作。同时，这些人对理财非常重视，对金融产品的价格并不敏感。

招商银行针对客户对家庭和子女教育重视的特点，形成了一套全新的高端客户营销方案。"在这个方案中，我们设计了专门针对家庭的活动，而且选择了中秋节这个对中国家庭有着特殊意义的节日。这次活动取得了非常好的效果，标志就是客户的感动。"很多客户打电话给招商银行的客户经理表达了自己的感动，因为这些人虽然家庭观念较强，但由于工作很忙，与家人聚少离多。家人的欢笑使客户对招商银行的产品和服务很满意，同时也能极大地稳定客户，毕竟亲情的力量是最强大的。

应当注意的是，企业与客户之间的关系是动态的，企业识别关键客户也应该是一个动态的过程。一方面，现有的关键客户可能因为自身的原因或企业的原因而流失；另一方面，又会有新的关键客户与企业建立合作关系。因此，企业应对关键客户的动向做出及时反应，既要避免现有关键客户的流失，又要及时对新出现的关键客户采取积极的行动。

二、普通客户的管理

(一) 培养有升级潜力的普通客户

对于有潜力升级为关键客户的普通客户，企业可以通过引导、创造、增加普通客户的需求，鼓励普通客户购买更高价值的产品或者服务，如饭店鼓励客户吃更贵的菜等，来提升普通客户创造的价值，提高他们的贡献度。

为此，企业要设计鼓励普通客户增加消费的项目，如常客奖励计划，对一次性或累计购买达到一定标准的客户给予相应级别的奖励，或者让其参加相应级别的抽奖活动等，以鼓励普通客户购买更多的产品或服务。

企业还可根据普通客户的需要扩充相关的产品线，或者为普通客户提供"一条龙"服务，以充分满足他们的潜在需求，这样就可以增加普通客户的购买量，提升他们的层级，使企业进一步获利。

> **案例：Home Depot 通过"一条龙"服务提升了客户的层级**
>
> 美国家居装修用品巨头 Home Depot 锁定两大潜力客户群——想要大举翻修住家的传统客户和住宅小区与连锁旅馆的专业维护人员。为此，公司刻意在卖场内增加"设计博览区"，展示了运用各种五金、建材与电器组成的新颖厨房、浴室，系列产品装修的高档样品房。
>
> 这些设计中心为客户提供可能需要的一切产品和服务，包括装修设计服务和装修用品。此外，还提供技术指导、员工培训、管理咨询等附加服务。
>
> 由于 Home Depot 为客户提供了"一条龙"服务，增加了客户对企业的需要，也因此增强了客户与企业的关系，伴随着客户级别的提升，企业的利润也提升了。

此外，为了使普通客户能够顺利地升级为关键客户，企业还有必要采取一定手段帮助普通客户提升实力，进而增加对企业的需求和贡献。例如，企业可以成为普通客户的经营管理顾问，帮助他们评估机会、威胁、优势与劣势，制订现在与未来的市场发展规划，包括经营定位、网点布局、价格策略、促销策略等，同时，通过咨询、培训、指导，以传、帮、带等方式帮助普通客户提高经营管理水平。

总之，对于有升级潜力的普通客户，企业要制订周密、可行的升级计划，通过自己的一系列努力，使普通客户为企业创造更多的价值。

（二）降低没有升级潜力的普通客户的服务成本

针对没有升级潜力的普通客户，企业可以采取"维持"战略，在人力、财力、物力等方面不再增加投入，甚至减少促销努力，以及要求普通客户以现款支付甚至提前预付。另外，还可以缩减对普通客户的服务时间、服务项目、服务内容，甚至不提供任何附加服务，以降低服务成本。

例如，航空公司用豪华轿车接送能带来高额利润的关键客户，而普通客户则没有此等待遇。

> **知识扩展：客户价值矩阵**
>
> 通过消费频率与平均消费金额，能够构造出客户价值矩阵，如图6-3所示。
>
>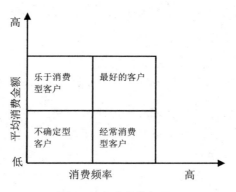
>
> 图6-3 客户价值矩阵
>
> 对于"最好的客户"，企业要全力保留他们，因为他们是企业利润的基础。
>
> 对于"乐于消费型客户"和"经常消费型客户"，他们是企业发展壮大的保证，企业应该想办法提高"乐于消费型客户"的购买频率，通过交叉购买和增量购买来提高"经常消费型客户"的平均消费金额。
>
> 对于"不确定型客户"，企业需要找出有价值的客户，并促使其向另外三类客户转化。

三、小客户的管理

2004年10月，美国《连线》杂志主编克里斯·安德森(Chris Anderson)在一篇文章中首次提出"长尾"这个概念，后来进一步延伸出长尾理论——只要存储和流通的空间足够大，需求量小的、非主流的产品所共同占据的市场份额可以和那些需求量大的主流产品占据的市场份额相匹敌甚至更大，即如果能够把大量市

第六章　客户的分级

场价值相对较小的部分都汇聚起来将可能创造更大的经济价值。例如，谷歌是一家典型的"长尾"公司，其成长历程就是把广告商和出版商的"长尾"商业化的过程。谷歌通过为数以百万计的中小型网站和个人提供个性化定制的广告服务，将这些群体汇集起来，创造了非常可观的利润。

"二八定律"强调"抓大放小"，重视作为单个个体的大客户的价值；而"长尾理论"告诉我们，不要忽视众多小客户的集体力量和贡献，企业应该重视管理小客户，从而为企业带来更大的利润。

(一) 培养有升级潜力的小客户

企业应该给予有升级潜力的小客户更多的关心和照顾，帮助其成长，挖掘其升级的潜力，从而将其培养成为普通客户甚至关键客户，那么伴随着小客户的成长，企业的利润就可以不断得到提升。

例如，目前还是小客户的大学生，未来可能在就业后会成为"好客户"，招商银行就看到了这一点。招商银行的信用卡业务部一直把在校大学生作为业务推广的重点对象之一，尽管他们当前的消费能力有限，信贷消费的愿望不强烈，赢利的空间非常小，但招商银行还是频繁进驻大学校园进行大规模的宣传促销活动，运用各种优惠手段刺激大学生开卡，并承诺每年只要进行六次刷卡消费，无论金额大小，都可以免除信用卡的年费，甚至还推出了各种时尚、炫彩版本的信用卡，赢得广大年轻客户群体的青睐。通过前期的开发和提升，当大学生毕业以后紧随而来的购房、购车、结婚、生子、教育等大项消费需要分期付款和超前消费时，招商银行巨大的利润空间便开始显现。

(二) 提高没有升级潜力的小客户的服务价格

对于没有升级潜力的小客户，有的企业拒绝为之提供服务，不与他们联系和交易，这种做法过于极端，不可取。因为如果企业直接、生硬地把小客户"扫地出门"或"拒之门外"，可能会引发小客户向其他客户或者亲戚朋友表达他们的不满，从而给企业形象造成不良的影响。被"裁减"的小客户还可能投诉企业，而且媒体、行业协会等社会力量也有介入的可能性，弄不好企业就会背上"歧视弱者"的骂名。

此外，小客户帮助企业创造和形成了规模优势，在降低企业成本方面功不可没。聚沙可以成塔，保持一定数量的小客户是企业实现规模经济的重要保证，是企业保住市场份额、保持成本优势、遏制竞争对手的重要手段。如果企业放弃这些低价值的小客户，任其流失到竞争对手那边，就可能失去成本优势。

总而言之，针对没有升级潜力的小客户，企业也不能简单地把他们淘汰，但可以通过提高服务价格、降低服务成本的办法来提升小客户的价值。具体可通过下面几种方式实现。

首先，提高对小客户的服务价格，或对以前免费服务的项目收取一定的费用，或向小客户推销高利润的产品。这样可以增加企业的收入，从而将小客户变成使企业"有利可图"的客户。例如，香港汇丰银行对一般账户平均存款不足5000港元的储户每月收取40港元的服务费，这样储户要么增加存款达到5000港元，要么自行退出。

其次，适当限制为小客户提供服务的内容和范围，压缩、减少为小客户服务的时间。比如从原来的天天服务改为每周提供一天服务，从而降低成本、节约企业的资源。

最后，运用更经济、更省钱的方式提供服务。比如从原来的人工服务改为自助服务，或者从原来的线下销售转为线上销售，这样不仅保证了销售收入，也减少了成本，提高了利润水平。例如，银行通过减少分支机构的数量，以及用ATM机代替柜员，从而降低服务成本。

美国前进保险公司是一家专营摩托车保险等高风险业务的公司。该公司发现并非所有的摩托车驾驶员风险都高。一般来说，年轻车手比年龄大的车手风险高，为此，该公司对年轻车手的定价便较高，对年龄大的车手定价较低。该公司还发现，许多喜欢飙车的车手往往光顾街头路边的保险代理处，为了避开这类客户，公司鼓励自己的代理人把办事处设在僻静的写字楼里，远离交通干道。同时，公司通过直邮广告，主动争取那些年龄较大的摩托车手的业务。

延伸阅读

管理你的低价值客户

在如何区别对待不同价值客户的问题上，很多公司现在开始冷淡低价值客户。当航班发生延误时，美国大陆航空公司只会向高价值客户发送邮件表示歉意，并为他们提供常客里程累计作为赔偿。在拉斯维加斯著名的哈拉斯赌场酒店，房间费用根据客户的价值从免费到199美元/晚不等。

但是，沃顿商学院教授的最新研究警示说，淘汰低价值客户实际上可能会损害公司利润。在某种程度上，如果企业因为淘汰低价值客户而让自己的客户基础暴露，就可能受到竞争对手的沉重打击，甚至让这些人变成对手的客户。

美国的ING Direct银行就是依靠为传统银行眼中的"低价值客户"提供服务而迅速崛起的。这些人没有太多的钱，也不需要太多服务，却被迫在大银行中浪费排队时间，所以当ING Direct开始为他们量身打造服务时，这些占美国社会绝大多数的人群立即倒戈相向。

第六章　客户的分级

无疑，当一个公司淘汰低价值客户的时候，也很有可能在同时为自己培养了强大的竞争对手。所以说，比淘汰低价值客户更好的方法，就是在改善高端客户质量的同时，找到其他成本消耗更低的方法来管理低价值客户，这样才能避免竞争对手挖你的墙脚。要知道，金字塔底部的业务和客户虽然不是公司的主要利润来源，但却是一道屏蔽竞争对手的有效防火墙。

当小客户察觉到自己所受的待遇不如较高层的客户时有可能会被激怒，为了避免出现这种不愉快的局面，企业可把为不同级别客户提供的服务从时间上或空间上分割开来。例如，在飞机和客轮上，不同层次的客户因票价不同而分别处于不同等级的舱位，分别接受不同等级的服务，彼此互不干扰。企业分别提高他们的感知，这样就能够使头等舱客户、商务舱客户和经济舱客户各得其所。

四、坚决淘汰劣质客户

实践证明，并非目前所有的客户关系都值得保留——劣质客户吞噬、蚕食着企业的利润，与其让他们消耗企业的利润，还不如及早终止与他们的关系，压缩、减少直至终止与其的业务往来，以减少利润损失，使企业的资源能够投入到其他客户群体中。例如，银行对信用状况差、没有发展前途的劣质客户采取停贷、清算等措施淘汰劣质客户。

适时终止与没有价值、负价值或者前景不好的客户的关系，企业才能节省有限的资源去寻找和服务于能够更好地与企业的利润、成长和定位目标相匹配的新客户和老客户。

总之，企业针对不同级别的客户采取分级管理和差异化的激励措施，可以使关键客户享受企业提供的特殊待遇，并激励他们努力保持这种尊贵的地位；同时，刺激有潜力的普通客户向关键客户看齐，鞭策有潜力的小客户向普通客户甚至关键客户看齐，坚决淘汰劣质客户……这样就可以让不同级别的客户分别为企业创造更多的价值，即对客户进行分级管理的理想境界。

课后练习

一、不定项选择题

1. 在客户关系管理中，对于客户价值的分析与评价，常用所谓的"二八原理"，这个原理指的是（　　）。

A. VIP客户与普通客户通常呈20：80的比例分布

B. 企业的利润的80%或更高是来自于20%的客户，80%的客户给企业带来的收益不到20%

C. 企业的内部客户与外部客户的分布比例为20：80

D. 企业的利润中80%是来自80%的客户，20%的客户给企业带来20%的收益

2. (　　)可划分为重要客户、次要客户。

　　A. 关键客户　　　B. 普通客户　　　C. 小客户　　　D. 核心客户

3. (　　)包含的客户数量较大，但他们的购买力、忠诚度、能够带来的价值却远比不上关键客户。

　　A. 重要客户　　　B. 次要客户　　　C. 普通客户　　　D. 小客户

4. (　　)购买量不多，忠诚度也很低，偶尔购买，经常提出苛刻的服务要求，消耗企业的资源。

　　A. 重要客户　　　B. 次要客户　　　C. 普通客户　　　D. 小客户

5. (　　)是所创造的利润占整个企业总利润很大比例(约80%)的客户，是企业利润的基石，是企业可持续发展的最重要的保障之一。

　　A. 关键客户　　　B. 普通客户　　　C. 小客户　　　D. 核心客户

二、判断题

1. 企业应该对所有客户一视同仁。　　　　　　　　　　　　　　　　　　(　　)

2. 企业拥有普通客户的多少，决定了其在市场上的竞争地位。　　　　　　(　　)

3. 企业应为重要客户提供最优质的服务，配置最强大的资源，并加强与这类客户的关系。　　　　　　　　　　　　　　　　　　　　　　　　　　(　　)

4. 对于有升级潜力的普通客户，企业要制订周密、可行的升级计划，努力使普通客户为企业创造更多的价值。　　　　　　　　　　　　　　　　　　(　　)

5. 企业应该给予有升级潜力的小客户更多的关心和照顾，帮助其成长，挖掘其升级的潜力。　　　　　　　　　　　　　　　　　　　　　　　　　(　　)

三、名词解释

客户分级　　客户分级管理　　关键客户　　普通客户　　小客户

四、思考题

1. 为什么要对客户进行分级？

2. 如何对客户分级？

3. 如何管理各级客户？

4. 什么是客户分级管理的理想境界？

五、案例分析题

兴业银行家庭理财卡的客户分级

兴业银行于2005年推出的"自然人生"家庭理财卡，是国内首套家庭系列理财卡，它利用电子货币综合理财工具和综合性个人金融服务平台，实现了存取款、转账结算、自助融资、代理服务、交易消费、综合理财于一体的多账户、多功能的集中管理服务。

(一) 兴业银行家庭理财卡的分级

兴业银行将"自然人生"家庭理财卡分为黑金卡、白金卡、金卡和银卡四个层次。

1. 黑金卡的申请条件

个人卡，只要在兴业银行所有个人账户中的存款折合人民币总额达到100万元，即可凭借本人有效身份证件向兴业银行任何一个营业网点提出开卡申请，也可申请同卡号换卡，直接成为黑金卡用户。

家庭卡，只要家庭成员日均综合金融资产平均达到80万元，即可凭借有效家庭证件和本人身份证件，向兴业银行任何一个营业网点为每个登记的家庭成员申请开立一张黑金卡。

2. 白金卡的申请条件

个人卡，只要在兴业银行所有个人账户中日均综合金融资产总金额折合人民币达到30万元，即可凭借本人有效身份证件向兴业银行任何一个营业网点提出开卡申请，也可申请同卡号换卡，直接成为白金卡用户。

家庭卡，只要家庭成员日均综合金融资产平均达到25万元，即可凭借有效家庭证件和本人身份证件，向兴业银行任何一个营业网点为每个登记的家庭成员申请开立一张白金卡。

3. 金卡的申请条件

个人卡，只要在兴业银行的所有个人账户中日均综合金融资产折合人民币总额达到10万元，即可凭借本人有效身份证件向兴业银行任何一个营业网点提出开卡申请，也可申请同卡号换卡，直接成为金卡用户。

家庭卡，只要家庭成员日均综合金融资产平均达到8万元，即可凭借有效家庭证件和本人身份证件向兴业银行任何一个营业网点为每个登记的家庭成员申请开立一张金卡。

4. 银卡的申请条件

只需凭借本人有效身份证件即可向兴业银行任何一个营业网点提出开卡申请。

(二) 兴业银行家庭理财卡的分级管理

1. 黑金卡尊贵礼遇

(1) 家庭理财顾问，专业专属服务。特别配备"一对一"的专属理财顾问，针对个人情况与独特需求提供贴身的理财分析与投资建议，悉心打理财富人生。

(2) 时尚高尔夫行，品味时尚生活。提供订场专线、免费畅打等多项高增值服务，蓝天绿地、挥洒自信，体验时尚运动、品味悠闲生活。

(3) 机场贵宾服务，彰显尊贵身份。可在北京、上海、广州、深圳、福州等全国主要机场享受易登机特别服务，尽显尊贵身份。

(4) 全国道路救援、全球旅行医疗紧急支援。全球旅行医疗紧急支援以及五星级全国道路救援(每年一次免费拖车)服务，提供出行贴心保障，令差旅全程无忧。

(5) 免费精灵信使，丰富资讯支持。免费提供"精灵信使"短信通知服务，资金变动尽在掌握；还可及时传递最新的证券、外汇、期货等方面的金融信息与市场资讯。

(6) 绿色通道服务，业务全面优惠。兴业银行在营业网点专设了贵宾窗口和贵宾理财区域，到银行办理业务可以享受全面优先和优惠待遇。

(7) 贴心人文关怀，顶级客户联谊会。每逢重大节假日或特殊纪念日，兴业银行将送上诚挚祝福。每年兴业银行均会选择一些顶级客户开展家庭联谊活动。

(8) 附赠商旅保险，保您全程无忧。兴业银行赠送保额高达110万元的商旅保险，保障出行安全无忧。

(9) 应急支付支持，为您雪中送炭。在国内异地发生理财卡丢失、被盗等意外情况时，只需凭本人有效身份证件即可享受兴业银行特别提供的应急支付服务，以解燃眉之急。

2. 白金卡尊贵礼遇

(1) 专属客户经理，专业优质服务。特别配备专属客户经理，实施优先、优质、专业的"一对一"投资理财服务。

(2) 时尚高尔夫行，品味时尚生活。提供订场专线、免费畅打等多项高增值服务，体验时尚运动、品味悠闲生活。

(3) 机场贵宾服务，彰显尊贵身份。可在北京、上海、广州、深圳、福州等全国主要机场享受易登机特别服务，尽显尊贵身份。

(4) 全球旅行医疗紧急支援。全球旅行医疗紧急支援服务，提供出行贴心保障，令差旅全程无忧。

(5) 免费精灵信使，丰富资讯支持。免费提供"精灵信使"短信通知功能，资金变动尽在掌握；还可及时传递最新的证券、外汇、期货等方面的金融信息与市场资讯。

(6) 绿色通道服务，业务全面优惠。兴业银行在营业网点专设了贵宾窗口和贵宾理财区域，到银行办理业务可以享受全面优先和优惠待遇。

(7) 贴心人文关怀。逢重大节假日或特殊纪念日，奉送诚挚祝福，温馨服务，真情速递。

(8) 附赠商旅保险，保您全程无忧。兴业银行赠送保额高达 50 万元的商旅保险，保障出行安全无忧。

3. 金卡礼遇

(1) 专属客户经理，提供优质服务。配备专属客户经理，给您优先、优质的"一对一"投资理财服务。

(2) 免费精灵信使，账户变动通知。免费提供"精灵信使"短信通知服务，一旦账户资金发生任何变动，系统将实时为您发送资金变动信息，让您随时随地掌握资金变动情况。

(3) 业务优先办理，享受优惠服务。兴业银行提供转账汇款、异地通存通兑等规定项目的手续费折扣或免费的贵宾礼遇。

(4) 贴心人文关怀，真情温馨速递。逢重大节假日或特殊纪念日，兴业银行将通过电话、短信或寄送贺卡等方式，传达温馨问候和诚挚祝福。

(5) 各项贴心提醒服务。兴业银行将友情提醒您的贷款还款期、信用卡还款日、预约理财产品、汇款到账等重要业务的办理时限。

4. 银卡礼遇

兴业银行对这部分客户只提供最基本的服务，但也要保证令绝大多数客户满意，以避免小客户过多流失。

思考：

1. 兴业银行是如何对家庭理财卡的客户进行分级的？
2. 兴业银行的客户分级方式能够起到什么效果？

第七章　客户的沟通

引例：联想公司运用微信公众平台与客户沟通

　　联想公司推出的官方微信客服平台，沟通模式有文字、语音和视频，用户可以自由选择与售后工作人员的沟通方式。

　　这个系统比之前的呼叫中心系统具有更多的优势。比如，用户之前通过电话咨询所描述不清的一些问题，现在可以方便地拍一张照片，或者录一段视频直接发送给工作人员，提高了解决问题的效率。以前用户拨打电话与客服沟通时，经常会碰到座席忙的现象，现在通过微信给客服留言便可等待客服回复，一些常见基础的问题通过智能客服便能快速解决。

　　之前企业为客户提供送修或上门服务时，很多客户可能无法通过语言说清楚自己的位置。现在用户可以直接向联想微信客服中心发送自己当前的位置。售后工作人员会直接将离用户最近的服务网点的位置信息发给用户，或者直接按照用户发送的位置上门服务，避免走冤枉路。这样既节省了双方的时间，又提高了沟通的效率。

　　另外，过去用户与客服工作人员的沟通，通常较急躁，而微信所提供的一些搞笑、赞扬、求助等的表情图片，可以潜移默化地营造轻松友好的氛围。

引例启示

　　联想客服中心利用微信公众平台的功能，将手机变成了与客户沟通的主要载体，摆脱了空间的束缚，使复杂的沟通变得简单到只需要动动手指就能完成。这一切都是充分利用了移动互联网的优势，才为用户带来了便捷、高效的沟通服务。

第七章 客户的沟通

客户沟通，是企业通过与客户建立信息交流与互换的桥梁或纽带，加深与客户的感情，从而赢得客户满意与客户忠诚所采取的行动。有效的客户沟通，有助于拉近企业与客户的距离，有利于巩固、提升和发展与客户的关系。

第一节 客户沟通概述

一、客户沟通的作用

企业通过与客户沟通，可把自己的产品或服务信息传递给客户，把企业的宗旨、理念介绍给客户，把有关的政策传达给客户，使客户知晓企业的经营意图，还可以主动向客户征求意见或建议，加强双方的合作。

(一) 客户沟通是实现客户满意的基础

根据美国营销协会的研究，不满意的客户有三分之一是因为产品或服务本身有毛病，其余三分之二的问题都出在企业与客户的沟通不良上。可见，客户沟通是使客户满意的一个重要环节，企业只有加强与客户的联系和沟通，才能了解客户的实际需求，才能理解他们的预期。特别是当企业出现失误时，有效的沟通有助于更多地获得客户的谅解，减少或消除客户的不满。此外，企业与客户进行售后沟通，还能够减少退货的发生。

例如，通用汽车公司的做法是向新车主发祝贺信，信中祝贺他选中了一辆好汽车，并且说明通用公司可以提供的售后服务。与此同时，通过广告来宣传其他购买者对产品满意的信息。

(二) 客户沟通是实现客户忠诚的基础

企业经常与客户进行沟通，向客户灌输双方长远合作的意义，描绘合作的远景，才能在沟通中加深与客户的感情，稳定客户关系。如果企业与客户缺少沟通，那么好不容易建立起来的客户关系，可能会因为一些不必要的误会没有得到及时消除而土崩瓦解。因此，企业要及时、主动地与客户保持沟通，并且要建立顺畅的沟通渠道，这样才可能实现客户忠诚，才可能赢得一大批稳定的老客户。

> **案例：沟通使经销商抵御了竞争者的诱惑**
>
> 某企业近期发现自己的经销商在面对竞争者的诱惑时有些蠢蠢欲动了，为了使经销商不叛离，企业是这样说服它们抵御诱惑的……
>
> "对差异化程度不大、成本相差不大的产品来说，他们许诺的高利润和高返利从哪里来呢？没有人会做亏本买卖！'羊毛出在羊身上'，他们一定在产品质量上打了折扣，或者在其他我们还不知道的方面做了手脚，那么，你们如果经销这样的产品就会有很大的风险，弄不好还可能要坐牢！
>
> 我们的产品虽说价格高点，但产品质量可以保证，而且我们生产的这种产品有一定的科技含量，市场潜力巨大，我们还有很好的信誉，返利可以顺利到达你们手中，经销我们的产品保证你们能得到稳定的收益。"
>
> 就这样，通过及时的沟通，经销商没有被竞争者诱惑，依旧为企业服务。

一、客户沟通的内容

沟通的内容主要包括信息沟通、情感沟通、理念沟通、意见沟通，有时还要有政策沟通。

信息沟通，就是企业把产品或服务的信息传递给客户，也包括客户将其需求或者要求的信息反映给企业。

情感沟通，主要是指企业主动采取相关措施，加强与客户的情感交流，加深客户对企业的感情依恋所采取的行动。

理念沟通，主要是指企业把其宗旨、理念介绍给客户，并使客户认同和接受所采取的行动。

意见沟通，主要是指企业主动向客户征求意见，或者客户主动将对企业的意见(包括投诉)反映给企业的行动。

政策沟通，主要是指企业把有关的政策、规定、制度等向客户传达、宣传所采取的行动。

三、客户沟通的策略

(一) 向客户表明诚意

由于沟通的成功有赖于双方的共同努力,因此企业与客户沟通时,首先要向客户表明自己是很有诚意的,可安排企业高层进行拜访,通过真诚的交流和情感沟通,增进彼此的理解。如果企业没有诚意,就不要指望得到客户的响应,也不要指望与客户的沟通能够获得成功。

(二) 站在客户的立场与客户沟通

一方面,客户通常关心的是自己切身利益的事;另一方面,客户购买的不仅仅是产品或者服务,还包括企业对客户的关心及客户对企业的信任。因此,企业只有站在客户的立场上,充分考虑客户的利益,把客户放在一个合作伙伴的角色上,才能获得沟通的成功。

(三) 建立有利于客户与企业沟通的制度

企业要积极建立客户沟通制度、建议制度、投诉制度,使客户清楚客服中心和投诉管理部门的联系方式与工作程序。

四、客户沟通的形式

企业与客户之间的沟通应当是双向的,既要让客户了解企业,也要使企业了解客户,这样,企业与客户之间才能增进彼此的了解和交流,才能够消除隔阂、化解误会、取得双赢。所以,企业与客户之间的沟通形式应当包括两个方面。

一方面,企业与客户的沟通是指企业积极保持与客户的联系,通过人员沟通和非人员沟通的形式,把产品或服务信息及时传递给客户。

另一方面,客户与企业的沟通是指企业要为客户提供各种畅通的渠道,使客户可以随时随地与企业沟通,如反馈意见、建议或投诉。

延伸阅读

把客户当熟人

有人认为一些企业鼓吹把客户当亲人、当朋友,这是明显套近乎的表现,反而会引起客户的反感,因为企业与客户之间注定要有利益交换,无法如亲朋一般无私地交流。因此,企业正确的做法应当是把客户当熟人,熟人关系不亏——不

亲也不疏，既能维持情感关系又能维护利益，做到利与义的完美结合；

熟人关系舒服——相互依赖但不相互依存，企业在主动与被动之间找到平衡；

熟人关系不累——相互尊敬但不恭维，相互欣赏但不追捧。

第二节　客户沟通的途径

一、通过人员与客户沟通

企业人员可以向客户介绍企业及其产品或者服务的信息，及时答复和解决客户提出的问题，并对客户进行主动询问和典型调查，了解客户的意见及客户对投诉处理的反馈等。

例如，雅芳通过专业的美容代表与客户进行面对面的沟通，她们不仅把雅芳的产品和服务信息、促销活动等传递给客户，更向客户传授各种美容心得，并教给客户一些美容方面的技巧。通过业务人员扎实的专业美容知识和亲切耐心的讲解，不仅让客户更直接地了解雅芳，也让客户懂得更多美容方面的知识，从而更加信赖雅芳。

> **案例：拜访客户，百事施展"天龙八步"**
>
> 百事可乐要求所有的销售代表必须按照公司制定的"计划拜访八步骤"拜访小店客户。"拜访八步骤"是百事可乐服务客户、制胜终端的武器。
>
> **第一步：准备工作**
>
> 每天销售代表在拜访客户前都要做好相应的准备工作。一是检查个人的仪表。销售代表是公司的"形象大使"，百事公司要求销售代表要服装整洁、仪容仪表得体、夏天不准穿凉鞋和拖鞋，同时还要保持自身交通工具(百事公司配发的摩托车、自行车等)的清洁等。二是检查客户资料。百事公司采用的是线路"预售制"销售模式，销售代表每天都要按照固定的线路走访客户。在拜访客户之前需要携带当天线路的客户卡、线路拜访表、装送单(订单)、业绩报告等。三是准备产品生动化材料，主要包括商标(品牌贴纸)、海报、价格牌、促销牌、冷饮设备贴纸，以及餐牌POP广告。销售代表在小店内充分利用这些

第七章 客户的沟通

材料可以准确地向消费者传递产品信息，有效地刺激消费者的购买欲望。四是准备清洁用品。销售代表带上干净的抹布，帮助小店清洁陈列的百事产品。

第二步：检查户外广告

销售代表应及时更换外观污损的海报，并选择最佳的张贴位置，达到最佳的宣传效果。

第三步：和客户打招呼

百事公司要求销售代表进入小店时面带微笑地称呼店主的名字，以展现自身的亲和力，树立公司的良好形象。与此同时，对店内的其他人员也要以礼相待。和客户寒暄时，销售代表不要直接谈及订货的事情，而是通过友好的交谈了解其生意状况，甚至要帮助客户出出点子，想办法提高他的经营业绩，以及百事产品在其店内的销量。让客户感觉到你是在真切地关心他，而不仅仅是出于生意的关系才来拜访。这样有助于销售代表和客户之间形成良性的互动，为建立坚实的客户关系奠定良好的基础。

第四步：做终端及冷饮设备生动化

产品生动化是百事销售代表拜访客户的重点环节，并且是提升零售点销量的最有效途径之一。百事公司要求销售代表根据小店的实际状况，按照百事模式的生动化标准来执行小店的产品陈列，如小店内摆放百事公司的冷水柜、现调机等冷饮设备，则要按冷饮设备的陈列标准，进行生动化操作；该设备内缺货，则立即补充。

第五步：检查库存

做完产品生动化之后，销售代表要按品牌/包装的顺序清点库存，主要清点两个地点的存货，即前线存货和库房存货。前线存货主要是指小店的货架、柜台上所摆放的没有售卖完的产品，库房存货则是指存放在小店仓库中用于补货的产品，两个地点的存货数量加在一起，就是小店的实际库存。

第六步：提出订货建议

清点库存之后，销售代表必须按照"1.5倍的安全库存原则"向客户提出订货建议。根据该原则订货，可以使客户在正常的经营状况下不至于发生缺货或断货的现象，避免造成生意上的损失，还可以帮助客户有效地利用空间和资金，不发生货物积压、资金无效占用的现象。向客户提出建议订货量之后，客户大多会提出异议，销售代表要善于处理客户的异议，说服客户接受自己提出的建议订货量。同时，销售代表要主动推荐新产品，并努力做到百事产品的全系列铺货。如果公司有小店促销计划时，销售代表要积极地介绍促销内容，并向客户提出操作建议，从而成为客户的专业营销顾问。

第七步：订货

拜访结束后，销售人员要再次确认客户的订货量，并按照客户的实际订货量填写客户卡和订单。销售代表要养成良好的填写习惯，以便详细了解客户的需求，更好地为客户提供服务。

第八步：向客户致谢并告知下次拜访时间

"定时、定线、定人、定车"是百事公司对销售代表的要求。"定时"是指拜访每一位客户的时间要固定。"定线"是指每天的销售线路是固定的。"定人"就是一个销售区域设一个主任，每条销售线路设一个销售代表和一个驾驶员。"定车"是指每条销售线路固定一辆送货车，自己线路的订货由自己的车送货。每一个小店客户都在销售代表的计划拜访路线之上，销售代表在拜访客户结束后都要表示谢意，并要明确告知其下次拜访时间，这样可以加深客户对销售代表在固定时间来拜访自己的记忆，从而有助于客户形成在固定时间接待销售代表的习惯，以提高客户的满意度。

二、通过活动与客户沟通

通过举办活动可以让目标客户放松心情，从而增强沟通的效果。

如通过座谈会的形式，定期把客户请来进行直接的面对面的沟通，让每个客户畅所欲言，或者发放意见征询表，向他们征求对企业的投诉和意见。通过这种敞开心扉的交流，可使企业与客户的沟通不存在障碍，同时，这也是为客户提供广交同行朋友的机会——在座谈会上，客户们可以相互学习、相互取经。此外，通过定期或不定期地对客户进行拜访，与客户进行面对面的沟通也可以收集他们的意见，倾听他们的看法、想法，并消除企业与客户的隔阂。

邀请客户联谊也是加深与客户感情的好方式，如一个可携带配偶出席的晚会将增进企业与客户的情谊。联谊活动有多种形式，如宴会、娱乐活动、健身活动、参观考察等。联谊的目的是拉近与客户的距离，与客户建立一种朋友式的关系。例如，花旗银行为了加强与客户的联系，经常为客户举办招待酒会、宴会、邀请

第七章 客户的沟通

少数大客户周末去郊区活动,观看演出、运动会等。花旗银行的客户说,任何一家银行都没有像花旗银行那样对客户的热情。

当然,企业还可以通过促销活动与客户沟通,使潜在客户和目标客户有试用新产品的理由,也使现实客户有再次购买或增加购买的理由,从而有利于提升和发展客户关系。以"雅芳春天之约"大型活动为例,活动发放了雅芳品牌的宣传材料,尤其是品牌精髓中与青年学生生活能产生共鸣的契合点,同时,通过"爱情宣言""告别情感冬天""爱我就给我美丽"等游戏和活动,将每种产品形象化。例如,选择洗发水的人对爱人的感情是山高水长,选择护肤液的人对爱人的感情是温和细腻,选择护手霜的人对爱人的感情是体贴入微,选择唇膏的人对爱人的感情是真挚热烈等,更好地诠释了雅芳产品的特性,给客户更加深刻的感受。

此外,通过开展公益活动也可以达到很好的沟通效果。沃尔玛自进入中国就积极开展社区服务和慈善公益活动,如开展"迎奥运、促和谐、做先锋""关爱农民工子女"等公益活动,沃尔玛对非营利组织和公益事业(如学校、图书馆、经济发展团体、医院、医学研究计划和环保方案等)的捐赠也十分慷慨,从而树立了企业良好的公益形象。

三、通过新渠道与客户沟通

随着技术的进步和沟通实践的发展,新的沟通渠道在不断地出现,特别是互联网的兴起彻底改变着企业与客户沟通、交流的方式,企业可以在强大的数据库系统支持下,通过电子商务的手段,开设自己的呼叫中心和服务网站,为客户提供产品或服务信息,与客户进行实时沟通,从而缩短企业与客户之间的距离。

日本的花王公司运用其电子咨询系统,不仅为客户详细地了解企业及产品提供了便利,也为企业及时了解和掌握客户的意见、建议和要求提供了可能,从而使企业做到按需生产、按需销售,保证产品适销对路。

知识扩展:座席代表服务过程的几个关键点

1. 快速理解客户问题

在呼入型呼叫中心,客户主动拨打电话过来通常都有明确的服务需求,但每个人的教育程度、表达方式、表达习惯和生活环境不一样,导致表达出来的效果不一样,座席代表只有快速理解客户的问题和需求,才能针对性地提出解决方案。座席代表要积累一些客户的问法，掌握客户询问的一般规律，学会在交谈中找准客户的需求。另外，呼叫中心也应该在培训中增加案例教学，把日常收集的应对场景告知座席代表，给他们足够的支撑。

2. 快速找到解决办法

在理解了客户的问题和需求后，座席代表应快速熟练地为客户提供有效的解决方案。为此，座席代表要经常进行业务培训，同时，后台应建立准确清晰的知识库存并及时更新，否则会影响座席代表解决问题的效率。

3. 简单明白告诉客户

座席代表理解了客户的问题并找到解决方法后，要简单明白地告诉客户。座席代表应不断提升自己的沟通能力，不断总结各种问题的解决办法；培训部门应及时为座席代表开展话术培训和案例教学。

另外，现代通信手段的发展，使企业还可以通过微博、微信公众平台等形式与客户沟通，向客户提供产品及服务信息。例如，一些餐厅在菜单上标注官方微信二维码，客户关注之后，可以对菜品进行评价，经营者则可以向客户推送促销信息，为客户提供就餐指导。这样长期的线上与线下交流，可使经营者与客户建立良好的关系。此外，企业还可以在微信公众平台设立投诉、意见箱，并要求相关负责人及时处理，做好事后跟踪。

四、通过广告与客户沟通

广告的形式多样，传播范围广，可对目标客户、潜在客户和现实客户进行解释、说明、说服、提醒等，是企业与客户沟通的一种重要途径。

广告沟通的优点是：迅速及时，能够准确无误地刊登或安排播放的时间，并可全面控制信息内容，能让信息在客户心中留下深刻的印象。

广告沟通的缺点是：单向沟通，公众信任度较低，易引起客户逆反心理。这就要求企业的广告要减少功利的色彩，多做一些公关广告和公益广告，才能够博得客户的好感。

以雅芳唇膏的广告为例，艺人大S代言的雅芳色彩全效唇膏的广告语为："唇膏，怎样才更好？颜色要饱满漂亮。雅芳色彩全效唇膏，四种功效，智慧锁定，四重美丽，创造美唇奇迹"，短短14秒的广告，有效地利用大S"美容大王"的形象，充分诠释了雅芳色彩全效唇膏的特性和功效。同时，广告词的最后一句"雅芳，比女人更了解女人"，再次向客户展示了雅芳的宗旨和理念，赢得了客户的信赖。除了电视广告之外，杂志也是雅芳选择的主要广告媒体之一，如在《瑞丽》

《消费者》等杂志上，雅芳进行了大量的广告宣传，包括产品、理念、促销活动等方面的宣传。同时，雅芳还利用自己创办的电子杂志，为客户更好地了解雅芳提供了一个平台，促进了雅芳与客户更有效的沟通。雅芳还通过网站发布视频、图片等各种广告形式，利用网络信息量大、受众面广的优点增强了沟通的效果。另外，雅芳还通过留言板等形式与客户进行互动，并且及时得到了客户的反馈，与客户进行沟通的效果非常明显。

五、通过宣传活动与客户沟通

企业可以通过公共宣传与客户沟通，这种宣传信息的可信度强，因为它是一个与获利者无关的评论，比较可靠；另外，公共宣传还可使企业欲与客户沟通的信息得到免费曝光的机会，从而提高对客户的影响力。但这种与客户沟通的方式，企业对信息没有控制权，企业希望得到宣传的未必被新闻机构所采用，即使采用，企业也无法控制时间。

企业还可通过内部刊物发布企业的政策与信息，及时将企业经营战略与策略的变化信息传递给客户。这里的信息包括新产品的开发信息、产品价格的变动信息，新制定的对客户的奖励政策、返利的变化，以及促销活动的开展等。

例如，宜家就精心为每件商品制订"导购信息"，有关产品的价格、功能、使用规则、购买程序等几乎所有的信息都一应俱全。对于组装比较复杂的家具，宜家则在卖场里反复放映录像和使用挂图解释如何组装该家具。此外，宜家的《商场指南》里写着："请放心，您有14天的时间可以考虑是否退换。"

六、通过包装与客户沟通

企业给客户的第一印象往往是来自它的产品，而产品给客户的第一印象，不是来自产品的内在质量，而是包装。包装是企业与客户沟通的无声语言，好的包装可以吸引客户的视线，给客户留下良好的印象，引起客户的购买欲望。

包装还可以传达企业对社会、对公众的态度，以及对自然和环境的态度。现在有越来越多的生产厂商采用了无污染的、能够生物分解或循环利用的包装材料，这就向客户传达了自己对环境的爱护，从而给客户留下这家企业爱护环境、富有责任感的印象。

例如，招商银行就非常重视服务环境的"包装"，投入了大量资源进行营业厅环境改造，如提高装修水平，设置服务标识，配备饮料，设置报纸、杂志，安装壁挂电视；让客户休闲地坐在椅子上，享受着书报杂志、牛奶茶水咖啡，看着电视等着办理业务,并由此衍生出微笑站立服务、设置低柜服务,改变了传统银行冷冰冰的面孔和服务模式;当其他银行的客户在柜台前排起长龙等待办理金融业务的时候,招商银行率先推出叫号机,后来又改善排队叫号器设置,在叫号器界面上设立不同业务种类,客户按照银行卡的种类取号,分别在不同的区域排队等候,减少了相互干扰,保证营业厅秩序……从而营造舒适的氛围。

总之,客户沟通的途径多种多样,其目的是通过经常性的沟通,让客户清楚企业的理念与宗旨,让客户知道企业是他们的好朋友,企业很关心他们,为了不断满足他们的需要,企业愿意不断地提升产品或者服务的品质及其他一切方面,这样才能够提升客户关系。

第三节 如何处理客户投诉

一、客户投诉的原因

(一) 产品或服务的质量问题

客户投诉的一个重要原因是企业的产品或服务质量没有达到标准,或者经常出现故障。例如,现在通讯企业给客户提供越来越多的服务,网络覆盖不断扩大,接通率提高,掉线率下降。若某企业提供的通信服务功能不多,或者经常掉线,那么客户的埋怨就会不断增加,从而产生投诉。

(二) 服务态度或服务方式问题

若企业服务人员对客户的态度冷漠、粗鲁,或者表示出不屑,甚至不礼貌,客户就会感觉没有得到尊重。一些企业的服务僵化、被动,没有迅速、准确处理客户的问题,服务人员缺乏耐心,对客户的提问和要求表示烦躁,引起客户的误解,这些都可能导致客户的投诉。

(三) 受骗上当

企业在广告中过分夸大宣传产品的某些性能,引诱客户上当,造成客户预期的落空;或者企业对客户做了某种承诺而没有兑现,使客户的预期没有得到满足都会导致客户投诉。例如,有的商场承诺包退包换,但是一旦客户提出退换要求时,商场总是找理由拒绝。

二、为什么要重视客户的投诉

(一) 投诉的客户很可能是忠实的客户

有期待才会有投诉，客户肯花时间来投诉，说几句怨言，发几句牢骚，表明他们对本企业抱有"恨铁不成钢"的心态。调查表明，一般投诉的客户只占全部客户的5%，95%的不满意客户是不会投诉的，他们只会停止购买，或是转向其他竞争品牌，与企业的竞争对手交易，而且还会散布对企业不利的信息，这些客户根本不给企业解决问题的机会。

由此可见，企业应该感谢这些投诉的客户，因为他们把不满告诉了企业，而不是告诉他们的亲朋好友，表明他们对企业仍然有信心，他们期待企业能够"浪子回头"。因此，可以说那些肯投诉的客户很可能是企业的忠实客户。

(二) 投诉带来宝贵的信息

客户投诉的确是件令企业头痛的事，但是如果换个角度来看，客户是产品或服务最直接的使用者和消费者，所以他们是最权威的评判者，最具发言权。客户抱怨或者投诉是客户对企业的产品或者服务不满的正常反应，是客户对产品或服务的期待及信赖落空而产生的不满及愤怒，它揭示了企业经营管理中存在的缺陷。因此，客户投诉可为企业提供重要线索，使企业能够及时了解和改进产品或服务的不足之处。

客户投诉还蕴藏着巨大的商机，因为它可以帮助企业产生开发新产品、新服务的灵感，许多知名的大企业在开发产品方面都得益于客户的抱怨。例如，美国宝洁公司通过"客户免费服务电话"倾听客户的意见，并且对其进行整理与分析研究，许多改进产品的设想正是来源于客户的投诉和意见。又如，海尔可以洗地瓜的洗衣机正是在客户提出洗衣机无法洗地瓜这一"无理"要求下开发出来的新产品。

松下公司创业初期，创始人松下幸之助偶然听到几个客户抱怨现在的电源都是单孔的，使用起来很不方便。松下幸之助得到启发，马上组织力量进行研发，很快就推出了"三通"插座，可以同时插几个电器，投放市场后取得了巨大成功，也为松下公司的进一步发展积累了丰厚的资金。对此，松下幸之助总结说："客户的批评意见应视为神圣的语言，任何批评意见都应乐于接受。"

> **案例：投诉带来的商机**
>
> 　　某客户向沙发厂投诉，由于沙发的体积相对大，而仓库的门小，搬进、搬出都很不方便，还往往会在沙发上留下划痕。两个月后，沙发厂研制出可以拆卸的沙发，不仅节省库存空间，而且给客户带来了方便——这个创意正是从客户的投诉中得到的。
>
> 　　一次偶然的机会，某商场老板听到两位客户投诉卫生纸太大，细问原因，原来是低档宾馆的住宿客人素质较低，每次放在卫生间里可用几天的卫生纸，往往当天就没了，造成了宾馆成本的上升。商场老板听后受到启发，立即从造纸厂订购了大量小卷卫生纸，并派人到各个低档宾馆推销，结果受到普遍的欢迎。

（三）妥善处理投诉可阻止客户的流失

　　有些企业在处理客户投诉时常常表现出不耐烦、不欢迎，甚至流露出反感的情绪，这是一种危险的做法。因为这样往往会使企业丧失宝贵的客户资源。

　　如果企业对客户的投诉处理不当，那么不仅投诉客户会流失到竞争对手那边，而且他还会将其不满广为传播，从而容易引发其他客户的流失。同时，由于客户的口碑效应，企业在吸引新客户时的难度会加大，而且公司的信誉也会下降，发展受到限制，甚至生存受到威胁。

　　相反，客户投诉的成功处理可以带来回头客业务。因为客户常常依靠企业处理投诉的诚意和成效评判一个企业的优劣，如果投诉的结果令客户满意，他们会对企业留下好印象。

　　美国TRAP公司研究表明，不投诉的客户只有9%会再上门，投诉的客户有15%会再上门，投诉得到解决的客户则有54%会再上门，如果投诉可以迅速解决，则有82%的客户会再上门。可见，有投诉不一定是坏事，关键是看怎样处理。

　　世界上没有任何一个企业敢保证自己的产品永远不会出现失误。从这个角度来讲，客户投诉在所难免。企业要与客户建立长期的相互信任的伙伴关系，就要妥善处理客户的抱怨或投诉，把处理投诉视为一个弥补产品或者服务欠佳造成的损失，以及挽回不满意客户的机会，以此来恢复客户对企业的信赖、避免引起更大的纠纷和恶性事件。此外，企业还可以将处理投诉作为促进自身进步和提升与客户关系的契机。

三、处理客户投诉的四部曲

(一) 让客户发泄

客户是给企业带来利润的人，是企业的衣食父母，企业不应将客户视为争辩或斗智的对象。当企业不顾客户感受，而一味想在口头上占据上风，那就是失去客户的时刻。

因此，当客户来投诉时，企业应该热情地招呼对方，真诚地对待每一位前来投诉的客户，并且体谅对方的语气——客户投诉时态度难免会过于激动。心理专家说，人在愤怒时，最需要的是情绪的宣泄，所以企业要让投诉的客户充分发泄心中的不满乃至愤怒。

客户在发泄情绪时，企业的服务人员要注意聆听和认同两个环节。

聆听，即要做一个好的聆听者，不轻易打断客户说话。聆听时要注意用眼神关注客户，使他感觉到自己、自己的话、自己的意见被重视，从而鼓励他说出心里话。在客户讲述的过程中，服务人员应不时点头，用"是的""我明白""我理解"表示对投诉问题的理解。此外，还可以复述客户说过的话，以澄清一些复杂的细节，更准确地理解客户所说的话。

认同客户所说的话。客户投诉时，最希望自己能得到同情、尊重和理解，因此这时候要积极地回应客户所说的话。表示认同的常用语有："您的心情我可以理解""您说的话有道理""是的，我也这么认为""碰到这种状况我也会像您那样"。我们在与客户沟通的过程中应始终抱着积极、诚恳的态度，这样才会使客户的不满情绪降低很多。

(二) 记录投诉要点、判断投诉是否成立

在接到客户投诉时，服务人员应将投诉要点记录下来。要记录的内容包含：投诉人、投诉对象、投诉内容、何时投诉、客户购买产品的时间、客户的使用方法、投诉要求、客户希望以何种方式解决问题、客户的联系方式等。在记录的同时，要判断投诉是否成立，投诉的理由是否充分，投诉的要求是否合理。

如果投诉成立，企业的确有责任，就应当首先感谢客户，可以说"谢谢您对我说这件事……""非常感谢，您使我有机会为您弥补损失……"要让客户感到他和他的投诉是受欢迎的，他的意见很宝贵。一旦客户受到鼓励，往往还会提出其他的意见和建议，从而给企业带来更多有益的信息。如果投诉不能成立，也要用婉转的方式使客户认清是非曲直，耐心解释，消除误会。

(三) 提出并实施可以令客户接受的方案

处理投诉最重要的一步就是着手为客户解决问题，要站在客户的立场来寻找解决问题的方案并迅速采取行动。

首先，要马上纠正引起客户投诉的错误。反应快表示企业在严肃、认真地处理这件事，客户会感到自己受到了足够的重视。其次，根据实际情况，参照客户的处理要求，提出解决投诉的具体方案，如退货、换货、维修、赔偿等。提出解决方案时，要注意用建议的口吻，然后向客户说明它的好处。如果客户对方案不满意，可以问问他的意见。再次，抓紧实施客户认可的解决方案。

(四) 跟踪服务

对投诉处理后，企业还应进行后续追踪，可以通过电话或微信，甚至登门拜访的方式了解事情的进展是否如客户所愿，调查客户对投诉处理方案实施后的意见，如果客户仍然不满意，就要对处理方案再进行修正，重新提出他们可以接受的方案。

跟踪服务体现了企业对客户的诚意，会给客户留下很深、很好的印象，客户会觉得企业很重视他提出的问题，是真心实意地帮他解决问题。此外，通过跟踪服务、对投诉者进行回访，并告诉他，基于他的意见，企业已经对有关工作进行了整改，以避免类似的投诉再次发生，这样不仅有助于提升企业形象，而且可以把客户与企业的发展密切联系在一起，从而提高客户忠诚度。

延伸阅读

处理客户投诉常见的错误行为

(1) 在事实澄清以前便承担责任，一味道歉或者自我批评。

(2) 与客户争辩、争吵，不承认错误，只强调自己正确的方面，言辞激烈，带有攻击性。

(3) 教育、批评、讽刺、怀疑客户，或者直接否定客户的意见。

(4) 表示或暗示客户不重要，为解决问题设置障碍、责难客户。

(5) 问一些没有意义的问题，以期找到客户的错误，避重就轻，无视客户的关键需求。

(6) 言行不一，缺乏诚意，拖延或隐瞒。

如何应对三种特殊客户的投诉

(1) 感情用事者。碰到这样的客户，务必保持冷静、镇定，让其发泄，仔细聆听，并表示理解，尽力安抚，告诉客户一定会有满意的解决方案，语气谦和但有原则。

(2) 固执己见者。碰到这样的客户，先表示理解客户，然后力劝客户站在互相理解的角度看问题，并耐心劝说和解释所提供的处理方案。

(3) 有备而来者。碰到这样的客户，要谨言慎行，尽量避免使用文字，要明确表示解决问题的诚意。

四、提高处理客户投诉的质量

(一) 建立便捷的投诉途径

根据美国消费者事务办公室的调查，90%~98%的不满意消费者从不抱怨，他们仅仅是转到另外一家，或者是因为怕麻烦，或者是因为商品价值太低而不愿浪费时间和精力，还有的是因为不知道如何投诉。而如果客户不将心中的不满讲出来，企业就很可能不知道自己哪里出错了，从而一错再错，结果是引起更多客户的不满。

因此，为了确保不满意的客户能够向企业提出自己的意见，就要想办法降低客户投诉的"门槛"，为客户提供各种便利的投诉途径，如开通免费投诉电话、24小时投诉热线或者网上投诉等，并保持途径的畅通，让客户投诉变得简单。此外，企业还可设置意见箱、建议箱、电子邮箱及微信公众号等，为客户提供便捷的投诉通道。

总之，企业要创造条件方便客户投诉和提意见，并且尽可能降低客户投诉的成本，减少其花在投诉上的时间、精力和金钱等。

(二) 建立完善的投诉系统

企业应建立完善的客户投诉系统，对每一位客户的投诉及处理都要做出详细的记录，包括客户投诉的内容、处理投诉的过程及结果、客户是否满意等。这样做的目的是全面收集、统计和分析客户的意见，不断改进客户投诉的处理办法，并将获得的信息整理后传达给其他部门，以便及时总结经验和教训，为将来更好地处理客户投诉提供参考。此外，要对投诉的处理过程进行总结与综合评价，提出改进对策，不断完善企业的客户投诉系统。

(三) 奖励客户投诉

企业还可设立奖励制度鼓励客户投诉。例如，联邦快递就保证，客户在递交

邮件的次日上午 10:30 前没有收到邮件,只要客户投诉,那么邮递费用全免。上海铁路局上海站则通过设立"乘客征求意见奖",鼓励乘客投诉。

(四) 提高一线员工处理投诉的水平

一线员工往往是客户投诉的直接对象,然而目前许多企业不注重这方面的训练,员工处理客户投诉凭的是经验和临场发挥,缺乏平息客户怨气的技巧。

企业应当利用各种形式,对一线员工进行培训,教会他们掌握处理客户投诉的技巧,使一线员工成为及时处理客户投诉的重要力量。此外,要赋予一线员工一定的权力,使他们在处理一些无法预见的问题时有相对大的自主权,以便对客户提出的意见和建议做出迅速的反应,从而保证为客户提供良好的服务。

(五) 警钟长鸣,防患于未然

首先,分析客户投诉的原因,查明造成客户投诉的具体责任人,并对直接责任人和部门主管按照有关规定进行处罚,必要时将客户投诉及相关处理结果在企业内部进行通报,让每一个员工都知道这件事,以避免这类错误再度发生。

其次,提出"对症下药"的、可防止投诉问题再次发生的措施,不断改进企业工作中的缺陷。

总而言之,企业要认真对待客户投诉,敞开心扉,与客户进行平等沟通交流,那么企业与客户之间就没有打不开的心结,化不开的冰。

 课后练习

一、不定项选择题

1. 客户沟通的内容主要是(   )。
   A. 信息沟通   B. 意见沟通   C. 理念沟通   D. 情感沟通
2. 处理客户投诉的步骤是(   )。
   A. 让顾客发泄   B. 记录投诉内容
   C. 跟踪服务   D. 提出解决方案
3. 在让客户发泄时要注意(   )。
   A. 聆听   B. 辩解   C. 制止   D. 解释
4. 企业与客户之间的沟通应当是(   ),既要让客户了解企业,也要使企业了解客户。
   A. 单向沟通   B. 双向沟通   C. 横向沟通   D. 纵向沟通

5. 客户与企业沟通的途径有(　　)。
   A. 电话　　　　　B. 意见箱　　　　C. 呼叫中心　　　D. 包装

二、判断题

1. 客户与企业的沟通，是客户将其需求或者要求反映给企业的行动。(　　)
2. 企业要方便客户与企业的沟通，尽可能降低客户投诉的成本。　(　　)
3. 客户是产品或服务最直接的使用者和消费者，所以他们是最权威的评判者。
 (　　)
4. 企业应当利用各种形式对一线员工进行培训，使一线员工成为及时处理客户投诉的重要力量。(　　)
5. 投诉往往会带来珍贵的信息。(　　)

三、名词解释

信息沟通　　　情感沟通　　　理念沟通　　　意见沟通

四、思考题

1. 客户沟通的作用与内容是什么？
2. 企业与客户沟通的途径有哪些？
3. 处理客户投诉的四部曲是什么？
4. 如何提高处理客户投诉的质量？

五、案例分析题

戴尔与客户的沟通

戴尔公司自创建以来，一直以两位数的百分比增长，在不足20年的时间里，以1000美元起家的戴尔公司已发展成为年销售额达320亿美元以上，股票上市10年就增值三百倍的行业翘楚！戴尔公司带给世人的经验和启迪是不可忽视的，其中在与客户沟通方面的成功经验就值得许多企业借鉴。

戴尔公司以独特的"按需配置、直线订购"的销售模式，允许客户自定义设计其喜欢的产品，自由选择和配置计算机的各种功能、型号和参数，同时，戴尔公司还根据客户的性质(企业或个人)、用途、资金预算等信息推荐合适的机型和配置，再与客户进行进一步的沟通和商讨，最后按客户确认的配置订单通知生产线。由于从产品的最初设计开始就是和客户互动的过程，因此这种灵活的定制方式真正实现了产品功能的满意和需求个性化的满足。

戴尔公司的客户可以通过800免费销售热线订购自己所需的电脑，在使用过程中遇到任何问题也只需拨打全国统一免费电话，就会直接得到厂家的专业化的服务。戴尔公司也由此及时、准确地了解了客户的使用体验和反馈意见，而这正是其他厂商花大力气也难以获取的信息。为确保服务的及时、周到，戴尔在全球

各个客户服务中心都建立了一个服务电话网络。以中国为例,有一百多个免付费电话可以直接打到厦门工厂。

戴尔公司通过计算机电话集成系统对打入的电话进行整理,并建立了一个客户信息数据库,开展售后服务时,客户只需把计算机序列号告诉服务的工程师,他们便能准确地查出客户所购计算机的所有配置和当地采购信息,并据此提供及时、准确的方案。

在按照客户的要求设计、生产并交付产品后,戴尔公司还想方设法了解客户使用产品的体验以获得修改设计或改变制造程序的灵感,根据客户的直接反馈改进产品。例如,公司技术支持工程师通过拜访重要客户、接听客户打入的免费技术咨询电话获得相关信息,经过归纳整理后提交经公司研发部门进行进一步的分析和研究。因而,戴尔公司的主导产品始终能够围绕着客户完美的使用体验不断地改进,新产品的开发也始终适应了客户需求的发展趋势。

对于一些全球大客户,戴尔对个性化需求的满足更是做到了细致入微的程度,专门派驻小组,针对每位客户的特殊需要提供"专一整合服务",为客户提供终生的技术支持和服务,以维持客户关系。

1995年,戴尔公司建立了戴尔在线网站www.dell.com,客户也可以直接登录网站,通过界面友好的人机对话,让客户在网上获得信息并进行交易,完成从配置到价格、从定购到交付及售后服务的全过程。

戴尔在线网站帮助戴尔公司更准确、快捷地了解客户需求,有计划地组织生产,提供直销服务、网上查询和预订,根据客户订货组织生产,最大限度地满足了客户的需要。服务主要包括客户自助查询产品信息、客户自助查询订货数据、支付或调整账单、网上故障诊断和技术支持等。戴尔公司还建立了一个全面的知识数据库,包含戴尔公司提供的硬件和软件中可能出现的问题和解决方法。

总之,戴尔公司坚持以客户为中心,利用先进的计算机技术、便捷的现代通信手段和蓬勃发展的互联网络,与客户进行完美的沟通,使大规模定制生产得以完美实现,最大限度地满足了客户个性化的需求,实现了客户满意。

思考:

1. 戴尔公司是如何与客户进行沟通的?
2. 你怎样评价戴尔与客户沟通的做法?

第八章　客户的满意

> 📝 **引例：招商银行的 4A 服务**
>
> 95555 是招商银行集自动、人工于一体的全国统一客户服务号码，客户可通过拨打 95555 获得 24 小时不间断的、全方位的一站式服务。作为招行的一个优势，电话服务具有以下服务特色：超时空的 4A 服务，即任何客户(any guest——个人客户、公司客户等银行所有客户)可以在任何时间(anytime——每年 365 天、每天 24 小时不间断)、任何地点(anywhere——家里、办公室、旅途中)，以任何方式(anyway——电话、手机、传真、互联网、电子邮件等)获得银行服务，为客户提供了沟通便利，也帮助客户节省了时间和精力。这样的服务使客户非常满意。
>
> 👁 **引例启示**
>
> 招商银行的 4A 服务，使客户可以不受时间、空间、方式的限制来接受服务，超出了客户的预期，因此实现了客户的满意。

第一节　客户满意概述

一、客户满意的概念

客户满意是客户得到满足后的一种心理反应，是客户对产品或服务满足自己需要的一种判断，判断的标准是看这种产品或服务满足客户需求的程度。换句话

说，客户满意是客户对所接受的产品或服务过程进行评估，以判断是否能达到他们所预期的程度。

亨利·阿赛尔(Herry Assael)认为，客户满意取决于商品的实际消费效果和消费者预期的对比，当商品的实际效果达到消费者的预期时，就导致了满意，否则就会导致客户不满意。

菲利普·科特勒(Philip Kotler)认为，满意是指个人通过对产品的可感知效果与他的预期值相比较后所形成的愉悦或失望的感觉状态。

综上所述，客户满意是一种心理活动，是客户的主观感受，是客户的预期被满足后形成的状态——当客户的感知没有达到预期时，客户就会不满、失望；当感知与预期一致时，客户是满意的；当感知超出预期时，客户就感到物超所值，就会非常满意。

二、客户满意的判断

客户是否满意一般可以通过下面几个指标来判断。

（一）美誉度

美誉度是客户对企业或者品牌的褒扬程度。借助美誉度，可以知道客户对企业或品牌所提供的产品或服务的满意状况。一般来说，持褒扬态度、愿意向他人推荐企业及其产品或者服务的，肯定对该企业或该品牌提供的产品或服务是非常满意或者满意的。

（二）指名度

指名度是客户指名消费或者购买某企业或某品牌的产品或服务的程度。如果客户在消费或者购买过程中放弃其他选择而指名购买、非此不买，表明客户对该企业或该品牌的产品或服务是非常满意的。

（三）忠诚度

忠诚度是客户消费了某企业或某品牌的产品或服务之后，愿意再次重复购买的程度。如果客户持续购买，一般表明客户是满意的；如果客户不再购买而改购其他企业或品牌的产品或服务，表明客户很可能是不满意的。通常来说，客户对该企业或该品牌的重复购买次数越多，表明客户的满意度越高，反之则越低。

（四）容忍度

容忍度是指客户在购买或者消费了某企业或某品牌的问题产品或服务之后愿

意包容、容忍的程度。一般来说，客户容忍度越高，表明客户越满意，反之则越不满意。例如，当产品或者服务出现问题时，客户如果仍然能表现出容忍的态度(既不投诉，也不流失)，那么表明这个客户对该企业或该品牌肯定不是一般的满意。又如，当某企业或某品牌的产品或服务的价格上调时，如果客户表现出很强的承受能力，那么也表明客户对该企业或该品牌肯定不是一般的满意；相反，如果客户立马流失，那么一般说明客户对该企业或该品牌的满意度是不够高的。

(五) 购买额

购买额是指客户购买某企业或某品牌的产品或者服务的金额是多少。一般而言，客户对某企业或某品牌的购买额越大，表明客户对该企业或该品牌的满意度越高；反之，则表明客户的满意度越低。

(六) 购买决策时间的长短

通常客户的购买决策越迅速，购买决策时间越短，说明他对该企业或该品牌的满意度越高；反之，则可能说明他对该企业或该品牌的满意度越低。

总之，客户满意是一种暂时的、不稳定的心理状态，为此企业应该经常性地测试，如可经常性地在现有的客户中随机抽取样本，向其发送问卷或打电话，向客户询问：对企业的产品或服务是否满意？如果满意，达到了什么程度？哪些方面满意？哪些方面不满意？对改进产品或者服务有什么建议？如果客户的满意度普遍较高，那么说明企业为客户提供的产品或者服务是受欢迎的，企业与客户的关系是处于良性发展状态的，企业就应再接再厉；反之，企业则需多下工夫、下大力气改进产品或者服务。

三、客户满意的意义

(一) 客户满意是客户忠诚的基础

一般来说，客户满意度越高，客户的忠诚度就会越高；客户满意度越低，客户的忠诚度就会越低。从客户的角度来讲，没有理由让自己继续接受不满意的产品或者服务，也就是说，企业如果上一次不能够让客户满意，就很可能得不到客户的再次眷顾与垂青。可见，客户满意是形成客户忠诚的基础，是保持老客户的最好方法。

(二) 客户满意是企业战胜竞争对手的最好手段

客户及其需要是企业建立和发展的基础，如何满足客户的需要，是企业成

功的关键。如果企业不能满足客户的需要而被竞争对手满足，那么客户很可能就会流失，投靠到能让他们满意的其他企业中去。随着市场竞争的加剧，客户有了更加充裕的选择空间，企业竞争的关键是谁更能够让客户满意，因为"如果我们不关照客户，那么别人是会代劳的"。谁能更好地、更有效地满足客户需要，让客户满意，谁就能够营造竞争优势，从而战胜竞争对手、赢得市场。正如著名企业家亨利·福特所说："最有效、最能满足客户需求的企业，才是最后的生存者。"

（三）客户满意是企业取得成功的必要条件

客户满意可以节省企业维系老客户的费用，同时满意客户的口头宣传还有助于降低企业开发新客户的成本，并且树立企业的良好形象。美国客户事务办公室提供的调查数据表明：平均每个满意的客户会把他满意的购买经历告诉至少 12 个人以上，在这 12 个人里，在没有其他因素干扰的情况下，有超过 10 个人表示一定会光临；平均每个不满意的客户会把他不满意的购买经历告诉 20 个人以上，而且这些人都表示不愿接受这种恶劣的服务。据美国汽车业的调查，一个满意的客户会引发 8 笔潜在的生意，其中至少有一笔成交，一个不满意的客户会影响 25 个人的购买意愿。可以说，客户满意是企业持续发展的基础，是企业取得成功的必要条件。

总之，客户满意是维护客户关系的最重要因素，在完全竞争的市场环境下，没有哪家企业可以在客户不满意的状态下得到发展。所以，企业想要维护客户关系，就必须努力让客户满意。

第二节　影响客户满意的因素

现实中很多人认为，让客户满意的办法就是要尽可能地为客户提供最好的产品和服务，这个出发点没有问题，但它忽略掉其中两个隐含的问题，首先，要不要考虑成本问题？回答是肯定的，作为以营利为目的的企业必须重视成本，而不能不顾一切地付出代价，否则可能得不偿失、入不敷出，给企业造成亏损；其次，要不要考虑效果问题？回答同样是肯定的，因为企业为客户提供最好的产品和最好的服务的目的就是要让客户满意，但现实是，即使企业竭尽全力为客户提供了最好的产品和服务也不一定能够让客户满意。

可见，让客户满意不能蛮干，企业必须找到事半功倍、用较小的代价而又能够确保实现客户满意的路径，这就要追本溯源，清楚到底影响客户满意的因素是什么。

一、客户感知价值

客户感知价值是客户在购买或者消费过程中,企业提供的产品或服务给客户带来的价值,它等于客户购买产品或服务所获得的总价值与客户为购买该产品或服务所付出的总成本之间的差额。

(一)客户感知价值对客户满意的影响

客户感知价值对客户满意的影响,即如果企业提供的产品或者服务的感知价值达到或超过客户预期,那么客户就会满意或者非常满意。而如果感知价值达不到客户预期,那么客户就会不满意。具体可通过下面的案例说明。

A、B、C三家企业同时向一个客户供货,客户对A、B、C三家企业的预期值都是b。假设A、B、C三家企业给客户的感知价值分别是a、b、c,并且a>b>c。

当客户购买后,对C企业感觉不满意,因为客户对C企业的预期值是b,但是C企业给他的实际感知价值是c,且b>c。也就是说,C企业所提供的产品没有达到客户的预期值,因此使客户产生不满。

客户在购买前对B企业的预期值为b,而客户实际感受到B企业的产品的感知价值刚好是b。也就是说,B企业所提供的产品刚好达到了客户的预期,所以客户对B企业是满意的。

客户在购买前对A企业的预期值为b,而客户实际感受到A企业的产品的感知价值是a,且a>b。也就是说,A企业给客户提供的感知价值不但达到而且超过了客户的预期值,从而使客户对A企业非常满意。

这个例子说明了客户感知价值对客户满意的重要影响。

(二)影响客户感知价值的因素

影响客户感知价值的因素有客户总价值和客户总成本两大方面,即一方面是客户从消费产品或服务中所获得的总价值,包括产品价值、服务价值、人员价值、形象价值等;另一方面是客户在消费产品或服务中需要耗费的总成本,包括货币成本、时间成本、精神成本、体力成本等。

总结来说,客户感知价值与产品价值、服务价值、人员价值、形象价值成正比,与货币成本、时间成本、精神成本、体力成本成反比。

1. 产品价值

产品价值是由产品的功能、特性、品质、品种、品牌与式样等所产生的价值,它是客户需要的中心内容,也是客户选购产品的首要因素。在一般情况下,产品价值是决定客户感知价值大小的关键因素和主要因素。产品价值高，客户的感知价值就高，产品价值低，客户的感知价值就低。

假如产品的质量不稳定，即使企业与客户建立了某种关系，这种关系也是脆弱的，很难维持下去，因为它损害了客户的利益。所以，企业应保持并不断提高产品的质量，这样才能提升产品价值，进而提升客户的感知价值，使客户关系建立在坚实的基础上。

假如产品缺乏创新、样式陈旧或功能落伍，跟不上客户需求的变化，客户的感知价值就会降低，自然客户就会不满意，甚至转向购买新型的或者更好的同类产品或服务。

此外，随着收入水平的提高，客户的需求层次也有了很大的变化，面对日益繁荣的市场，许多客户产生了对品牌的需求。因此，企业可通过塑造品牌形象为客户带来更大的感知价值。

2. 服务价值

服务价值是指伴随产品实体的出售，企业向客户提供的各种附加服务，包括售前、售中、售后的产品介绍、送货、安装、调试、维修、技术培训、产品保证，以及服务设施、服务环境、服务的可靠性和及时性等因素所产生的价值。

服务价值是构成客户总价值的重要因素之一，对客户的感知价值影响也较大。服务价值高，客户的感知价值就高；服务价值低，客户的感知价值就低。虽然再好的服务也不能使劣质的产品成为优等品，但优质产品会因劣质服务而失去客户。例如，有些企业的服务意识淡薄，服务效率低，对客户冷漠、不礼貌、不友好、不耐心；客户的问题不能得到及时解决，咨询无人理睬、投诉没人处理等都会导致客户的感知价值降低。企业只有不断提高服务质量，才能使客户的感知价值增大。

总之，优异的服务是提升客户感知价值的基本要素与不可缺少的部分，出色的售前、售中、售后服务对于增加客户总价值和减少客户的时间成本、体力成本、精神成本等方面的付出具有极其重要的作用。

3. 人员价值

人员价值是指企业"老板"及全体员工的经营思想、经营作风、工作效率、业务能力、应变能力等所产生的价值。例如，一个综合素质较高的工作人员会比综合素质较低的工作人员为客户创造的感知价值更高。

此外，工作人员是否愿意帮助客户、理解客户，以及工作人员的敬业精神、响应时间和沟通能力等因素也会影响客户的感知价值。

凯马特(K-Mart)是美国一家著名的大型折扣连锁商店。虽然它的卖场很大，

第八章 客户的满意

店里陈列的商品品种繁多、价格便宜，但客户如果想找店员询问有关问题却不是件容易的事，因为，为了节约人工成本，这里的店员很少，客户在这里虽然满足了购买便宜商品的欲望，但是无法感觉到店员对他们的关心，于是在客户心中就产生了被冷落的感觉。也就是说，客户在这里得不到多少人员价值，影响了客户对凯马特的满意。

4. 形象价值

形象价值是指企业在社会公众中形成的总体形象所产生的价值，它在很大程度上是产品价值、服务价值、人员价值三个方面综合作用的反映和结果，以及企业的品牌、价值观念、管理哲学等产生的价值，还包括企业"老板"及其员工的经营行为、道德行为、态度作风等产生的价值。

企业形象价值高，将有利于提升客户的感知价值。如果企业形象在客户心目中较好，客户就会谅解企业的个别失误。相反，如果企业原有的形象不佳，经营过程中存在不合法、不道德、不安全、不健康和违背社会规范的行为，那么任何细微的失误也会造成客户的极大反感。

5. 货币成本

货币成本是客户在购买、消费产品或服务时必须支付的金额，是构成客户总成本的主要的和基本的因素，是影响客户感知的重要因素。客户在购买产品或服务时，无论是有意还是无意，总会将价格与其消费所得相比较，希望以较小的货币成本获取更多的实际利益，以保证自己在较低的支出水平上获得较大的满足。

即使一个企业的产品或服务再好，形象再好，如果需要客户付出超过其预期价格很多才能得到，客户也不会愿意。因此，如果客户能够以低于预期价格的货币成本买到较好的产品或服务，那么客户感知价值就高，反之，客户的感知价值就低。

6. 时间成本

时间成本是客户在购买、消费产品或服务时必须花费的时间，它包括客户等待服务的时间、等待交易的时间、等待预约的时间。在相同情况下，客户所花费的时间越少，购买的总成本就越低，客户的感知价值就越高。相反，如果客户所花费的时间越多，购买的时间成本就越高，客户的感知价值就越低。因此，企业必须努力提高效率，在保证产品和服务质量的前提下，尽可能减少客户的时间支出，从而降低客户购买的总成本，提高客户的感知价值。

如今，对客户服务反应时间的长短已经成为某些行业，如快餐业、快递业和报业成功的关键因素。如麦当劳为了突出"快"字，柜台中的服务员要身兼三职——照管收银机、开票和供应食品，客户只需排一次队，就能取到他所需要的食物。

7. 精神成本

精神成本是指客户在购买产品或服务时必须耗费的精神。在相同情况下，精神成本越低，客户付出的总成本就越低，客户的感知价值就越高；相反，精神成本越高，客户的感知价值就越低。

一般来说，客户在一个不确定的情况下购买产品或者服务，都可能存在一定的消费风险。例如，预期风险，即当客户的预期与现实不相符时，就会有失落感，产生不满；形象风险或心理风险，如客户担心购买的服装太前卫会破坏自己的形象，或担心购买价格低的产品被人取笑，或购买价格高的产品又会被人指责摆阔、炫富等；财务风险，即购买的产品是否物有所值、保养维修的费用是否太高、将来的价格会不会更便宜等；人身安全风险，如某些产品的使用可能隐含一定的风险，如驾驶汽车、摩托车可能造成交通事故……这些可能存在的消费风险，都会导致客户精神成本的增加，如果企业不能降低客户的精神成本，就会降低客户的感知价值。

例如，同一个月份、甚至同一周购买的商品，仅差一天或者几天，价格就不一样，这会让客户时常担心今天买会不会亏了，明天会不会更便宜，从而增加了客户的精神成本和负担，降低了客户的感知价值。又如，旅馆不守信用，旅客预订的客房无法按时入住，而旅馆没有任何补偿行为，这也会增加旅客的精神成本，从而降低客户的感知价值。

根据日本知名的管理顾问角田识之的研究，一般交易活动中买卖双方的情绪热度呈现出两条迥然不同的曲线：卖方从接触买方开始，其热忱便不断升温，到签约时达到巅峰，等收款后便急剧降温、一路下滑；然而，买方的情绪却是从签约开始逐渐上升，但总是在需要卖方服务的时候，才发现求助无门——这往往是买方产生不满的根源。如果买方始终担心购买后，卖方的售后服务态度会一落千丈，那么就会犹豫是否要购买。

客户的精神负担往往是企业的失误造成的，也可能来自企业制度和理念上的漏洞。例如，有些通讯企业为了防止有意拖欠话费和减少欠费，而采取了预交话费的办法，一旦客户通话费用超过预交话费，账务系统就自动中断对客户的服务。这种办法的确有效地防止了欠费，但同时也让从来就没想过要故意欠费的客户十分反感和不满，觉得这是不尊重、不信任的表现，从而增加了客户的精神成本，降低了客户的感知价值。于是，这些客户在一定的外因促使下很容易离开企业，寻找能信任他们的更好的合作伙伴。

8. 体力成本

体力成本是指客户在购买、消费产品或服务时必须耗费的体力。在相同情况下，体力成本越低，客户的感知价值就越高；相反，体力成本越高，客户的感知价值就越低。

第八章 客户的满意

在紧张的生活节奏与激烈的市场竞争中，客户对购买产品或服务的方便性要求也在提高，因为客户在购买过程的各个阶段均需付出一定的体力。如果企业能够通过多种渠道减少客户为购买产品或服务而花费的体力，便可降低客户购买的体力成本，进而提升客户的感知价值。

总之，企业应尽力使客户获得最多的产品价值、服务价值、人员价值、形象价值，同时把货币成本、时间成本、精神成本、体力成本降到最低限度，以此提高客户的感知价值。

二、客户预期

客户预期是指客户在购买消费之前对产品价值、服务价值、人员价值、形象价值；货币成本、时间成本、精神成本、体力成本等方面的主观认识或期待。

（一）客户预期对客户满意的影响

不同的人在接受同一产品或者服务时，有的人感到满意，而有的人却感到不满意。究其原因，是他们的预期不同。

下面的例子说明了客户预期对客户满意是有重要影响的：

客人 A、B、C 同时进入一家餐厅消费，三位客人对餐厅的预期分别是 a、b、c，并且 a>b>c，假设餐厅为他们提供的服务都是 b。

消费后，A 对餐厅感觉不满意，因为 A 在消费前对餐厅抱有很大的预期，其预期值为 a，但是他实际感受到的餐厅服务只是 b，而 a>b，也就是说，餐厅所提供的产品和服务没有达到 A 客人的预期值，使其产生失落感，所以 A 客人对餐厅是不满意的。

B 客人在消费前的预期值为 b，而他实际感受到的餐厅服务刚好达到了他心中的预期，所以其对餐厅是满意的。

C 客人在消费前的预期值为 c，而在消费过程中，餐厅服务达到了 b，而 b>c，也就是说餐厅所提供的产品和服务不但达到而且超过了 C 客户的预期值，从而使 C 客户产生"物超所值"的感觉，所以其对餐厅非常满意。

也就是说，如果企业提供的产品或者服务达到或超过客户预期，那么客户就会满意或很满意。而如果达不到客户预期，那么客户就会不满意。

（二）影响客户预期的因素

客户预期不是与生俱来、一成不变的，而是动态变化的。一般说来，影响客户预期的因素有以下几个方面。

1. 客户背景

不同的客户由于性别、年龄、身份及消费能力等的差异会产生不同的价值观、需求、习惯、偏好等，进而面对同样的产品或者服务会形成不同的预期。

2. 客户以往经历

客户在购买某种产品或服务之前往往会结合他以往的消费经历、消费经验，对即将要购买的产品或服务产生一个心理预期值。例如，客户过去吃一份快餐要10元，那么他下次再去吃快餐可以接受的价格，即对快餐的价格预期值也是10元；如果过去吃一份快餐只要5元，那么他下次再去吃快餐可以接受的价格，即对快餐的价格预期值就是5元。

又如，以往打热线电话在10秒钟之内就能够接通，如果有一次超过20秒仍无人接听就会难以接受；反之，以往热线电话很难打进，现在1分钟内就会被受理，客户的感觉就会比较好。

当没有消费经历和消费经验的客户看到别人消费后，那么也会影响他的预期——如果看上去感觉不错就会形成较高的预期，如果看上去感觉不好则会形成较低的预期。

此外，一般来说，新客户与老客户对同一产品或服务的预期往往不同，新客户由于没有消费经历、消费经验而往往预期过高或过低，而老客户由于有丰富的消费经历、消费经验而使预期比较稳定。

> **知识扩展：锚定效应**
>
> 锚定效应，是指人们对事物的判断容易依赖最初的参考点，而且无法轻易调整。虽然，我们都知道对事物的判断依赖第一印象并不科学和准确，但我们还是无法摆脱第一印象的影响。
>
> 例如，当你喜欢的某品牌牛仔裤原本500元一条，现在350元的折扣价一定会让你很动心，而最初的500元起到"锚"的作用，影响了人们的预期。因此，在对产品进行促销时，把原价写在折扣价的旁边会使消费者更容易接受折扣价。
>
> 又如，星巴克里摆放的"依云矿泉水"基本上不是拿来卖的，而是给客人看的。"依云矿泉水"在星巴克一般标价20多元人民币，作为星巴克咖啡的陪衬它传递了一句潜台词——你看，一瓶水都卖20多元，那30元的咖啡还能算贵吗？

3. 他人的介绍

人们的消费决定总是很容易受到他人尤其是亲戚朋友的影响，他们的介绍对客户预期的影响较大。如果客户身边的人极力赞扬，说企业的好话，那么就容易让客户对该企业的产品或服务产生较高的预期；相反，如果客户身边的人对企业进行负面宣传，则会使客户对该企业的产品或服务产生较低的预期。

例如，某人的朋友告诉他，某宾馆的服务好极了，他自然会对该宾馆产生很高的预期值；如果朋友告诉他，某宾馆的服务不太好，自然他对该宾馆的预期值就会很低。

4. 企业的宣传

企业的宣传与承诺主要包括广告、产品外包装上的说明、员工的介绍和讲解等。根据这些，客户会对企业的产品或者服务在心中产生一个预期值。例如，药品的广告宣称服用三天见效，那么服用药品的人的预期也是三天；如果广告宣称服用三周见效，那么药品的服用者也会预期三周见效。

如果企业肆意地夸大宣传自己的产品或服务，会让客户产生过高的预期值；而客观的宣传，就会使客户的预期比较理性。例如，如果企业预先提醒客户可能需要等待，就会使客户有一个心理准备、产生需要等待的预期。研究表明，那些预先获得通知需要等待的客户会比那些没有获得需要等待通知的客户满意。

5. 有形展示

客户还会凭借价格、包装、环境等看得见的有形展示线索来形成对产品或者服务的预期。例如，如果餐厅环境污浊、服务人员穿着邋遢，不修边幅的话，显然会令客户将其定位为低档消费场所，认为其根本不可能提供好的服务。相反，较高的价格、精美或豪华的包装、舒适高雅的环境等可使客户产生较高的预期。

第三节　如何让客户满意

客户预期和客户感知价值是影响客户满意的重要因素。那么，如果企业能够把握客户预期，并且让客户感知价值超出客户预期，就能够实现客户满意。实现客户满意的路线，如图8-1所示。

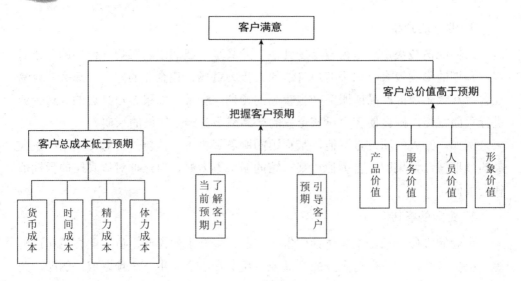

图 8-1 实现客户满意的路线

一、把握客户预期

如果客户的感知价值达到或超过客户预期，那么客户就会满意或很满意；而如果客户的感知价值达不到客户预期，那么客户就会不满意。因此，为了确保实现客户满意，企业必须把握客户预期。当企业能够把握客户预期时，就可以控制和降低实现客户满意的成本——只要让客户感知价值稍稍超出客户预期一点，就能够事半功倍地获得客户满意，这是实现客户满意最经济的思路。企业要把握客户的预期可以通过两个路径，一是了解当前客户的预期，二是引导客户的预期。

（一）了解客户当前预期

企业可以通过各种市场调查的方式了解客户当前对企业提供的产品价值、服务价值、人员价值、形象价值、货币成本、时间成本、精神成本、体力成本等各方面的预期。充分了解客户当前的预期可以使企业让客户满意的措施有的放矢、事半功倍。

（二）引导客户预期

如果客户预期过高，一旦企业提供给客户的产品或服务的感知价值没有达到客户预期，客户就会失望和不满；但如果客户预期过低，可能就没有兴趣来消费企业的产品或服务了，会转而选择其他同类企业购买。由此可见，客户预期过高、过低都不行,企业必须主动出击,引导客户产生良好而又合理的预期。

1. 引导客户产生良好的预期

(1) 以当前的努力和成效引导客户形成良好预期。客户的价值观、需求、习惯、偏好等属于企业不可控的因素,企业可以作为的余地和机会不大。但是,如果企业能够认真做好当前的工作,从小事做起、从细节做起,努力使客户获得美好的体验,长此以往就能够使客户获得积极的、正面的消费经历,从而使客户形成对企业的良好预期。

(2) 通过宣传及沟通与承诺来引导客户形成良好预期。例如,"小罐茶"在面市时打出了"小罐茶,大师作"的广告语,声称小罐茶的制茶工艺来自中国八大泰斗级制茶大师,这样有利于形成客户对小罐茶是高端茶的预期。

> **案例**:三家企业通过广告语引导客户产生良好预期
>
> 肯德基的广告语:美味安全,高质快捷;营养均衡,健康生活;立足中国,创新无限。
>
> 京东的广告语:多仓直发,极速配送;正品行货,精致服务;天天低价,畅购无忧;网购上京东,省钱又放心。
>
> 三只松鼠的牛肉干广告语:五香手撕牛肉,够辣够劲道;非常美味的牛肉干,让爱吃的你随时尽享大口吃肉的快感;好肉,牛后腿肉,嚼劲十足;好吃,肉中藏筋,硬度适中;好色,秉承原色,货真价实;内蒙古传统工艺风干,精心烘烤,原汁原味;精心秘制卤料,久火慢炖而成,味道香浓,闻之让人想流口水的好味道。

(3) 通过企业文化、理念、宗旨、制度、规则、价格、包装、环境等来引导客户形成良好预期。例如,一般来说,客户对价格高的产品或服务的预期高,而精美的包装、优美的环境、高档的装修、现代化的设施与装备等有形展示也会形成客户的良好预期。如果服务机构处在繁华的地段、服务人员统一着装及标准化的服务也会有利于形成客户的良好预期。此外,企业获得的证书、奖状、荣誉称号等也都会增强客户的良好预期。

2. 引导客户产生合理的预期

客户的预期如果过高将给企业实现客户满意造成一定的困难,所以企业要想办法引导客户形成合理的预期。

(1) 根据自身的实力进行实事求是的宣传与承诺。企业只能宣传与承诺能够做得到的事,这样可以避免客户产生不切实际的过高预期。并且,如果企业在宣传与承诺时恰到好处且留有余地，使客户的预期保持在一个合理的状态，那么客户感知就很可能轻松地超越预期，客户就会因感到"物超所值"而对企业十分满意。

例如，大众甲壳虫从最开始就直接指出自己的缺点，如又小又丑，然后再告诉客户这些缺点能带来哪些好处，比如经济实惠。又如，迪士尼乐园作为全球三大娱乐服务品牌之一，也非常善于在各个环节设定客户预期，而后往往给客户以超值惊喜。如一种娱乐设施依照广播通知需要等待 45 分钟，这时客户就会对等待时间产生 45 分钟的预期，然而，乐园总是能够提前让客户玩乐，这样的结果让客户感到满意。

(2) 通过沟通来引导客户的合理预期。企业可以说明产品或服务价格高的各种合理原因，以及强调比竞争对手的服务、价值等方面更优的表现，如运用"一分钱一分货，虽然价格高但性价比突出"等话术，从而引导客户接受相对较高的价格，如果再给予客户一点优惠，那么客户就会很满意。

延伸阅读

通过沟通引导客户合理预期

第一，向客户展示其忽视的因素。

客户："这件衣服 100 元可以卖吗？"

店员："对不起，需要 200 元！"

客户："这不是普通棉布做的吗，怎么这么贵呀？"

店员："这是正宗的巴西进口的精细棉，不会起皱、透气性也很好，所以要贵些！"

客户："是这样啊，好吧，那我买两件！"

第二，修正对方的经验。

客户："这件童装多少钱？"

店员："200 元。"

客户："怎么这么贵！我上次给自己买的比这件大多了，但只要 100 元，这布料也没什么不一样啊？"

店员："是这样的，童装虽然用的布料少，但做工要求更高、更精细，所以价格会更贵些！"

第三，修正对方的思维模式。

客户："这部手机多少钱？"

店员:"2000元。"

客户:"上星期我的一个朋友在另外一家店买才花1500元啊!"

店员:"是的,那几天这款手机刚上市,为了做广告所以按优惠价格销售,当时我们这里也是卖1500元,可现在促销期已经过了,所以要按正常价格销售了。"

(3) 通过恰当的规则、价格、包装、环境等来引导客户的合理预期。假如这些元素恰到好处,不过度,客户一般就不会产生不切实际的预期。

> **知识扩展**:通过规则引导客户合理预期
>
> 首先,企业千万不要随便给予优惠,否则客户会提出更进一步的要求,直到企业无法接受。
>
> 其次,让客户感到获得当前这样的优惠已经很不容易了。
>
> 再次,当客户提出过分要求时,可表现出为难情绪,如说明自己的权力有限,需要向上面请示:"对不起,在我的处理权限内只能给您这个价格。"然后再话锋一转,"不过,因为您是我的老客户,我可以向经理请示一下,看能不能再给你些额外的优惠。但估计很难,我也只能尽力而为。"这样客户的预期值就不会太高,即使得不到优惠,他也会感到你已经尽力而为,不会怪你。

总而言之,企业要实现客户满意就必须采取相应的措施来把握客户预期,让客户的预期值在一个恰当的水平,这样既可以吸引客户,又不至于让客户因为预期落空而失望,产生不满。一般来说,引导客户预期的上限是企业能够带给客户的感知价值,引导客户预期的下限是竞争对手能够带给客户的感知价值。此外,企业引导客户预期时应当做到实事求是、扬长避短——引导客户多关注对企业有利的方面、忽略对企业不利的方面。

二、让客户感知价值超预期

如果企业善于把握客户预期,然后为客户提供超预期的感知价值,就能够实现客户满意。为了让客户感知价值超越客户预期,企业要努力使产品价值、服务价值、人员价值、形象价值等高于客户预期,而使货币成本、时间成本、精神成本、体力成本等低于客户预期。

(一)客户总价值高于预期

1. 产品价值高于预期

为了实现客户满意,企业应当努力让影响产品价值的产品质量、产品功能、产品创新等超出客户的预期。

首先,产品质量是提高客户感知价值和客户满意度的基础,高质量的产品本身就是出色的推销员和维系客户的有效手段。企业如果不能保证产品的质量,或是产品的质量随时间的推移有所下降,那么即使客户曾经满意,也会逐渐不满意。众多世界品牌的发展历史告诉我们,客户对品牌的满意,在一定意义上就是对其质量的满意。只有过硬的质量,才能提升客户的感知价值,才能真正在人们的心目中树立起金字招牌,受到人们的爱戴。所以,企业应保证并不断地提高产品的质量,使客户满意建立在坚实的质量基础之上。

其次,产品功能也是影响产品价值的重要内容,企业应当尽力根据每个客户的不同需求来制造功能强大的产品,从而提高客户的满意度。例如,为适应各地消费群体的不同需求,海尔为北京市场提供了最新技术的价格昂贵的高档冰箱;为广西市场开发了有单列装水果用的保鲜室的"果蔬王"冰箱;海尔冰箱从"大王子"到"小王子"再到"双开门",为的就是适应上海居民住房很小的现状,后来又为上海家庭生产了瘦长体、外观漂亮的"小小王子"冰箱。由于满足了不同客户群的需求,客户对海尔的美誉度和满意度得到了大幅度提升,海尔也得到了丰厚的回报。此外,四川的客户反映,海尔的洗衣机洗地瓜时经常阻塞出水道,为满足了四川农民轻松洗地瓜的要求,海尔又为四川市场开发了"地瓜洗衣机",能洗土豆、地瓜。尽管"地瓜洗衣机"的销量不大,但却真正体现了产品开发以客户为导向的理念,因而提高了客户的感知价值和满意度。

再次,企业要努力创新,不断推出新产品创造新价值。任何产品和服务都有生命周期,随着市场的成熟,原有的产品和服务带给客户的利益空间越来越小,因此企业要顺应客户的需求趋势,不断地根据客户的意见和建议,站在客户的立场上去研究和设计产品,不断创新的产品可以为客户带来更好的体验甚至惊喜,这样就能够不断提高客户的感知价值,从而提高客户的满意度。此外,通过科技开发提高产品的科技含量,不仅可以更好地满足客户的需要,而且可以构筑竞争者进入的壁垒,有效地阻止竞争对手的进攻。例如,英特尔公司从 Intel 186、286、386、486、586 到赛扬、奔腾系列……无一不是创造了市场奇迹,在不断提升产品价值的同时,提升了客户的感知价值,进而实现客户的满意。

第八章 客户的满意

2. 服务价值高于预期

随着购买力水平的提高，客户对服务的要求也越来越高，能否给客户提供优质的服务已经成为提高客户的感知价值和客户满意度的重要因素。这就要求企业站在客户的角度，想客户所想，在服务内容、服务质量、服务水平等方面提高档次，从而提升客户的感知价值，进而提高客户的满意度。

例如，麦当劳快餐店专门设置了儿童游乐园，供孩子们边吃边玩，还会专门为小孩举办生日庆祝会，吃什么，花多少钱，由家长决定，一切游乐服务则由快餐店负责。

又如，马蜂窝曾拍摄过一部关于明信片环球旅行求婚记的微电影，这个事件的背景是一对热爱旅行的年轻情侣要结婚，于是在马蜂窝上发布了一个帖子希望收集到世界各地的朋友寄来的明信片。马蜂窝很重视这个帖子，并将其顶上了主页头条，许多人看到了纷纷响应，而这对情侣也由此收到了200多张世界各地的祝福。该微电影在网上发布后，观看分享上万次，很多人深受感动并加深了对马蜂窝的印象。

> **案例：南航为特别旅客提升出行体验**
>
> "四优关爱"服务的对象为特殊关注的旅客群体。通过优先值机、优先安检、优先登机、优先行李交付等服务，消除特殊旅客在外出行时的担忧和焦虑，献上更多体贴和关爱。
>
> "木棉童飞"是南航针对无人陪伴儿童提供的一项增值服务，在家长将儿童托付给航空公司后，地服系统工作人员会全程护送小朋友们值机登机，并且拍下各流程及时上传系统。系统向家长预留的手机号码发送短信和验证码，家长可通过南航微信查看和下载孩子乘机的照片。
>
> "心信相印"服务的对象是无人陪伴乘机的旅客，通过短信、电话等方式向申请成功的旅客家属传递所乘航班涉及延误的相关信息，为旅客提供更贴心、更暖心、更温馨的服务。

此外，售前、售中、售后服务也是提升客户感知价值的重要环节。例如，售前及时向客户提供充分的关于产品性能、质量、价格、使用方法和效果的信息；售中提供准确的介绍和咨询服务；售后重视信息反馈和追踪调查，及时处理和答复客户的意见，对有问题的产品主动退换，对故障迅速采取措施排除或者提供维修服务。如上海大众启动"24小时服务全国统一寻呼网络"，实现了服务支持功能的属地化，不论用户身处何处，不管车辆遇到什么情况，只要拨打服务电话，便可随时得到专业的应急服务，从而提升客户的感知价值和满意度。

> **案例：IBM 的服务价值**
>
> "IBM 就是服务！"是美国 IBM 公司一句响彻全球的口号，IBM 从客户或用户的要求出发，帮助用户安装调试，排除故障，定期检修，培养技术人员，及时解答他们提出的各种技术问题，提供产品说明书和维修保养的技术资料，听取使用产品后的评价和意见等。通过多种多样的服务，使客户或用户达到百分之百的满意，从而建立起企业的信誉，营造出独特的 IBM 文化。
>
> 2003 年的美国纽约华尔街停电事件，当时证券交易所都关闭了，银行一片混乱。在这紧要关头，IBM 纽约分部的每个员工都进行忘我的工作，争取把客户的损失降到最低限度。在 25 个小时的停电期间，户外温度高达 35℃，空调、电梯、照明一概没有，IBM 的员工不辞辛苦攀爬一些高层大楼，包括一百多层的世界贸易中心大楼，他们带着各种急需的部件为客户维修设备。
>
> 在费城信赖保险公司大楼失火事件中，当时所有的导线被烧坏，电脑上的其他主要部件及设备也被破坏，IBM 立即调来服务小组，进行 24 小时不停顿的抢修，经过连续三天的昼夜抢修，终于使信赖保险公司恢复了正常业务，几乎没有耽误什么工作。
>
> 正是 IBM 这种优质、及时的服务赢得了客户的满意，奠定了公司繁荣兴旺的基础。

当客户有困难时，企业如果能够伸出援手帮助客户，就会令客户因感动而满意。例如，客户因为搬迁不方便购买，企业主动送货上门，就会使客户觉得自己得到了特殊的关心而满意；客户因为资金周转问题不能及时支付购买产品的费用，企业通过分期付款、赊账的形式予以援助，那么客户就会心存感激而满意。

3. 人员价值高于预期

人员价值包括提高"老板"及全体员工的经营思想、工作效益与作风、业务能力、应变能力，以及服务态度等。

企业中优秀的服务人员通常会在客户中享有很高的声望，对于提高企业的知名度和美誉度，提高客户的感知价值及客户的满意度都具有重要意义。例如，当你走进一家超市，拿起一瓶醋看了看，然后又放了回去，这时老板走过来告诉你："先生，您夫人平常买的是××牌子的醋，她是我们的老客户了，可以记账消费，而且都打九折，您只要签个名，就可以拿走。"这家超市的人员价值就比较高，他首先认得自己的常客，并且认得她的丈夫，而且记得她一贯购买的品牌，还允许老客户记账、赊账。因为超出了期待，客户自然会对超市留下好印象。

企业可以通过培训和加强管理制度的建设来提高员工的业务水平，提高员工为客户服务的娴熟程度和准确性，从而提高客户的感知水平及满意度。例如，星巴克对员工进行深度的专业培训，使每位员工都成为咖啡方面的专家，他们被授权可以和客户一起探讨有关咖啡的种植、挑选和品尝，还可以讨论有关咖啡的文化甚至奇闻、轶事，以及回答客户的各种询问，所以客户在星巴克能够获得很高的人员价值。

4. 形象价值高于预期

企业是产品与服务的提供者，其规模、品牌、公众舆论等内在或外部的表现都会影响客户对它的判断。企业形象好，就会形成对企业有利的社会舆论，为企业的经营发展创造一个良好的氛围，也提升了客户对企业的感知价值，从而提高对企业的满意度。因此，企业应高度重视自身形象的塑造。

企业形象的提升可通过形象广告、公益广告、新闻宣传、赞助活动、庆典活动、展览活动等方式来进行。形象广告是以提高企业的知名度，展示企业的精神风貌，树立企业美好形象为目标的广告。公益广告是企业为社会公众利益服务的非营利性广告或者非商业性广告，它通过艺术性的手法和广告的形式表现出来，营造出一种倡导良好作风、提高社会文明程度的氛围或声势。公益广告具有极强的舆论导向性、社会教育性，是体现发布者对社会、对环境关怀的一种最有效的表达方式，可以提升发布者的形象。新闻宣传是企业将发生的有价值的新闻，通过大众传播媒介告知公众的一种传播形式。由于新闻宣传具有客观性、免费性、可信性等特点，所以对提高企业的知名度、美誉度十分有利。赞助活动是企业以不计报酬的方式，出资或出力支持某项社会活动或者某一社会事业，如支持上至国家、下至社区的重大社会活动，或支持文化、教育、体育、卫生、社区福利事业。赞助活动可使企业的名称、产品、商标、服务等得到新闻媒介的广泛报道，有助于树立企业热心社会公益事业、有高度的社会责任感等形象，从而扩大企业的知名度和美誉度，赢得人们的信任和好感。庆典活动，如开业典礼、周年纪念、重大活动的开幕式和闭幕式等，由于其隆重性能够引起社会公众的较多关注，所以借助庆典活动的喜庆和热烈气氛来渲染企业形象，往往能够收到意想不到的效果。展览活动是通过实物、文字、图片、多媒体来展示企业的成就和风采，有助于公众和客户对企业的了解。

例如，沃尔玛积极资助公立和私立学校，还成立特殊奖学金，协助拉丁美洲的学生到阿肯色州念大学。沃尔玛在公益活动上大量长期的投入及活动本身所具有的独到创意，大大提高了品牌知名度，成功塑造了沃尔玛在广大客户心目中的卓越形象。

案例：不断提高客户的总价值

星巴克采用的是自助式的经营方式，客户在柜台点完餐，可以先去找个位置稍加休息，也可以到旁边的等候区观看店员调制咖啡，等客户听到服务生喊自己就可以去端取。在用品区有各式各样的调味品，如奶糖、奶精、肉桂粉，以及一些餐具，可以自行拿取。

由于采用自助式消费方式，消费者摆脱了长长的等候队伍，减少了等候时间，并给了他们更多的控制权……星巴克能够如此吸引人，正是因为这份自由的体验。

为了确保优势，星巴克一直以来从未放弃过在产品和服务中注入新的价值，根据口味、消费时尚、节气时令等的变化，星巴克在主力产品咖啡品种上的推陈出新让人应接不暇。

除此之外，星巴克在特色服务上的创新也一直没有懈怠，它在部分旗舰店设置了自动咖啡机，提高了服务速度；它设置外送服务，便于客户利用电话或在网上预购饮料和点心；一些地区如广州，星巴克正尝试性地在店铺中开设高标准的商务会议室。

（二）客户总成本低于预期

1. 货币成本低于预期

合理地制订产品价格也是提高客户感知价值和满意度的重要手段。因此，企业定价应以确保客户满意为出发点，依据市场形势、竞争程度和客户的接受能力来考虑，尽可能做到按客户的"预期价格"定价，千方百计地降低客户的货币成本，坚决摒弃追求暴利的短期行为，这样才能提升客户的感知价值，提高客户的满意度。

例如，作为"世界500强"领袖企业的沃尔玛在与供应商的关系方面，绝对站在消费者采购代理的立场上，苛刻地挑选供应商，认真地讨价还价，秉持"帮客户节省每一分钱"的宗旨，提出"天天平价、始终如一"的口号，并努力实现价格比其他商号更便宜的承诺，这无疑是使沃尔玛成为零售终端之王的根本所在。

又如，美国西南航空把自己定位为票价最低的航空公司，公司的策略是在任何市场环境下，都要保持最低的票价。按照传统的经商原则，当飞机每班都客满，票价就要上涨，但西南航空不提价，而是增开班机，有时西南航空的票价比乘坐陆地的运输工具还要便宜。

此外，企业还可以通过开发替代产品，以及使用价格低的包装材料或者使用大包装等措施，不断降低产品的价格，降低客户的货币成本，从而提高客户的感知价值和满意度。

当然，降低客户的货币成本不仅仅体现在价格上，还体现在提供灵活的付款方式和资金融通方式等方面。当客户规模较小或出现暂时财务困难时，企业向其提供延期付款、赊购这样的信贷援助就显得更为重要。

2. 时间成本低于预期

企业在保证产品与服务质量的前提下，尽可能减少客户的时间支出，从而提高客户的感知价值和满意度。

例如，世界著名的花王公司在销售其产品的商场中安装摄像头，以此来记录每位客户在决定购买"花王产品"时所用的时间。"花王公司"根据这些信息改进了产品的包装和说明，对产品摆设进行重新布置及调整产品品种的搭配，让客户可以在最短时间内完成消费行为。经过调整，客户决定购买花王洗发精所用的时间比过去少了40秒。

汇丰银行把有些分支机构改为昼夜银行业务中心，客户可以在方便的时候处理自己的账户。同时，还建立起了电话及 e-banking 银行业务，方便客户使用自己的账户及利用电话和互联网随时随地方便地进行交易，节省了客户的时间成本。

3. 精神成本低于预期

降低客户的精神成本最常见的做法是推出承诺与保证。例如，汽车企业承诺永远公平对待每一位客户，保证客户在同一月份购买汽车，无论先后都是同一个价格，这样现在购买的客户就不用担心之后的价格会更便宜了。

安全性、可靠性越重要的购买或者消费，承诺就越重要。例如，美容业推出"美容承诺"，并在律师的确认下与客户签订美容服务责任书，以确保美容服务的安全性、无后遗症等。许多世界著名企业都对服务质量进行承诺，像新加坡航空公司、迪士尼和麦当劳，这些公司都对其服务质量进行全面承诺，为的就是降低客户的精神成本，提高客户的感知价值和满意度。

此外，企业为了降低客户的精神成本，还可以为客户购买保险。例如，航空公司、旅行社、运输公司等为旅客或乘客购买保险，目的就是减少客户的购买风险，从而降低客户的精神成本和货币成本。

另外，企业提供细致周到、温暖的服务也可以降低客户的精神成本。例如，在为客户维修、安装家电时，自己带上拖鞋和毛巾，安装好后帮客户把房间打扫干净，把对客户的打扰减少到最低限度……这些细节都充分体现了企业对客户的关怀、体贴和尊重，从而降低了客户的精神成本，给客户留下美好的印象。

如果客户想到的企业都能给予,客户没想到的企业也能提供,这必然使客户感到企业时时刻刻对他的关心,从而会对企业满意。例如,客户在外出差,手机没电了,但客户又没带充电器,如果拨打通信公司的服务热线,通信公司便马上提供充电服务,客户一定会感到通信公司的服务超出了他的预期而非常满意,从内心深处对公司产生亲近感。又如,当我们到银行办理业务的时候,填写各种单据是一件非常头痛的事情,但是,招商银行就推出窗口免填单服务——客户不再需要填写任何单据,只需告诉窗口的服务代表自己想要办理的业务就够了,剩下的手续会由服务代表完成。由于招商银行推出免填单的服务超出了客户的预期,客户自然感到满意。

此外,企业还要积极、认真、妥善地处理客户投诉,从而降低客户的精神成本。

4. 体力成本低于预期

如果企业能够通过多种销售渠道接近客户,并且提供相关的服务,那么就可以减少客户为购买产品或者服务所花费的体力成本,从而提高客户的感知价值和满意度。

对于装卸和搬运不太方便、安装比较复杂的产品,企业如果能为客户提供良好的售后服务,如送货上门、安装调试、定期维修、供应零配件等,就会减少客户为此所耗费的体力成本,从而提高客户的感知价值和满意度。例如,商店为购买电冰箱、彩电、洗衣机、家具的客户送货上门,免费安装,解决运输、安装两大难题,这些都降低了客户的体力成本,超出客户预期,从而提高了客户的满意度。

总之,如果企业能够把握客户预期,并且让客户的感知价值超出预期,就能够实现客户满意。

课后练习

一、不定项选择题

1. 客户的满意是由( )因素决定的。
   A. 客户的预期和感知　　　　　　B. 客户的抱怨和忠诚
   C. 产品的质量和价格　　　　　　D. 产品的性能和价格
2. 以下影响客户满意的因素是( )。
   A. 客户预期　　B. 客户心情　　C. 客户性别　　D. 客户年龄

3. 以下影响客户预期的因素是( )。

  A. 消费经历　　　　B. 消费偏好　　　　C. 消费阶段　　　　D. 包装

4. 如果企业善于把握客户预期，然后为客户提供超预期的( )，就能够使客户产生惊喜。

  A. 感知价值　　　　B. 服务价值　　　　C. 产品价值　　　　D. 形象价值

5. 企业要让( )保持在一个恰当的水平，这样既可以吸引客户，又不至于让客户因失望而不满。

  A. 客户预期　　　　B. 客户感知　　　　C. 客户满意　　　　D. 客户心情

二、判断题

1. 客户预期越低就越容易满足。　　　　　　　　　　　　　　　　　　( )

2. 客户满意是企业持续发展的基础，是企业取得长期成功的必要条件。

                                ( )

3. 如果企业试图使客户的预期低一些，那么价格、包装、有形展示等也就应该高些、好些、考究些。　　　　　　　　　　　　　　　　　　　　( )

4. 企业要提高客户满意度，可以引导甚至修正客户对企业的预期。　( )

5. 客户满意是一种心理活动，是客户的需求被满足后形成的愉悦感或状态，是客户的主观感受。　　　　　　　　　　　　　　　　　　　　　　( )

三、名词解释

客户满意　　客户预期　　客户感知价值

四、思考题

1. 影响客户满意的因素有哪些？
2. 影响客户预期的因素有哪些？
3. 影响客户感知价值的因素有哪些？
4. 如何让客户满意？

五、案例分析题

哈雷品牌的百年辉煌

  从 1903 年第一辆哈雷摩托车诞生到今天，哈雷经历了战争、经济衰退、萧条、罢工、买断和回购、国外竞争等种种洗礼，但它直面这些考验并善于把握这些考验所带来的市场机会，使其能绝处逢生，迎来更好的发展。

  100 多年来，哈雷以其超凡的生命力和脱俗的竞争力，创造出了让人目不暇接的世界摩托车制造行业一连串的"唯一"——百年来唯一一家始终不离摩托车制造老本行的企业；唯一规模最大、生产时间最长的 V2 缸摩托车生产者；唯一

一家把品牌升华为图腾的超长寿企业……由于它浓缩了激情、自由、狂热的独特品牌个性，最终登峰造极地幻化为一种精神象征、一种品牌文化、一种生活方式，因此也创造出一个世界品牌的神话。

哈雷百年辉煌的一个主要因素是它从制造哈雷摩托车开始，就不仅仅致力于摩托车的设计与生产，而是在精心营造一种独具特色的"哈雷文化"。一个世纪的沉浮，一个世纪的文化沉淀，孕育出丰富灿烂的哈雷文化——自由、神圣和男子气概等，一直作为哈雷品牌的精神要义，令无数的哈雷车迷们为之倾倒。

在哈雷文化中的每一个小群体都有共同的核心价值，但不同的群体由于其特殊的地位而对这一核心价值的诠释也不尽相同。哈雷精神建立在一系列核心价值之上，其中个人自由尤为重要，它包括两个方面，即解放和特许，相应的有两个标志，即展翅的哈雷雄鹰和奔驰的哈雷骏马。展翅的哈雷雄鹰体现着从各种限制中解放出来，包括汽车、办公室、时刻表、权威和各种关系，从工作和家庭中解放出来。奔驰的骏马是一个暗喻，常常用在诗歌和小说之中，它来自西部牛仔和西部的民间英雄，这突显了表现美国人文和价值取向的"牛仔精神"。

潜藏于哈雷文化中的这些可以识别的精神或一系列的核心价值，得到了大众不同程度的接受。这些精神和价值在产品或品牌以及消费者对其使用中得到了深刻体现，如哈雷公司始终坚持质量第一的信念，其对产品质量的要求是苛刻的，在工业化批量生产、追求规模效应的今天，哈雷公司仍然坚持手工工艺和限量生产，从而使每一辆哈雷车的品质都很过硬，给每一位车迷都留下坚固、耐用、物有所值的满足感。

奔放洒脱、彰显个性、张扬自我、崇尚自由，创造了一个将人性与产品融为一体的精神象征，树立了品牌文化的魅力。

思考：

1. 哈雷摩托是怎样管理客户预期的？
2. 哈雷摩托是怎样超越客户预期的？
3. 客户为什么会对哈雷摩托满意？

第九章 客户的忠诚

> 📝 **引例：米粉圈**
>
> 小米公司在官方网站建立了小米社区，将有共同爱好、共同价值观的粉丝进行聚拢，通过同城会、米粉节等不断深化社区的活力与磁场，并在小米社区平台引导粉丝进行内容创造，与核心的粉丝用户建立良好的互动关系，通过一系列的优惠措施及尊崇体验带给核心粉丝更高的溢价。小米还通过微信平台对粉丝遇到的产品售后问题进行维护，以解决产品设计缺陷可能产生的粉丝流失问题。同时，小米在各大媒体社交工具上都与客户保持零距离，包括小米手机的创始人雷军在内的公司高层管理者每天都会亲自做一系列的客服工作，耐心解答用户部分提问。总之，小米通过构建稳固的粉丝群，打造集群社区，得到了粉丝的认同与追随。
>
> 👁 **引例启示**
>
> 小米通过小米社区、同城会、米粉节等，与顾客建立良好的互动关系，使客户产生归属感，感到自己被重视、被尊重，因而提高了对小米的忠诚度。

第一节 客户忠诚概述

一、客户忠诚的含义

客户忠诚是指客户一再重复购买，而不是偶尔重复购买同一企业的产品或者服务的行为。

具体来说，客户忠诚就是对偏爱产品和服务的深度承诺，在未来一贯地重复购买并因此而产生的对同一品牌或同一品牌系列产品或服务的重复购买行为，而不会因市场情景的变化和竞争性营销力量的影响产生转移行为。

有学者把客户忠诚细分为：行为忠诚、意识忠诚和情感忠诚。对于企业来说，如果客户只有意识忠诚或者情感忠诚，却没有行为忠诚，那就没有直接意义，企业能够从中获得多少收益是不确定的，而只有行为忠诚才能够给企业带来实实在在的利益。因此，企业不会排斥虽然意识不忠诚、情感不忠诚，却行为忠诚的客户——因为他们实实在在地、持续不断地购买企业的产品或服务，帮助企业实现利润。不过，企业应当清醒地认识到，意识不忠诚、情感不忠诚的客户是难以做到持久的行为忠诚。理想的"客户忠诚"是行为忠诚、意识忠诚和情感忠诚三合一，同时具备的客户是企业难能可贵的资产！

本书主要研究和介绍的是客户的行为忠诚。

二、客户忠诚的判断

（一）客户重复购买的次数

在一定时期内，客户重复购买某种品牌产品的次数，是判断客户忠诚程度的重要指标。一般来说，客户对某品牌产品重复购买的次数越多，说明对这一品牌的忠诚度越高，反之则越低。有些企业为了便于识别和纳入数据库管理，将客户忠诚量化为连续 3 次或 4 次以上的购买行为，但现实中不同消费领域、不同消费项目的购买频率有很大差别。例如，有的产品或服务，我们一生可能会消费几千次甚至更多，而有的产品或服务，我们一生可能只能消费几次甚至一次。因此，不能一概而论，不能简单用次数来判断客户是否忠诚，更不能跨消费领域、跨消费项目进行比较。

（二）客户对竞争品牌的态度

一般来说，对某种品牌忠诚度高的客户会自觉地排斥其他品牌的产品或服务。因此，如果客户对竞争品牌的产品或服务有兴趣并有好感，那么就表明他对该品牌的忠诚度较低，反之则说明他对该品牌的忠诚度较高。

（三）客户对价格的敏感程度

客户对价格都是非常重视的，但这并不意味着客户对价格变动的敏感程度都相同。事实表明，对于喜爱和信赖的产品或者服务，客户对其价格变动的承受能力强,即敏感度低。而对于不喜爱和不信赖的产品或者服务,客户对其价格变动的承受力弱,即敏感度高。因此,可以依据客户对价格的敏感程度来衡量客户对某品牌的忠诚度。一般来说,对价格的敏感程度高,说明客户对该品牌的忠诚度低;对价格的敏感程度低,说明客户对该品牌的忠诚度高。

(四) 客户对产品或服务质量的承受能力

任何产品或服务都有可能出现各种质量问题,即使是名牌产品或服务也很难避免。如果客户对该品牌的忠诚度较高,当出现质量问题时,他们会表现出宽容、谅解和协商解决的态度;如果客户对品牌的忠诚度较低,当出现质量问题时,他们会深感自己的正当权益被侵犯,从而会产生强烈的不满,甚至会通过法律方式进行索赔。当然,运用这一指标时,要注意区别质量问题的性质,即是严重质量问题还是一般质量问题,是经常发生的质量问题还是偶然发生的质量问题。

(五) 客户购买费用的多少

客户对某一品牌支付的费用占购买同类产品支付的费用总额的比值如果高,即客户购买该品牌的比重大,说明客户对该品牌的忠诚度高。反之则说明客户的忠诚度较低。

(六) 客户挑选时间的长短

客户购买往往都要经过对品牌的挑选,但由于信赖程度的差异,对不同品牌的挑选时间是不同的。通常,客户挑选的时间越短,说明他对该品牌的忠诚度越高,反之则说明他对该品牌的忠诚度越低。

三、客户忠诚的意义

(一) "忠诚"比"满意"更能确保企业的长久收益

"客户满意"不等于"客户忠诚",如果企业只能实现"客户满意"不能实现"客户忠诚",那就意味着自己没有稳定的客户群,这样经营收益就无法确保。

假设某企业每年的客户流失率是10%,每个客户平均每年带来100元的利润,吸收一个新客户的成本是80元。现在企业决定实施客户忠诚计划,将客户年流失率从10%降低到5%,该计划的成本是每个客户20元。

分析这家企业客户终生价值的变化情况:每年流失10%的客户,意味着平均每个客户的保留时间大约是10年,每年流失5%的客户,意味着平均每个客户的保留时间大约是20年。

忠诚计划实施前,平均每个客户的终生价值为10年×100元/年－80元=920元。

忠诚计划实施后,平均每个客户的终生价值为:20年×(100元/年－20元/年)－80元=1520元。

通过实施客户忠诚计划,平均每个客户的终生价值增加了600元,即平均每个客户给企业创造的价值增加了600元。

可见,只有忠诚的客户才会持续购买企业的产品或服务,才能给企业带来持续的收益。

(二) 使企业的收入增长并获得溢价收益

忠诚客户因为对企业信任、偏爱,而会重复购买企业的产品或者服务,还会放心地增加购买量,或者增加购买频率。他们还会对企业的其他产品连带地产生信任,当产生对该类产品的需求时,会自然地想到购买该品牌的产品,从而增加企业的销售量,为企业带来更大的利润。

忠诚客户会很自然地对该企业推出的新产品或新服务产生信任,愿意尝试,因而他们往往是新产品或新服务的早期购买者,从而为企业的新产品或新服务的上市铺平了前进的道路。

忠诚客户对价格的敏感度较低、承受力强,比新客户更愿意以较高价格来接受企业的产品或服务,而不是等待降价或不停地讨价还价。由于他们信任企业,所以购买贵重产品或者服务的可能性也较大,因而忠诚客户可使企业获得溢价收益。

(三) 降低企业成本

1. 降低开发客户的成本

随着企业间为争夺客户而展开的竞争日趋白热化,导致企业争取新客户需要花费较多的成本,如广告宣传费用、推销费用(如向新客户推销所需的佣金、推销人员的管理费用及公关费用等)、促销费用(如免费使用、有奖销售、降价等),还有大量的登门拜访及争取新客户的人力成本、时间成本和精力成本……因此,企业开发新客户的成本非常高,而且这些成本还呈不断攀升的趋势。所以,对于许多企业来说,最大的成本就是开发新客户的成本。

比起开发新客户,留住老客户的成本要相对"便宜"很多,特别是客户越"老",其维系成本越低,有时候一些定期的回访或者听取他们的抱怨就能奏效。即使是激活一位中断购买很久的"休眠客户"的成本,也要比开发一位新客户的成本低

第九章 客户的忠诚

得多。一项研究表明：吸引一个新客户要付出 700 元，而维系一个老客户只需要 120 元。也就是说，获得一个新客户的成本是维系一个老客户的成本的 5～6 倍。可见，如果企业的忠诚客户多了，客户忠诚度提高了，就可以降低企业开发新客户的压力和支出。

2. 降低交易成本

交易成本主要包括搜寻成本(即为搜寻交易双方的信息所发生的成本)、谈判成本(即为签订交易合同所发生的成本)、履约成本(即为监督合同的履行所发生的成本)三个方面，支出的形式包含金钱、时间和精力等。

由于忠诚客户比新客户更了解和信任企业，且忠诚客户与企业已经形成合作伙伴关系，彼此之间已经达成一种信用关系，所以交易的惯例化可使企业大大降低搜寻成本、谈判成本和履约成本，从而最终使企业的交易成本降低。

3. 降低服务成本

服务老客户的成本比服务新客户的成本要低很多。例如，在客户服务中心的电话记录中，新客户的电话往往要比老客户多得多，这是因为新客户对产品或者服务还相当陌生，需要企业多加指导，而老客户因为对产品或者服务了如指掌，因此不用花费企业太多的服务成本。

由于企业了解和熟悉老客户的预期和接受服务的方式，所以可以更容易、更顺利地为老客户提供服务，并且可以提高服务效率和减少员工的培训费用，从而降低企业的服务成本。

(四) 降低经营风险并提高效率

据统计，如果没有采取有效的措施，企业每年要流失 10%～30%的客户，这样造成的后果是企业经营的不确定性增加了，风险也增加了。

忠诚的客户群体和稳定的客户关系，可使企业不再疲于应付因客户不断改变而带来的需求变化，有利于企业制订长期规划，集中资源去为这些稳定的、忠诚的客户提高产品质量和完善服务体系，并且降低经营风险。

企业能够为老客户提供熟练的服务，不但意味着效率会提高，而且失误率会降低，事半功倍。此外，忠诚客户易于亲近企业，能主动向企业提出改进产品或服务的合理化建议，从而提高企业决策的效率和效益。

(五) 获得良好的口碑效应

随着市场竞争的加剧，各类广告信息的泛滥，人们面对大量眼花缭乱的广告难辨真假，无所适从，对广告的信任度也在大幅度下降。而"口碑"是比广告更具有说服力的宣传,人们在进行购买决策时,往往越来越重视和相信亲朋好友的推荐,尤其是已经使用过产品或消费过服务的人的推荐。例如,万科房产的销售就有相当比例得益于原有客户的口碑。

忠诚客户是企业及其产品或服务的有力倡导者和宣传者,他们会将对产品或服务的良好感觉介绍给周围的人,主动地向亲朋好友推荐,甚至积极鼓动其关系范围内的人购买,从而帮助企业增加新客户。

一项调查表明,一个高度忠诚的客户平均会向5个人推荐企业的产品和服务,这不但能节约企业开发新客户的费用,而且可以在市场拓展方面产生乘数效应。可见,忠诚客户的正面宣传是难得的免费广告,可以使企业的知名度和美誉度迅速提高,通过忠诚客户的口碑还能够塑造和巩固良好的企业形象。

(六) 壮大客户队伍

客户忠诚度高的企业,能够获得客户数量的增长,从而壮大企业的客户队伍。

假设有三家公司,A公司的客户流失率是每年5%,B公司的客户流失率是每年10%,C公司的客户流失率是每年15%,三家公司每年的新客户增长率均为15%。

那么A公司的客户存量将每年增加10%,B公司的客户存量将每年增加5%,而C公司的客户存量则是零增长。这样一来,7年以后A公司的客户总量将翻一番,14年后B公司的客户总量也将翻一番,而C公司的客户总量将始终不会有实质性的增长。

(七) 为企业发展带来良性循环

随着企业与忠诚客户关系的延续,忠诚客户带来的效益呈递增趋势,这样就能够为企业的发展带来良性循环——客户忠诚的企业,增长速度快,发展前景广阔,可使企业员工树立荣誉感和自豪感,有利于激发员工士气;客户忠诚的企业获得的高收入可以用于再投资、再建设、再生产、再服务,也可以进一步提高员工的待遇,进而提升员工的满意度和忠诚度;忠诚员工一般都是熟练的员工,工作效率高,可以为客户提供更好的、令其满意的产品或者服务,这将更加稳固企业的客户资源,进一步强化客户的忠诚;客户忠诚的进一步提高,又将增加企业的收益,给企业带来更大的发展,从而进入下一个良性循环……

美国贝恩策略顾问公司通过对几十个行业长达10年的"忠诚实践项目"调查,发现客户忠诚是企业经营成功和持续发展的基础和重大动力之一。

客户忠诚能确保企业的长久收益,使企业收入增长并获得溢价收益,节省企业的开发成本、交易成本和服务成本,降低企业的经营风险并提高效率,使企业

第九章 客户的忠诚

获得良好的口碑效应及客户队伍的壮大,为企业发展带来良性循环,保证了企业的可持续发展。可以这么说,忠诚客户的数量决定了企业的生存与发展,忠诚度的高低反映了企业竞争能力的强弱。

第二节 影响客户忠诚的因素

一、客户满意

客户忠诚与客户满意之间有着千丝万缕的联系。一般来说,客户满意度越高,客户的忠诚度就会越高;客户满意度越低,客户的忠诚度就会越低。可以说,客户满意是推动客户忠诚的最重要因素。但是,客户满意与客户忠诚之间的关系又没有那么简单,而是既复杂又微妙。

(一)满意则可能忠诚

满意使客户产生重复购买行为,同时也使客户对企业产生依赖感。根据客户满意的状况,可将客户忠诚分为信赖忠诚和势利忠诚两种。

1. 信赖忠诚

当客户对企业及其产品或服务完全满意时,往往表现出"信赖忠诚"。信赖忠诚是指客户在完全满意的基础上,对使其从中受益的一个或几个品牌的产品或者服务情有独钟,并且长期、指向性地重复购买。信赖忠诚的客户在思想上对企业及其产品或服务有很高的精神寄托,注重与企业在情感上的联系,寻求归属感。他们相信企业能够以诚待客,有能力满足客户的预期,对所忠诚企业的失误也会持宽容的态度。当发现该企业的产品或服务存在某些缺陷时,能谅解并且主动向企业反馈信息,而不影响再次购买。他们还乐意为企业做免费宣传,甚至热心地向他人推荐,是企业的热心追随者和义务宣传员。

信赖忠诚的客户在购买行为上表现为指向性、重复性、主动性、排他性。当他们想购买一种曾经购买过的产品或者服务时,会主动去寻找原来为他们提供过这一产品或服务的企业。有时因为某种原因没有找到所忠诚的品牌,他们也会搁置需求,直到所忠诚的品牌出现。他们能够自觉地排斥"货比三家"的行为,能在很大程度上抗拒其他企业提供的优惠和折扣等诱惑,而一如既往地购买所忠诚企业的产品或服务。信赖忠诚的客户是高度依恋企业的客户,他们的忠诚最可靠、最持久,是企业最为宝贵的资源,是企业最重要的客户。他们的忠诚也表明企业现有的产品和服务对他们是有价值的。

2. 势利忠诚

当客户对企业及其产品或服务不完全满意，只是对其中某个方面满意时，往往表现出对企业及其产品或服务的"势利忠诚"。例如，有些客户是因为购买方便而忠诚；有些客户是因为价格诱人而忠诚；有些客户是因为可以中奖、可以打折、有奖励、有赠品等而忠诚；有些客户是因为流失成本太高或者风险更大，或者实惠变少，或者支出增加等而忠诚……

总之，势利忠诚是客户为了能够得到某个(些)好处或者害怕有某个(些)损失，而长久地重复购买某一产品或服务的行为。一旦没有了这些诱惑和障碍，他们也就不再忠诚，很可能会转向其他更有诱惑的企业。可见，势利忠诚的客户对企业的依恋度很低，很容易被竞争对手挖走。

企业要尽可能实现客户的"信赖忠诚"，但如果实在无法实现，可以退而求其次，追求实现客户的"势利忠诚"，因为这种忠诚比较常见、比较容易实现，也能够给企业带来利润，值得企业重视。

(二) 满意也可能不忠诚

一般来说，满意的客户在很大程度上会是忠诚的客户，但实际上它们之间并不像人们所想象的那样存在着必然的联系。许多企业发现，有的客户虽然满意，但还是离开了。据《哈佛商业评论》报告显示，对产品满意的客户中，仍有65%～85%的客户会选择新的替代品，也就是说满意并不一定忠诚。

满意也可能不忠诚的原因大概有以下几种情况：客户没有因为忠诚而获得更多利益、客户对企业的信任和情感不够深、客户没有归属感、客户的转换成本过低、企业与客户联系的紧密程度低、企业对客户的忠诚度低、员工对企业的忠诚度低，以及客户自身因素。此外，因为企业客户的采购主管、采购人员、决策者的离职等，都会导致满意客户的不忠诚。

(三) 不满意则一般不忠诚

一般来说，要让不满意的客户忠诚可能性是很小的，如果不是无可奈何、迫不得已，客户是不会"愚忠"的。例如，客户不满意企业污染环境，或不承担社会责任，或不关心公益事业等，就会对企业不忠诚。又如，企业对客户的投诉和抱怨处理不及时、不妥当，客户就会对企业不忠诚。一个不满意的客户迫于某种压力，不一定会马上流失、马上不忠诚，但条件一旦成熟，就会不忠诚。

(四) 不满意也有可能忠诚

不满意客户依然对企业保持忠诚主要有两种情况，一种是"惰性忠诚"，另一

第九章 客户的忠诚

种是"无奈忠诚"。

1."惰性忠诚"

"惰性忠诚"是指客户尽管对企业的产品或者服务不满,但是由于本身的惰性而不愿意去寻找其他供应商或者服务商。对于这种忠诚类型的客户,如果其他企业主动出击提供更好的服务,还是容易将他们挖走的。

2."无奈忠诚"

"无奈忠诚"是指在卖方占主导地位的市场条件下,或者在不开放的市场条件下,尽管客户不满却因为别无选择,找不到其他替代品,不得已只能忠诚。例如,市场上仅有一个供应商,在这样的垄断背景下,尽管不满意,客户也只能别无选择地忠诚,因为根本没有"存有二心"的机会和条件。

虽然"惰性忠诚"和"无奈忠诚"能够为企业留住客户,但企业切不可因此放任不管,还是应尽可能提高自身产品和服务质量,因为不满意的忠诚是靠不住的、很脆弱的,一旦时机成熟,这类不满意客户就会毫不留情地离开。

从以上的分析来看,客户忠诚很大程度受客户满意的影响,但不是绝对的,企业要想实现客户忠诚,除了让客户满意外,还得考虑影响客户忠诚的其他因素,并且采取相应的措施。

二、客户因忠诚能够获得多少利益

追求利益是客户的基本价值取向。调查结果表明,客户一般也乐于与企业建立长久关系,其主要原因是希望从忠诚中得到优惠和特殊关照,如果能够得到,就会激发他们与企业建立长久关系。如果老客户没有得到比新客户更多的优惠和特殊关照,那么就会抑制了他们的忠诚,这样老客户会流失,新客户也不愿成为老客户。因此,企业能否提供忠诚奖励将影响客户是否持续忠诚。

然而,当前仍然有许多企业总是把最好、最优惠的条件提供给新客户,甚至有的企业利用大数据"杀熟",而使老客户的待遇还不如新客户,这其实是鼓励"后进",打击"先进",是一种倒退,将大大损害客户的忠诚度。试想如果一个人对待有十年交情的老朋友还不如新结识的朋友,那么有谁会愿意和这样的人做长久的朋友?其实,新客户的"素质"是个未知数,企业不知道他们将会带来什么,而老客户伴随着企业历经风雨,是企业的功臣。企业切不可喜新厌旧,否则只会让老客户寒心,受伤害的他们将不再忠诚而最终流失。而新客户看到老客户的下场也会望而却步,因为老客户今天的境遇就是新客户明天会遇到的问题。

所以,企业要让老客户得到更多的实惠,享受更多的奖励,这样才会激励客户对企业的忠诚。

三、客户的信任和情感

(一) 信任因素

由于购买行为存在一定的风险,君子不立危墙之下,客户为了避免和减少购买过程中的风险,往往总是倾向于与自己信任的企业保持长期关系。研究显示,信任是构成客户忠诚的核心因素,信任使重复购买行为的实施变得简单易行,同时也使客户对企业产生依赖感。

例如,衣蝶百货是一家百分之百只卖女性服饰的专卖店,服务策略是用周到的服务来创造令人感动的体验。如它的洗手间里面有高品质的护肤乳液和香精。洗手台有专职的服务人员,清洁工作非常到位,没有水渍。为了防止马桶坐垫不卫生,衣蝶百货为客户提供了自动胶膜,还提供卫生棉。由于衣蝶百货站在女性的角度考虑,从而赢来了很多的忠诚客户。

(二) 情感因素

如今,情感对客户忠诚的影响越来越不能忽视,这是因为企业给予客户利益,竞争者也同样可以提供类似的利益,但竞争者难以攻破情感深度交流下建立的客户忠诚。

企业与客户一旦有了情感交互,两者就会从单纯的买卖关系升华为休戚相关的伙伴关系。当客户与企业的感情深厚时,客户就不会轻易背叛,即使受到其他利益的诱惑也会顾及与企业的感情。

加拿大营销学教授杰姆•巴诺斯(James Barnes)通过调查研究指出,客户关系与人际关系有着一样的基本特征,包括信任、信赖、社区感、共同目标、尊重、依赖等内涵,企业只有真正站在客户的角度,给客户以关怀,与客户建立超越经济关系之上的情感关系,才能赢得客户的心,赢得客户的忠诚。

四、客户是否有归属感

假如客户感到自己被企业重视、尊重,有很强的归属感,就会不知不觉地依恋企业,因而忠诚度就高。相反,假如客户感觉自己被轻视,没有归属感,忠诚度就低。

例如,星巴克最忠诚的消费者每月去店里消费的次数高达18次,因为他们把星巴克当作一种除居家和办公之外的第三场所,他们可以在星巴克体验到在别的地方无法体验的情调和氛围,他们还能从星巴克的服务中感受到某种情谊和归属感,甚至能够从服务中获得了某种精神的提升。

又如，穷游网保持客户黏性的手段是其丰富实用的旅游咨询和服务，以及良好的社区气氛。穷游网将后台加工制作的集成式攻略单列为一个版块，将客户生成的攻略和客户间的问答互动一起放入了论坛版块。注册网友拥有自己的主页，可以进行发帖、上传照片、问答等，也可以与其他用户发私信。注册网友在穷游网上免费得到了其他网友提供的旅游信息，然后在自己亲身体验之后又回到网站分享自己的旅游经历，如此这样的循环往复，使客户具有强烈的归属感，从而吸引了众多客户持续对穷游网的关注与忠诚。

五、客户的转换成本

转换成本指的是客户从一个企业转向另一个企业需要面临多大的障碍或增加多大的成本，是客户为更换企业所需付出的各种代价的总和。

转换成本可以归为以下三类：一类是时间和精力上的转换成本，包括学习成本、时间成本、精力成本等；另一类是经济上的转换成本，包括利益损失成本、金钱损失成本等；还有一类是情感上的转换成本，包括个人关系损失成本、品牌关系损失成本。相比较而言，情感转换成本比起另外两个转换成本更加难以被竞争对手模仿。

转换成本是客户不忠诚的一个阻力，如果客户从一个企业转向另一个企业，会损失大量的时间、精力、金钱、关系和感情，那么即使目前他们对企业不是完全满意，也会慎重考虑，不会轻易转换。例如，企业实行累计优惠计划，那么频繁、重复购买的忠诚客户就可以享受奖励，而如果客户中途放弃合作就会失去即将到手的奖励，并且原来积累的利益也会因转换而失效，这样就会激励客户对企业的忠诚。

必须认识到，如果企业仅仅靠提高转换成本来维系客户的忠诚，而忽视为客户创造价值和利益，那将会使客户处于无奈的境地。一旦其他企业提供了更好的服务或产品，客户则很可能会流失。

六、客户对企业的依赖程度

如果两个企业之间的关系不是表层的关系，而是深层的、高级的关系，相互渗透的关系，那么分开就不是件容易的事了。经验表明，客户购买一家企业的产品越多，对这家企业的依赖就越大，客户流失的可能性就越小，就越可能忠诚。例如，360安全公司通过网上智能升级系统，及时为使用其产品的客户进行升级，并且可免费下载一些软件，从而增强了客户对其的依赖性。

另外，企业与客户双方的合作关系是否紧密，企业提供的产品或者服务是否渗透到客户的核心业务中间，企业的产品或者服务是否具有显著的独特性与不可替代性……如果答案是肯定的，那客户对企业的依赖程度就高，忠诚度也就高；反之，客户对企业的依赖程度就低，当它一旦发现更好、更合适的企业，便会毫不犹豫地离开。

总而言之，如果一个企业对客户来说是可有可无的，那怎么能够奢望客户会对这家企业忠诚？相反，如果客户离不开企业，那么客户则会保持忠诚。例如，当今客户手机上的 App 太多已经成为痛点，如果一个 App 可以集合多个功能显然会赢得客户的青睐。美团 App 就集合了团购、外卖、打车、单车、酒店、机票车票等诸多业务，即吃住行都能用美团 App 解决，这就使用户在不知不觉中离不开美团，渐渐忠诚于美团。

当然，企业还可与客户通过交叉持股或者双方共同成立合资、合伙或合作企业等形式，建立双方共同的利益纽带，这样彼此就不容易分开了。

七、企业对客户的忠诚度

忠诚应该是企业与客户之间双向的、互动的，不能追求客户对企业的单向忠诚，而忽视了企业对客户的忠诚。

假如企业对客户的忠诚度高，一心一意地为客户着想，能够不断为客户提供满意的产品或者服务，就容易获得客户的忠诚。相反，若企业不能持续地为客户提供满意的产品或服务，那么客户的忠诚度就会降低。

> **案例**：苹果公司以自己的忠诚换取客户的忠诚
>
> 苹果公司规定每一个 App 商店的应用开发者和应用开发商必须要重视用户的隐私，必须保护好用户的数据信息，不能保留用户数据的任何备份，在用户不再使用这款 App 的时候，必须要把用户的数据删得一干二净，否则的话，一经发现有保留用户数据的行为，苹果 App 商场将直接下架这款 App，而且不会再一次上架。
>
> 苹果保护消费者隐私的行为，使其塑造了良好的企业形象，赢得了客户的忠诚。

八、员工对企业的忠诚度

研究发现，员工的满意度、忠诚度与客户的满意度、忠诚度之间呈正相关。

这是因为，一方面，只有满意的、忠诚的员工才能愉快地、熟练地提供令客户满意的产品和服务；另一方面，员工的满意度、忠诚度会影响客户对企业的评价，进而影响其对企业的忠诚度。

此外，有些客户之所以忠诚于某家企业，主要是因为与之联系的员工的出色表现，如专业、高效、娴熟，以及与他们建立的良好私人关系。因此，如果这个员工离开了这家企业，客户就会怀疑该企业是否仍能满足他们的需要，尤其是在一些特别依赖员工个人表现的企业，如名医、名师、名厨……特殊员工的忠诚对客户忠诚的影响尤其显著。

九、客户自身因素

客户的自身因素也会影响客户忠诚。例如，客户遭遇某种诱惑或某种压力；客户需求出现转移，如客户原来喝白酒，现在注意保健而改喝葡萄酒，如果白酒生产企业不能及时满足客户新的需求(如供应葡萄酒)，那么客户就不会继续忠诚；客户因为搬迁、成长、衰退、破产；客户重要当事人的离职、退休等，如客户的采购主管、采购人员、决策者的离职等；有的客户由于信念、性格等原因天生就没有忠诚感，很容易见异思迁，要让这样的客户忠诚显然是非常困难的。

以上这些是客户本身因素造成的，是企业无法改变的客观存在。

总结一下，影响客户忠诚的因素，主要包括客户是否满意、客户因忠诚能够获得多少利益、客户的信任和情感、客户是否有归属感、客户的转换成本、企业与客户业务联系的紧密程度、企业对客户的忠诚度、员工对企业的忠诚度、客户自身因素等。客户是否忠诚有时是单一因素作用的结果，有时是多个因素共同作用的结果。

第三节　如何实现客户忠诚

从以上影响客户忠诚的因素分析中我们知道，企业必须废除一切妨碍和不利于客户忠诚的因素，强化推动和有利于客户忠诚的因素，双管齐下，就能实现客户忠诚。

一、努力实现客户完全满意

客户越满意，忠诚的可能性就越大，而且只有最高等级的满意度才能实现最高等级的忠诚度。为此，企业应当追求让客户满意，甚至完全满意。

例如，施乐公司在进行客户满意度的评估中发现，不仅满意与再购买意愿相关，而且完全满意的客户的再购率是满意客户的6倍。为了追求客户完全满意，

施乐公司承诺在客户购买后三年内如果有任何不满，公司保证为其更换相同或类似的产品，一切费用由公司承担，这样就确保了相当多的客户愿意持续忠诚于施乐。

> **案例：联邦快递追求客户完全满意**
>
> 早期，联邦快递将客户满意度和服务表现定义为准时送达包裹所占的百分数。而后，通过多年的客户投诉记录分析，发现准时送达只是客户满意中的一个标准，还有其他因素影响客户满意。联邦快递总结出，实现客户满意应该避免八种服务失败，具体包括：送达日期错误；送达日期无误，但时间延误；发运遗漏；包裹丢失；对客户的错误通知；账单及相关资料错误；服务人员表现不佳；包裹损坏。
>
> 此后，联邦快递为自己制定了两个宏伟的目标：每一次交流和交易都要达到百分之百的客户满意；处理每一个包裹都要百分之百地达到要求。联邦快递每天都分别跟踪12个服务质量指标，以从总体上衡量客户的满意度，另外，公司每年都要进行多次的客户满意度调查。正是坚持了这样的服务标准，联邦快递成为美国历史上第一个在成立后的最初10年里销售额超过10亿美元的公司。
>
> 联邦快递追求客户完全满意的做法换来的是客户对联邦快递的高度忠诚。

二、奖励客户的忠诚

企业想要赢得客户忠诚，就要对忠诚客户进行奖励，奖励的目的就是让客户从忠诚中受益和得到激励，从而使客户在利益驱动下对企业忠诚。

（一）如何奖励

1. 财务奖励

财务奖励的代表形式是频繁营销计划，它最早产生于20世纪70年代初，也称为老主顾营销规划，指向经常或大量购买的客户提供奖励，目的是促使现有客户对企业的忠诚。财务奖励的形式主要有折扣、积分、赠品、奖品等优惠和好处，以此来表示对老客户的关爱，奖励他们重复购买。

例如，一家餐厅将客户每次用餐的账目记录在案，到了年终，餐厅将纯利润的10%按客户总账目金额大小的比例向客户发放奖金。这项"利润共享"的策略，

第九章 客户的忠诚

使得该餐厅天天客满。

许多航空公司都会推出"里程奖励"活动,对乘坐航空公司班机的乘客进行里程累计,当累积到一定公里数时,就奖励若干里程的免费机票。美国西南航空公司最早推出对乘客在积累了一定的里程后可与自己的伴侣一起享受一次免费的国内飞的优惠活动,一经推出便大获成功。许多公司纷纷仿效也推出了各种各样的奖励计划,像美洲航空公司、西北航空公司和联合航空公司等都开发了频繁飞行计划,用来奖励忠诚的乘客。忠诚的乘客通过累积的里程数可获得折扣、免费机票,以及头等舱的座位。现在国内的航空公司也纷纷推出了自己的"常旅客计划",以奖励忠诚的乘客。

由于获得新客户要比留住老客户的成本大得多,因此企业总是希望能够拥有越来越多的老客户,并且通过老客户吸引更多的新客户。为此,企业可给老客户更多的优惠,从而发展长期的客户关系。比较典型的是通过建立会员制给会员一定的优惠价格——一般来说,会员一次性支出的会费远小于以后每次购物所享受到的超低价优惠,还可享受其他特殊服务,如定期收到有关新到货品的样式、性能、价格等资料,以及享受送货上门的服务等。

例如,阿里巴巴曾推出88会员活动,用户只需要88块钱就可以获得天猫、饿了么、优酷、虾米、淘票票等产品的权益,而单独买这些会员,则需要626元,而且这个会员对于淘气值低于1000的用户,要888元才能购买。当用户成为88会员后,在购物的时候,一想到自己是淘宝会员,而且购物还享95折优惠,就会先在淘宝上购买。对整个阿里巴巴来说,88会员还可以打通天猫、饿了么、优酷、虾米、淘票票等产品的用户,实现用户共享。

案例:开市客会员的忠诚

开市客是美国最大的连锁会员制仓储量贩店,成立以来致力于以最低价格提供给会员高品质的商品。20年来,开市客的综合毛利率始终位于 10%~11%之间,其盈利主要来自会员费收入——开市客所有商品的价格比其他零售店至少低15%,然而要想在这里购物,顾客必须交纳45~100美元不等的年度会员费。

当消费者交了这笔年费成为会员后,如果经常来开市客购物的话就会觉得这点会员费交得太值了。因为他们只要多买一些优价优质的商品就赚回来了!另外,开市客还允许会员携带多位亲友一同购物,并提供分单结账服务,以此实现口碑相传,扩大会员基数的目的。并且,绝大多数顾客都选择了继续交纳会员费,续费的比例达到了惊人的86%,而企业60%的利润也来自这些会员费。

此外,实行以旧(产品)折价换新(产品)也能够起到奖励忠诚的作用。例如,华为Mate40系列开展了100元订金预订,老用户享福利,以旧换新最高补贴3000元的活动。又如,苹果的旧机经上门评定或拿去苹果专卖店进行评定后,会有对应的折算价格,折算价格就是购买新机的减免价格。如此一来,苹果老客户就会更愿意继续购买苹果的产品,并不断更新换代,循环往复。

2. 其他配套奖励

这里的其他配套奖励是指特权、优待、机会、荣耀等财务利益以外的奖励。

例如,为了提高分销商的忠诚度,企业可以采取以下措施:

第一,可授予分销商独家经营权。如果能够作为大企业或名牌产品的独家经销商或者代理商,可以树立分销商在市场上的声望和地位,有利于提高分销商的积极性和忠诚度。

第二,为分销商培训销售人员和服务人员。特别是当产品技术性强,推销和服务都需要一定的专门技术时,这种培训就显得更加重要。如美国福特汽车公司在向拉美国家出售拖拉机的过程中,为其经销商培训了大批雇员,培训内容主要是拖拉机和设备的修理、保养和使用方法等。此举使福特公司加强了与其经销商的关系,提高了经销商在拖拉机维修服务方面的能力,也迅速扩大了福特公司拖拉机的经销量。

第三,为分销商承担经营风险。如某企业明确表态:只要分销商全心全意地经营本企业的产品,就保证不让其亏本;在产品涨价时,对已开过票还没有提走的产品不提价;在产品降价时,分销商已提走但还没有售出的产品,按新价格冲红字。这样就等于给分销商吃了定心丸,敢于在淡季充当蓄水池,提前购买和囤积,使企业的销售出现淡季不淡、旺季更旺的局面。

第四,向分销商提供信贷援助。如允许延期付款、赊购,当分销商规模较小或出现暂时财务困难时,这种信贷援助就显得更为宝贵。

第五,企业可以出资做广告,也可以请分销商在当地做广告,再由企业提供部分甚至全部资助,以及提供互购机会,既向分销商推销产品又向分销商购买产品。

(二) 奖励要注意的问题

1. 奖励计划的弱点

(1) 未能享受到奖励计划的客户可能对企业产生不满。

(2) 企业之间的奖励计划大战使客户享受到越来越多的优惠,客户的预期也会越来越高,因而企业为了迎合客户的预期所投入的奖励成本也会越来越高。

(3) 由于奖励计划操作简单,很容易被竞争者模仿。如果多数竞争者加以仿

第九章 客户的忠诚

效,则奖励计划会趋于雷同,使企业提高了成本却不能形成相应的竞争优势,反而增加企业的负担。但是,企业又不能轻易中断这些奖励计划,因为一旦停止就会产生竞争劣势。

2. 奖励的实施方法

(1) 客户是否重视本企业的奖励。如果客户对奖励抱着无所谓的态度,那么企业就不必花"冤枉钱"。

(2) 不搞平均主义,要按忠诚度高低、重购次数来区别奖励。

(3) 要为客户提供长期利益,因为一次性奖励并不能产生客户的忠诚,而且还浪费了大量的财力,即使奖励有效,竞争者也会效仿跟进。因此,企业要考虑自己是否有能力对客户进行持续奖励,能否承受奖励成本不断上升的压力,否则就会出现尴尬的局面——坚持下去,成本太高;取消奖励,企业信誉受影响。

(4) 奖励要出于真诚,如奖励形式可以选择、领取奖励方便等。

三、增强客户的信任与感情

(一) 增强客户的信任

一系列的客户满意产生客户信任,长期的客户信任有利于客户忠诚的形成。因此,企业要持续不断地增强客户对企业的信任,这样才能获得客户忠诚。企业怎样才能增加客户的信任呢?

1. 客户至上

要牢牢树立"客户至上"的观念,想客户之所想,急客户之所急,解客户之所难,帮客户之所需,所提供的产品与服务要确实能够满足客户需要。

例如,"为客户创造最大的营运价值"是沃尔沃卡车公司始终追求的目标,每做一笔销售时,沃尔沃工作人员都要为用户量身定做一套"全面物流解决方案",算运费、算路线、算效率,甚至算到油价起伏对赢利的影响。精诚所至,金石为开,客户当然会将信任的眼光投向沃尔沃卡车,并成为其忠诚的客户,沃尔沃公司得到的回报是节节攀升的利润。

2. 提供信息

要为客户提供广泛并值得信赖的信息(包括广告),当客户认识到这些信息是值得信赖并可接受的时候,企业和客户之间的信任就会逐步产生并得到强化。

例如,医院可在患者中建立健康档案或者病员信息资料库,对患者的生日、病情、出院时间等做详细记录,并在营销部门下创建随访中心负责与患者保持长期的联系。这样,当病人出院后医院仍然可以和患者取得联系,了解他们的健康

状况，给他们送去慰问和祝福，让患者感受到医院对他们的关心，获得其对医院的信任。

3. 给客户承诺

要针对客户可能遇到的风险，提出保证或承诺并切实履行，以减少他们的顾虑，从而赢得他们的信任。

4. 保护客户隐私

要尊重和保护客户的隐私，使客户有安全感，进而产生信赖感。

5. 认真处理投诉

要认真处理客户投诉，如果企业能够及时、妥善地处理客户的投诉，也能够赢得客户的信任。

美团外卖作为国内知名网上订餐的平台，精心挑选了众多优质外卖商家，为客户提供快速、便捷的线上订餐服务。美团外卖还制定了具有法律效应的《美团点评餐饮安全管理办法》，为了鼓励更多客户曝光不良商家还给予相应现金红包奖励，同时与社会各界广泛合作、共同治理，并承诺所有与餐饮安全相关的投诉保证 24 小时内有解决方案。此外，美团外卖规定配送人员要持有健康证明，衣帽清洁，不能直接接触餐品；配送箱清洁，配送过程中不能把餐品与有害的物品一起存放和配送；同时保证餐品安全所需的温度、湿度……一系列的努力换来了客户的信任，也增强了客户的忠诚度。

（二）增强客户的感情

企业在与客户建立关系之后，还要努力寻找交易之外的关系，如加强与客户的感情交流和感情投资，这样才能巩固和强化企业与客户的关系。增强客户对企业的情感可采用如下方法。

1. 积极沟通，密切交往

企业应当积极地与客户进行定期或不定期的沟通，了解他们的想法和意见，并邀请他们参与到企业的各项决策中，让客户觉得自己很受重视。对于重要的客户，企业负责人要亲自接待和登门拜访，努力加深双方的情感联系，并且发展联盟式的客户关系。在客户的重要日子(如生日、结婚纪念日、职务升迁、乔迁之喜、子女上大学、厂庆日等)采取恰当的方式予以祝贺，如寄节日贺卡、赠送鲜花或礼品等，让客户感觉到企业实实在在的关怀。

此外，企业可以邀请客户参加娱乐活动，如打保龄球、观赏歌舞、参加晚会等，过年过节时举行客户游园会、客户团拜会、客户酒会、客户答谢会等显示客户尊贵地位之类的活动，喝喝茶、唱唱歌，再读一封热情洋溢的感谢信，也可以

第九章 客户的忠诚

增进客户对企业的友情、强化关系。

例如，玛贝尔(MaBelle)钻饰自成立以来已经在我国的香港地区开设了 46 间分店，成为深受时尚人士青睐的品牌。MaBelle 经常为"VIP 俱乐部"会员安排各种活动，如母亲节为妈妈们准备了"母亲节 Ichiban 妈咪鲍翅席"，情人节为年轻情侣筹办浪漫的"喜来登酒店情人节晚会"，为职业和兴趣相近的会员安排的"酒店茶点聚餐"，以及节假日为年轻会员安排的"本地一日游"。香港的生活节奏非常快，人们学习工作很紧张，人际交往比较少，这些活动不但给会员提供了难忘的体验，而且还帮助他们开拓交际圈，通过俱乐部结识了不少朋友。很多会员参加过一些活动后，不但自己成为 MaBelle 钻饰品牌的忠诚客户，还会向亲友宣传，邀请他们成为品牌会员。

2. 超越期待，雪中送炭

生活中我们常说"将心比心，以心换心"，企业与客户之间特别需要这种理解与关心，当企业为处于危困之中的客户"雪中送炭"，那么，很可能为自己培养了未来的忠诚客户。

如今，客户对酒店的要求越来越高，尤其是老客户，他们不希望每次用餐都重复做一些相同的事情，如回答"喝点什么""吃些什么"等这样的老问题。因为这会使他们感觉自己是酒店的陌生人，心中自然不快。如果酒店能够做到对老客户喜欢喝的酒、吃的菜都记得一清二楚，那么就会使老客户有"在家的感觉"，也就能够提升老客户的满意度和忠诚度。

新加坡东方大酒店实施了一项"超级服务"计划，就是服务人员要尽可能地满足客户的需要，不管是否属于分内的事。有一天，酒店咖啡厅来了四位客人，他们一边喝咖啡，一边拿着文件在认真地商谈问题，但咖啡厅的人越来越多，嘈杂的人声使得这四位客人只好大声说话。受过"超级服务"训练的服务员觉察到这一点，马上给客房部打电话，询问是否有空的客房可以借给这四位客人临时一用，客房部立即答应提供一间。当这四位客人被请到这间免费的客房并知道这是为了让他们有一个不受干扰的商谈环境时，他们感到难以置信。事后他们在感谢信中写道："我们除了永远成为您的忠实客户之外，我们所属的公司也将永远为您做广告宣传。"

> **案例**：华为的"客户心"
>
> 通信产业会因为技术标准、频率波段不同，衍生出不同的产品，一个电信商为了满足消费者，可能需要用到三种技术标准，采购三套不同的机台，其中的安装与后续维修费用甚至高过单买机台本身。

> 从制造商的角度来看，当然希望客户买越多套产品越好，这样才能赚取越多服务费。但华为却走了一条逆向的路：我来帮客户省钱！华为反过来站在电信商的角度思考，主动研发出把三套标准整合在一个机台的设备，帮客户省下了50%的成本。
>
> 通常，制造商派四五个工程师到客户端驻点就算是比较大的投入了，华为却可以一口气送上一组12人的团队，与客户一起讨论、研发出最适合的产品。若产品出问题，即使地点远在非洲乞力马扎罗火山，华为也是一通电话立刻派工程师到现场，与客户一起解决问题。

总之，企业只有通过对客户的理解、体贴及人性化经营，真心付出、以诚相待，才能得到客户的信任并增进情感，才能与客户建立长期友好的关系。

四、建立客户组织

建立客户组织可使企业与客户的关系正式化、稳固化，使客户感到自己有价值、受欢迎、被重视，而产生归属感。客户组织还使企业与客户之间由短期关系变成长期关系，由松散关系变成紧密关系，由偶然关系变成必然关系，因而有利于企业与客户建立超出交易关系之外的亲密关系。

例如，上海益民商厦设立了"客户假日俱乐部"，每周六举办产品知识讲座，内容有电脑、黄金珠宝、皮革等产品的性能、使用和保养等知识，受到了消费者的欢迎。商厦还设立了"老客户联谊会"，建立了老客户档案，经常为他们寄发产品信息资料，过节时还邀请他们参加聚会，并听取他们的意见，从而牢牢地"拴住"了一大批忠诚的客户。

又如，张裕公司发现国内葡萄酒高端客户正在逐步增长和成熟，认为有必要先人一步发现这些高端客户，然后通过提供高品质的新产品、个性化服务与文化附加值来留住他们。公司设立的张裕·卡斯特VIP俱乐部就是为了实现这一目标，目前它是国内首个由葡萄酒厂商创办的高级酒庄俱乐部，旨在长期专注于为高端红酒消费群提供专业的会员服务及专有交流空间。体验式营销是俱乐部的一大特色，近百名来宾在张裕·卡斯特酒庄首席国际品酒顾问克瑞斯的指导下，一边欣赏葡萄酒的色泽和清亮度，一边轻摇酒杯，学着俯身贴鼻，让葡萄酒的香味扩散至全身，亲身感受葡萄酒文化的熏陶。除了会员关系管理、一对一体验式的会员活动这些常规服务外，俱乐部还印制了一本会员刊物《葡萄酒鉴赏》，能为读者提供葡萄酒鉴赏指导，同时实现个性化服务及文化附加值的功能。张裕发言人表示，个性化服务与文化附加值是目前国际上通行的葡萄酒营销模式，张裕就是要趁洋品牌在中国展开竞争前尽快与国际接轨，并抢先占据中国葡萄酒文化的创造者和引领者的地位。

第九章 客户的忠诚

案例：万客会是"聚客"会

深圳万科地产客户俱乐部，简称万客会。每年万客会都会举办各种活动，通过会刊、网页、活动邀请函等多种方式与会员联络，会员发现感兴趣的信息，就会主动关注，前往参加活动。

万客会的会员并不仅仅是万科业主，还包括对万科感兴趣的人士、单位或组织，这与别的发展商组织的会员俱乐部不一样。万客会真正实现了创立时的初衷，"与万科老客户，或想成为万科客户，或不想成为万科客户但想了解万科的消费者交流沟通"。

为吸引客户眼球，深圳地产界开始热衷于促销，卖房子送出了宝马汽车，一纸博士文凭可获万元优惠等各类新招层出不穷。而此时，深圳万科地产有限公司却推出了"万客会"，在地产界率先推出了"忠诚计划"，无论性别国籍，均可入会，不收取任何费用，条件是填写一份包括职业、年薪等情况的个人资料和现居住状况、购房置业理想的问卷。

万客会为会员提供了近十项优惠，包括提前收到万科地产最新推出的楼盘资料和售楼全套资料；可以优先选购房产、选择朝向、挑选楼层；可以自由选择参加万客会举办的各类公众社会活动，享用万客会精选商号所提供的购物折扣和优惠价格等。

最早，本着为会员谋取更多利益的原则，除了一系列优惠，万客会还向会员赠送管理费，引起其他会员组织相继效仿。实施一段时间后，万客会抛弃了这种做法，推出了欢笑积分计划——会员在推荐亲友购买万科物业时享有推荐购房积分奖励，入会满一年的资深会员购买万科物业时享有购房特别积分奖励，成为业主会员再次选购万科物业时，还可享有老业主重购房特别积分奖励。根据会员积分等级的不同，万客会为会员提供了欢笑分享之旅、现金等礼品。

为了给会员提供更多的增值服务，成立之初，万客会与一些商家结成联盟，会员凭会员卡在特约商户消费可以享受独特的会员价格。这不仅是为会员提供实实在在的优惠，更是会员入会后的尊贵象征。

在商家的选择上，万客会有自己的标准：第一，守法经营；第二，品牌、形象有一定的社会知名度，在其行业里的地位与万科在房地产行业的地位相匹配；第三，商品明码实价，而万客会会员享受的却是独特的会员价。万客会对于商家挑选的过程及后期的评估又是非常严格的，入选的商家也并非终身连任。

万客会精选的商家最初几乎都是与房地产行业密切相关的，如家居、装修、装饰等，现在则是衣食住行样样皆全。万科集团与中国银行又联合策划了全国联名信用卡推广计划，并在北京率先实施。对于北京万科项目的业主来说，这张卡除了具有长城信用卡的所有功能外，还因为嵌入了智能卡芯片，可作为万科门禁系统的钥匙，充当起识别万科业主身份的智能卡。业主所持有的联名卡可以代收物业管理费等多种生活用费，为他们减去许多日常生活中的烦琐事务。万科业主还可凭联名卡在中行享有"中银理财"优惠服务，亦可在中行与万科指定的特约商户享有消费打折优惠。另外，万科将其全球建材战略供应商纳入联名卡合作范围，邀请了包括科勒、多乐士、西门子、丹丽等知名企业共同为持卡人提供产品优惠服务，算得上是家居生活"一卡通"。

五、提高客户的转换成本

一般来讲，如果客户在更换品牌或企业时感到转换成本太高，或客户原来所获得的利益会因为更换而遭受损失，甚至面临新的风险和负担，那么客户就会尽可能不转换。企业可以通过提高客户转换成本实现客户的忠诚，具体方式如下。

首先，提高客户转换的学习成本、时间成本、精力成本。例如，软件企业一开始为客户提供有效的服务支持，包括提供免费软件、免费维修保养及事故处理等，并帮助客户学习如何正确地使用软件。那么，一段时间以后，客户学习软件使用所花的时间、精力将会成为一种转换成本，使客户在其他选择不能体现明显的优越性时自愿重复使用，而不会轻易转换。

其次，提高客户转换的财务成本。例如，航空公司的贵宾卡、超市的积分卡等，也可以提高客户的转换成本，因为客户一旦转换就将损失里程奖励、价格折扣等利益，这样就可以将客户"套牢"，使客户尽量避免转换而尽可能地忠诚企业。

案例：COSTA 的打折卡

当你走进 COSTA 咖啡店点了一杯 36 元的拿铁咖啡，准备掏出钱包付款时，服务员告诉你："先生，这杯咖啡您今天可以免费得到。"

服务员接着说："您办理一张 88 元的打折卡，这杯咖啡今天就是免费的了。并且这张卡全国通用，您在任何时候到 COSTA 咖啡消费，都可以享受 9 折优惠。"

调查表明，有 70%左右的顾客都会购买这张打折卡。此策略可是一

第九章 客户的忠诚

> 箭双雕之计：
> 　　一是扩充消费者第一次消费的单价。对于顾客来说，咖啡的价值是 36 元，办一张打折卡是 88 元，送一杯咖啡，然后这张卡以后还可以持续打折。但是，真实的情况是顾客多花了 53 元，因为打折是建立在顾客消费的基础上，不消费则这张卡没有用，就算消费了也是给企业持续贡献利润。
> 　　二是锁住消费者。当顾客响应了 COSTA 咖啡的主张购买了打折卡，就在办卡的一瞬间，其实企业已经锁定了顾客的消费。由于 COSTA 咖啡与星巴克咖啡的定价接近，所以当顾客下一次要喝咖啡的时候，因为有这张打折卡，所以顾客基本不会考虑转去星巴克消费。

最后，还要提高客户转换的情感成本。例如，当客户购买了一定数额的产品并成为企业会员后，客服人员定期通过电邮、电话、手机短信等方式和客户建立个人关系，这种私人关系无疑增加了客户的情感转换成本。此外，如果客户参与了企业的产品定制，在增加客户满意度的同时，也增加了客户的情感投入，即增加了转换成本，因而能够增加他们的退出障碍，从而有效地阻止客户的流失。

案例："米粉"因参与而忠诚

　　参与感是提升品牌黏性和忠诚度的重要手段。雷军曾经说过："从某种程度上讲，小米贩卖的不是手机，而是参与感。"
　　小米手机不仅将用户视为产品的使用者，在小米手机的开发者眼中用户也极有可能成为小米手机的开发者，因此在产品的设计中，小米手机创新性地引入了用户参与机制，给予发烧友用户参与产品创造和改进的机会，并且积极收纳海量的用户意见进行软件设计和更新，与用户一起做好的手机。在小米手机论坛上，用户被亲切地称为"米粉"。每周论坛上都有米粉发布的数千篇反馈帖，其中也不乏深度体验报告和心得。在部分重要功能的设计和确定上，小米手机的工程师们充分挖掘并利用隐藏在论坛中的强大力量，通过网络问卷调查及投票的方式征询米粉的意见。在小米每周更新的四五十甚至上百个功能中有 1/3 都来源于米粉。借助微博、微信和论坛的力量使粉丝与手机开发者完成零距离互动，在娱乐化的互动过程中也增强了米粉对产品和品牌的信任。
　　另外，小米手机在产品研发、营销、传播、服务等各个环节中都充分激发米粉的自组织参与和创造能力，先推出手机开发论坛"MIUI"，招募一百个智能手机发烧友参与功能研发，再以这一百个种子用户为中心逐步向外扩充，招募一千个测试用户、一万个体验用户，进行新功能的测试体验和反馈，再带动十万忠实粉丝和百万千万普通粉丝的口碑营销和持续消费。

小米手机以"和米粉做朋友"为己任，一方面以MIUI论坛为平台聚集米粉参与开发和传播，不断激发和满足米粉需求，不断升级产品保持米粉参与热度；另一方面充分利用社交互动进行营销服务，实时响应米粉反馈，提供精细化服务体验，强化米粉对于小米品牌的参与度、认同感和忠诚度，从而使小米品牌在智能手机的红海大战中异军突起。

小米手机这种将终端消费者的参与融入产品设计过程中的做法使得米粉们因自身的参与而加深了对小米的牵挂和忠诚。

当然，企业还可以通过股权投资或者与客户签订合作协议或合同来提高客户的转换成本，这样客户将不会轻易违约和流失。

六、加强客户对企业的依赖

(一) 加强业务联系

加强业务联系是指企业渗透到客户的业务中间，双方形成战略联盟与紧密合作的关系。假如企业能够向客户提供更多、更宽、更深的服务，如为客户提供生产、销售、调研、管理、资金、技术、培训等方面的帮助，就能与客户建立紧密的联系，从而促进客户对企业忠诚。

例如，小米公司投资了270多家生态链企业，并且不断地跨界，尝试新的服务领域——第一圈层是手机周边商品，基于小米手机已取得市场影响力和庞大的活跃用户群，手机周边是小米有先天优势的第一个圈层，如耳机、音箱、移动电源等；第二圈层是智能硬件，小米投资孵化了多个领域的智能硬件产品，如空气净化器、净水器、电饭煲等传统白电的智能化，也投资孵化了无人机、稀车、机器人等极客互融类智能玩具；第三个圈层是生活耗材，如毛巾、牙刷、旅行箱、跑鞋和背包等。小米公司通过投资生态链不断地加强与客户的业务联系，在一定程度上增强了客户对小米公司的忠诚。

1. 服务支持

以零售终端客户为例，企业可以通过以下两个方面来促进零售终端客户的忠诚：一是向终端提供销售支持，包括广告支持；产品展示陈列、现场广告和售点促销等助销支持；人员支持，派驻促销，驻点促销(某些店)；销售工具和设备的

第九章 客户的忠诚

援助，如免费提供货架等；及时送货，保证货源，随时掌握终端的合理库存，并且补货及时；协助终端将产品上架，并做好理货和维护的工作；及时退换货，调整终端的滞销库存；做好售后服务，及时主动地处理好客户的抱怨与投诉；经常与终端沟通，及时解决他们在销售中遇到的困难和问题。二是向零售终端提供经营指导，如在店铺装潢、商品陈列、合理库存、提升销量、节省费用、增加利润、广告策划和促销方面，给予终端指导和辅导；针对终端经营中的问题提出一些合理化建议，从而帮助终端增强销售力和竞争力，提升整体经营水平。企业做好以上这两个方面将大大促进零售终端客户对企业的忠诚。

宝洁的成功在很大程度上得益于其"助销"理念——帮助经销商开发、管理目标区域市场。宝洁公司提出了"经销商即办事处"的口号，就是要全面"支持、管理、指导并掌控经销商"。宝洁每开发一个新的市场，原则上只物色一家经销商(大城市一般2~3家)，并派驻一名厂方代表。厂方代表的办公场所一般设在经销商的营业处，他肩负着全面开发、管理该区域市场的重任，其核心职能是管理经销商及经销商下属的销售队伍。此外，宝洁公司还不定期派专业销售培训师前来培训，内容涉及公司理念、产品特点及谈判技巧等各个方面。宝洁公司通过"助销"行动密切了与经销商的关系，也使经销商对宝洁公司更加忠诚。

2. 提供增值服务

企业如果能够为客户提供其未曾想到的增值服务，满足客户的特殊需求，也能够达到增进客户忠诚的目的。

例如，乐购为女性购物者和对健康很在意的客户特别推出了"瘦身购物车"。这种推车装有设定阻力的装置，客户可自主决定推车时的吃力程度，阻力越大消耗的卡路里就越多。推车购物过程中，客户的手臂、腿部和腹部肌肉都会得到锻炼。手推车上还装有仪器，可测量使用者的脉搏、推车速度与时间，并显示推车者消耗的热量。这种"瘦身购物车"造价是普通推车的7倍，但它却受到了顾客的热烈欢迎，因为顾客得到了其他商场没有提供的"健身服务"。

(二) 提高不可(易)替代性

假如企业凭借自身的人才、经验、技术、专利、秘方、品牌、资源、历史、文化、关系、背景等为客户提供独特的、不可(易)替代的产品或者服务，就能够增强客户对企业的依赖性，从而实现客户忠诚。

例如，微软公司就是凭借其功能强大的Windows系列产品，几乎垄断了计算机操作系统软件市场，而功能实用、性能良好的AutoCAD在计算机辅助设计领域占有很高的市场份额，它们都是凭借不可(易)替代的产品或者服务赢得了客户的忠诚。

又如，阿里巴巴集团于 2014 年正式推出天猫国际平台，直接向国内消费者提供海外进口商品。作为一个媒体平台，天猫国际有效地整合了海外卖家与国内买家的信息，解决了双方语言障碍的问题，以及传统海淘中支付不安全、无售后保障等问题。世界知名的百货公司和免税商店，如梅西百货、麦德龙、惠氏、花王、资生堂等全球知名零售商均在天猫入驻，并且大多数公司和天猫国际签署了独家的战略合同协议，这意味着，天猫国际拥有着其他平台无法得到的货源。在天猫国际入驻的商家大部分可以为消费者提供七天无理由退换货的服务，如果有顾客需要退换的商品，可以直接从保税区直接发货，具有很强的时效性。而且平台还为顾客提供运费险的服务，如果顾客有退换货的需要，则可由平台承担大部分运费，顾客只需承担少部分邮寄费用。天猫国际承诺所有需退换商品均为国内退货，为消费者解决了传统海淘中售后无保障的难题。显然，这些独特的服务促进了客户对天猫国际的忠诚。

> **案例**：利乐通过促进客户的成长实现客户的忠诚
>
> 在利乐公司看来，利乐提供给客户的是整体的解决方案，而不仅仅是设备或者包材。为了给客户提供完美的方案，利乐的增值服务是非常全面的，客户买到的也不仅仅是产品和服务，而是一种成长素——拥有利乐，就拥有成长。
>
> 比如，利乐在中国市场采用了先进的关键客户管理系统，公司的技术设备专家、包装设计人员、市场服务人员甚至财务经理都会与客户维护紧密联系，共同深入生产和市场一线，在设备引进、产品开发、技术培训、市场信息、营销体系构建、新品上市的全过程中积极投入，帮助本地客户发展壮大。
>
> 利乐公司的设备都是成套销售的，而且价格很高。客户若投资一套利乐枕式液态奶生产线，需一次性投入几百万元人民币，这对于一个乳品企业而言是很大的投资项目。利乐公司经过调查发现，很多相关企业对这种设备及产品包装相当感兴趣，只是觉得投资数额太大，资金上有困难。针对这一情况，利乐公司提出了"利乐枕"的设备投资新方案：客户只要拿出 20%的款项，就可以安装成套设备投产。而以后四年中，客户只要每年订购一定量的包材，就可以免交其余 80%的设备款。这样客户就可以用这 80%的资金去开拓市场或投资其他项目。
>
> 利乐公司这项投资方案一经出台，客户就迫不及待地争先签订合同，

第九章 客户的忠诚

从而使利乐设备迅速扩大了市场份额,成了所有牛奶生产厂家的投资首选。由于厂家减少了投资额,节省了大部分资金以开拓市场、投入广告、积极参与公益活动,这样一来消费者很快接受了"利乐枕"这种包装形式,市场局面一下子打开。利乐这一设备投资方案既赢得了客户和消费者,同时也提升了企业形象。

利乐在输出一流产品的同时,也输出企业文化、管理模式、运营理念,深度介入了上下游客户的业务,与客户一起打造共同的核心竞争力,并且无偿地为客户提供全方位的服务。更关键的是,利乐公司通过自身的资源和组织的第三方资源,从战略决策建议、营销决策建议方面给予客户更高层面的服务和建议,从而使利乐与客户从交易关系变为合作伙伴关系,使一次性客户变成长期忠诚的客户。利乐正是在帮助和促进客户成长的同时,达到客户满意的目标,获得客户的认可,加强客户对自己的依赖,从而创造和培植了一批忠诚客户,使自己获得更大的发展。

七、以企业的忠诚换取客户的忠诚

企业不应当忽视对客户的忠诚,而应当从自身做起,通过企业对客户的忠诚,来换取客户的忠诚。

例如,德国商业巨头麦德龙以现购、自运著称,主要特点是进销价位较低,现金结算,勤进快出,客户自备运输工具。麦德龙考虑到中国市场上的情况,将服务对象定位于中小型零售商、酒店、餐饮业、工厂、企事业单位、政府和团体,即主打团体消费,不为个人客户提供服务。麦德龙之所以不面向个体客户,是因为它的一条宗旨,即"给中小零售商以竞争力",既然已经为中小型零售商提供了服务,按照利益共享的原则,个人客户应由中小型零售商提供服务。由于麦德龙充分考虑了中小型零售商的利益,忠诚于它们,所以也赢得了中小型零售商对麦德龙的完全满意和忠诚。在麦德龙的帮助下,它们增强了与大型超市竞争的能力。中小型零售商壮大了,自然增加对麦德龙的需求,这样双方形成了双赢的格局。

又如,华为员工在日本福岛核灾的恐怖威胁下,仍然展现了服务到底的精神,不仅没有因为危机而撤离,反而加派人手,在一天内就协助软银、E-mobile 等客户抢通了三百多个基站。软银 LTE 部门的主管非常惊讶:"别家公司的人都跑掉了,你们为什么还在这里?"当时负责协助软体银行架设 LTE 基站的专案组组长李兴回答:"只要客户还在,我们就一定在!"正是这样忠于客户的企业文化,使华为的客户忠诚度一直保持很高的水平。

我们知道,终端门店承载着客户引流、样品展示、现场体验、需求挖掘、方

案沟通和确定等功能,但 2020 年 2 月起受到新冠肺炎疫情的影响,终端门店受到门庭冷落的重大冲击。就在这个时候,许多生产厂商、卖场平台、电商平台纷纷伸出援手,帮助终端门店克服困难——红星美凯龙对自营商场的相关商户免除一个月租金及管理费,欧派家居启动 10 亿元补贴经销商,金牌橱柜宣布承担全国零售经销商一万多名员工一个月的工资……危难时刻见真情,这些同舟共济、共度难关的做法密切了双方关系,终端客户无疑会投桃报李,以自己的忠诚作为回报。

 延伸阅读

为客户打伞

初春的一天上午,胡雪岩正在客厅里和几个分号的大掌柜商谈投资的事情。这时,外面有人禀告,说有个商人有急事求见。前来拜见的商人满脸焦急之色,原来这个商人在最近的一次生意中栽了跟头,急需一大笔资金来周转。为了救急,他拿出自己全部的产业,想以非常低的价格转让给胡雪岩。

胡雪岩不敢怠慢,让商人第二天来听消息,自己连忙吩咐手下去打听是不是真有其事。手下很快就赶回来,证实商人所言非虚。胡雪岩听后,连忙让钱庄准备银子。因为对方需要的现银太多,钱庄里的又不够,于是,胡雪岩又从分号急调大量的现银。第二天,胡雪岩将商人请来,不仅答应了他的请求,还按市场价来购买对方的产业,这个数字大大高于对方转让的价格。那名商人惊愕不已,不明白胡雪岩为什么连到手的便宜都不占,坚持按市场价来购买那些房产和店铺。

胡雪岩拍着对方的肩膀让他放心,告诉商人说,自己只是暂时帮他保管这些抵押的资产,等到商人挺过这一关,随时来赎回这些房产,只需要在原价上再多付一些微薄的利息就可以。胡雪岩的举动让商人感激不已,商人二话不说,签完协议之后,对着胡雪岩深深作揖,含泪离开了胡家。

胡雪岩的手下不明白原因,便问他为什么这么做。胡雪岩微微一笑:"你肯为别人打伞,别人才愿意为你打伞。那个商人的产业可能是几辈人积攒下来的,我要是以他开出的价格来买,当然很占便宜,但人家可能就一辈子翻不了身。这不是单纯的投资,而是救了一家人,既交了朋友,又对得起良心。谁都有雨天没伞的时候,能帮人遮点雨就遮点吧。"后来,商人赎回了自己的产业,也成了胡雪岩最忠实的合作伙伴。在那之后,越来越多的人知道了胡雪岩的义举,对他佩服不已。胡雪岩的生意也好得出奇,无论经营哪个行业,总有人帮忙,有越来越多的客户来捧场。

八、加强员工忠诚管理

满意的、忠诚的员工才能愉快地、熟练地提供令客户满意的产品和服务，从而实现客户忠诚，而员工的流失会影响客户的忠诚。为此，企业一方面要通过培养员工的忠诚实现客户的忠诚，另一方面要通过制度避免员工流失造成客户的流失。

(一) 通过培养员工的忠诚实现客户的忠诚

1. 寻找优秀的员工并加强培训

企业应寻找那些特质、潜力、价值观与企业的制度、战略和文化相一致，才识兼备、技术娴熟、工作能力强的员工。此外，企业应培养员工树立"以客户为中心""客户至上"的理念，使每位员工认识到他们的工作如何影响客户和其他部门的人员，从而又最终影响到客户的忠诚和企业的生存，并给予相关知识和技能的培训与指导。

2. 建立有效的激励制度

(1) 企业要尊重员工的合理要求，充分满足员工的需要，在员工个人发展上舍得投资，及时解决员工遇到的问题，从而不断提高员工的满意度。

(2) 企业要充分授权，即企业要赋予员工充分的权利和灵活性，从而使员工感到自己受重视、被信任，进而增强其责任心和使命感，激发其解决生产、服务等各环节问题的创造性和主动性，使每个员工都群策群力、同心同德，共同想办法赢得客户忠诚。

(3) 要建立促使员工努力留住客户的奖酬制度。例如，美国的一家信用卡企业 MBNA 公司就建立了这样一种奖酬制度，员工收入中的 20%是与客户维护有关的奖金。这种奖酬制度激励了员工与客户进行有效的沟通，该企业在过去几年中留住了一半试图终止业务关系的客户。

3. 不轻易更换为客户服务的员工

熟悉就会亲切，如果一个员工在服务客户的岗位上做得时间长了，不仅可以了解客户的兴趣与需求，而且能够给客户带来亲切与温暖。例如，法国有一家咖啡饼屋连锁店，店铺经理只雇佣愿意每周工作 50～60 小时的人(这一行业中每位员工平均每周的工作时间是 40 小时)，他会为员工多工作的 10～20 小时支付加班工资，这样做的目的是使每天光顾的大部分客户能够见到同一张面孔为他服务。正是这样，该店的许多服务员能够记住一百多位老客户的名字和喜好，因此该店的客户"回头率"非常高。

(二) 避免因员工的流失造成客户的流失

如果企业员工与客户建立了亲密的关系，当员工跳槽离职时，客户也可能跟随他离开，造成企业客户的流失。为此，企业可通过扩大客户与企业接触面的制度，从而减少客户对企业员工个人的依赖，具体途径如下。

1. 轮换制度

企业每隔一段时间更换与客户联系的员工，这样当某个员工离职时，能保证仍有客户熟知的员工为之服务。例如，麦肯锡公司就采用了咨询师轮岗制，公司每次会派不同的咨询师同客户接触和谈判，从而保证客户对公司多个咨询师的接触。公司将新咨询师同客户的接触解释为从不同视角发现问题，因此客户也不会对咨询师轮换导致的服务质量产生疑问。在这种咨询师轮岗的情况下，如果一个咨询师离职，客户还可以同公司的其他咨询师继续合作，而不会产生客户流失现象。但是，员工轮换不宜过于频繁，因为如果客户还没来得及与员工建立良好的合作关系，这个员工就被调离，客户就会怀疑企业到底是否能够为他提供连续的服务。

2. 以客户服务小组代替"单兵作战"

由于团队的作用，使单个员工对客户的影响被削弱，从而降低了员工流失导致客户流失的可能性。服务小组可采取多种形式，如宝洁的客户服务小组的成员是由跨部门的人员组成，而海尔的客户服务小组成员则由同一部门不同级别的人组成。当然，以客户服务小组的形式要确保每个成员输出信息的一致性，自相矛盾的信息或缺乏团队精神都会让客户怀疑服务小组能否胜任他们的工作。

3. 通过数据库在企业内部实现客户资源的共享

企业要把各个员工所掌握的客户信息在企业内部共享，同时建立知识共享的企业文化，为员工创建一种开放的工作环境，并组织开展一些交流活动，如员工经验交流会等，让他们可以自由沟通、分享信息，从而在企业内部共享客户资源。这样，就不会出现由于某一员工的离开造成客户流失的情况，任何员工都能在其他员工的基础上发展与客户的关系。

以上策略在实现客户忠诚上所起的作用和效果会因行业的不同、企业的不同、客户的不同而不同，在实际工作中应当灵活运用。

第九章 客户的忠诚

一、不定项选择题

1. （　　）是指客户对某一特定产品或服务产生了好感，形成了偏好，进而重复购买的一种趋向。
   A. 客户满意度　　　　　　　　　B. 客户价值
   C. 客户忠诚度　　　　　　　　　D. 客户利润率

2. 客户忠诚度一般是建立在（　　）基础之上的，因此提供高品质的产品、无可挑剔的基本服务，增加客户关怀是必不可少的。
   A. 客户的赢利率　　　　　　　　B. 客户的忠诚度
   C. 客户的满意度　　　　　　　　D. 客户价值

3. 影响客户忠诚的因素是（　　）。
   A. 客户满意　　　　　　　　　　B. 客户性别
   C. 客户年龄　　　　　　　　　　D. 客户期望

4. 评估客户忠诚度可以从（　　）去判断。
   A. 客户重复购买次数　　　　　　B. 客户对品牌的关注度
   C. 客户对产品质量事故的承受能力　D. 客户对价格的敏感程度

5. 下列影响客户转换成本的因素有（　　）。
   A. 时间成本　　　　　　　　　　B. 精力成本
   C. 经济成本　　　　　　　　　　D. 情感成本

二、判断题

1. 客户满意与否不会对客户忠诚产生影响。　　　　　　　　　　（　　）
2. 忠诚的客户一定来源于满意的客户，满意的客户一定是忠诚的客户。（　　）
3. 维持老客户的成本大大高于吸引新客户的成本。　　　　　　　（　　）
4. 客户忠诚能为企业节约服务成本。　　　　　　　　　　　　　（　　）
5. 忠诚客户的数量决定了企业的生存与发展，忠诚度的高低决定着企业竞争能力的强弱。　　　　　　　　　　　　　　　　　　　　　　　　　（　　）

三、名词解释

客户忠诚　　转换成本　　信赖忠诚　　势利忠诚　　惰性忠诚　　垄断忠诚

四、思考题

1. 客户忠诚的含义是什么？意义是什么？
2. 影响客户忠诚的因素有哪些？
3. 实现客户忠诚的策略有哪些？

五、案例分析题

小熊在线的客户经营术

小熊在线的生存哲学很明确：留住客户的心。

小熊在线信息系统咨询公司(以下简称小熊在线)的创始人兼CEO张睿是一个"怪人"，他有自己的原则：不接受大规模融资，只是几个熟识的朋友给一些赞助。很难想象在这样一个浮躁的年代，这样一个"烧钱"的行业，张睿能以"零成本"做起一个网站，并且延续至今发展成为国内最好的资讯门户网站之一，他的秘诀是什么？

"当时的域名和空间都是别人给的，我基本没花什么钱但却倾注了很多的心血。"张睿说。正因为如此，在以后的时间里不管有多少风险投资来找他谈融资问题，也不管多少公司向他表达过并购的意向，他始终不为所动。

1. 专业用户的聚集地

大多数资讯网站都会增设IT资讯以外的其他论坛，如交友论坛、闲聊论坛等，还有一些靠更新社会及娱乐新闻来吸引大众眼球。与此不同的是，小熊在线有40多个分论坛，但在这里找不到交友论坛或大众娱乐新闻。小熊在线正是因为这种专业性吸引了大批专业人士的青睐。假如你的电脑出问题了或是你希望有人为你推荐数码相机，只要你把问题贴到论坛上，不超过5分钟肯定有人回复，从不会让你有受冷落的感觉，这也是小熊在线经常在线人数超过3000人的一个重要原因。

小熊在线90%以上的用户都是IT专业人士，论坛65%以上的帖子是关于硬件类的讨论。论坛是一个个人参与度很强的平台，小熊在线不是欢迎所有的用户，而是欢迎那些对硬件等产品感兴趣的用户，小熊与其他资讯网站的不同就在这里。其他网站可以通过设置论坛来吸引大众用户群的关注，而小熊在线只希望聚集专业人群。在广大用户与版主的共同维护下，这里已经成为新产品、新技术、新经验的发源地。

2. 省钱的"一站式"服务

小熊在线可以为用户省很多钱，这个省钱来自小熊在线所提供的服务。在用户选择产品时，小熊在线会把与产品相关的信息先筛选一遍，筛选出对用户有价值的产品信息并呈现给用户参考及放心使用。

例如，用户要购买一款价格在3000元左右的数码相机，小熊在线会告诉用户能够选择的种类有哪些；多少价钱可以买到及在哪里可以买到；如果用户在外地，小熊在线还会提供一些用户所在地的相关产品信息。

小熊在线还会为外地用户提供最快捷的服务，比如有的用户想买某品牌的某款数码相机，而此款相机只有在北京才能买到，用户只要将产品需求信息贴到网上，小熊便会在最短的时间内为用户买到最便宜的相机。小熊的这种无距离式服务得到了大批外地(北京以外)用户的好评。

第九章 客户的忠诚

无距离式的服务为小熊积累了大批的用户，于是小熊电子商城在用户的企盼中诞生了。小熊在线的用户不仅可以得到自己想要了解的资讯，同时也可以方便地购买到自己想要的产品，免去了解完产品信息后再花时间选购产品的烦恼。最重要的是，小熊的产品真的是物美价廉。

目前，小熊电子商场已经建立了一套完善的服务体系，实现了从产品价格查询、产品评测讨论区，到购买的"一站式"服务。用户只要轻轻一点感兴趣的产品，产品的所有信息都会罗列出来，比如与其他产品的比较，具体价格是多少，网上买的价格是多少钱，线下的价格是多少，网上商铺的信誉度如何，哪些网下商店卖这款产品，网友、用户对这款产品的评价和使用体验等。这种"一站式"的服务方式为小熊留住了更多的用户。

小熊在线电子商务部门负责人张凉表示，来小熊电子商场购物的网友大都是抱着对小熊的信任来的，他们觉得在小熊买东西放心，每年电子商城的销售额超过2000多万元。

3. 抓住年轻的心

小熊在线除了做好线上服务，为用户提供更多的方便以外，还通过丰富的线下活动来留住客户的心。对于小熊在线来说，校园活动已经成为其标志之一，如今"校园经济"已经成为新的经济增长点，但与现代商业下的"校园经济"不同的是，小熊在线时刻维护着自有的纯真和率直。

小熊在线通过举办校园音乐大赛、校园创意大赛等活动吸引了一批年轻的用户，小熊在线举办的音乐大赛为无数热爱音乐的学生提供了一个展示自己的平台。"我们宿舍的人几乎天天都要到小熊在线的网站上看看有没有新的活动"一位北大的学生说。当然，利用各种活动的举办，小熊在线在校园里赚足了人气，成为学生谈论的热门网站之一。

小熊在线对潮流的把握，对当代大学生生活的关注，抓住了很多年轻的心。

思考：

小熊在线实现客户忠诚的策略有哪些？

第四篇

客户关系的挽救

客户关系在建立阶段、维护阶段都随时可能发生破裂。如果企业没有及时采取有效措施,就可能造成客户的永远流失。

相反,如果企业能够及时采取有效措施,就有可能使流失客户"浪子回头",与企业"重归于好",从而使破裂的客户关系得到修复。

客户关系的挽救是企业挽救破裂的客户关系、挽回流失客户的过程。

第十章　客户的挽回

> **引例：UPS 挽回流失的客户**
>
> UPS 公司曾遭遇了一次 15 天的停运事故而导致严重的客户流失，一时间有 150 万忠诚的客户转向了联邦快递等其他快运公司。成千上万的员工被解雇，遭受沉重打击的 UPS 公司意识到，必须立即挽回这些流失的客户。UPS 迅速组织人员给这些流失的客户打电话，召开面对面的沟通会，向他们道歉，告诉他们业务已经恢复正常，并且保证不会再出现类似情况。UPS 公司还发表了致歉信，同时在运费上给客户一定的折扣来抚慰受伤的客户。
>
> 幸运的是，这些措施很快取得了成效，许多流失的客户回来了，在停运事故过去的一年内，UPS 的利润竟然提升了 87%。
>
> **引例启示**
>
> 从 UPS 挽回流失客户的案例中我们看到，面对客户的流失，如果企业采取积极的行动，调查客户流失的原因，并且采取行之有效的措施，那么大部分流失的客户是可以被挽回的。

第一节　客户流失

一、客户流失的原因

客户流失是指客户由于种种原因不再忠诚，而转向购买其他企业的产品或服务的现象。

随着企业生产力和经营水平的不断提高，市场上雷同、相近、相似的产品与服务越来越多，竞争品牌之间的差异也越来越小，客户因改变品牌所承受的风险也大大降低了。因此，当前企业普遍存在客户易流失的问题。

导致客户流失除了有企业自身的原因外，还有客户本身的原因。

(一) 企业的原因

影响客户流失的因素与影响客户忠诚的因素是一样的，这些因素正面作用的结果就是客户的忠诚，负面作用就导致客户的流失。

1. 产品或服务质量问题

当产品或服务质量没有达到标准或者经常出现故障时，就容易导致客户流失。例如，有的客户在 ATM 机上操作时卡被吞，或者是吐出假币残币，联系客服却不能迅速得到解决，这样的服务不免让客户心生不满。

2. 服务态度问题

当服务态度或服务方式存在问题时，也容易导致客户流失。例如，企业员工的服务意识淡薄，对客户冷漠、粗鲁，不尊重客户；客户咨询时无人理睬，对客户的提问和要求表现出烦躁；工作效率低下，没有迅速、准确处理客户的问题，对客户的投诉和抱怨处理不及时、不妥当……当客户觉得没有受到应有的尊重时，客户就会寻求其他的商家。

3. 客户感觉被欺骗

当客户感觉受骗上当时，也容易导致客户流失。例如，企业在广告中过分夸大宣传产品的某些性能，造成客户预期的落空，或者企业对客户做了某种承诺而没有兑现，使客户的预期没有得到满足。如有的商场承诺包退包换，但是一旦客户提出退换要求时，商场总是找理由拒绝，这会让客户产生被欺骗的感受，导致流失。

4. 产品或服务落伍

当产品或服务落伍时，也容易导致客户流失。任何产品或服务都有自己的生命周期，若企业不能进行产品或服务的创新，客户自然就会另寻他路，这也是导致客户流失的重要因素。

案例：凯瑟琳的不满

凯瑟琳小姐一直以来都是澳洲某银行的忠实客户。有一年她收到银行寄来的通知，告诉她可以到墨尔本分行领取新的信用卡。但是她已经

在悉尼定居8年,期间她起码通知银行四五次,要求更改地址信息,将服务转到悉尼分行。

她拨通了银行通知信件上的服务电话,询问是否可以将墨尔本分行的信用卡寄到悉尼分行,但服务人员表示无能为力,告诉她必须自己打电话或者传真到墨尔本分行。凯瑟琳小姐告诉服务人员过去几年间已经好几次要求墨尔本分行修正资料,这次不应该再浪费她的时间和金钱了,因为这是银行延迟处理造成的错误。此时,服务人员开始有点不耐烦:"但这件事我无能为力。"于是凯瑟琳要求与其上司通话,没想到服务人员竟然直接挂断电话。凯瑟琳非常生气,二话不说直接去银行注销了自己的账户,转到街角的另一家小银行去了。

这件事发生数月之后,凯瑟琳突然对投资房地产感兴趣,便打电话给这家小银行询问相关的贷款方案。由于当时不方便亲自走一趟,所以只是简单地在电话里告知她的资产、债务和收入情况。那时她其实只是想收集一点相关的信息,了解一下房地产投资市场而已。

服务人员礼貌地告诉她,她将会在24小时之后得到资讯。果然,凯瑟琳在一天后接到来电,告诉她一个远远超出她预期之外的贷款金额,并说明计算方式:"希望您不介意,我向几家市内的房地产公司查询了符合您条件的方案,并以此计算出最适合您需求的金额。"作为客户,凯瑟琳感到十分愉快,并决定以后的所有银行业务都在这家小银行办理。

5. 其他原因

由于顾客不满企业的行为,如破坏或污染环境,不关心公益事业,不承担社会责任等,或者企业出现震荡或波动等,也会造成客户的流失。

此外,客户从忠诚中所获得的利益较少,客户对企业的信任和情感不够深,客户没有归属感,觉得自己被轻视;客户转换成本较低,企业与客户业务联系不够紧密,客户对企业的依赖程度低,跳槽员工带走客户,以及企业自身对客户不忠诚等也都会导致客户流失。

(二) 客户的原因

有些导致客户流失的因素是客户本身造成的。例如,有的客户因为需求转移或消费习惯改变而退出某个市场;有的客户对企业提供的好的服务或产品根本就不在乎,转向其他企业不是因为对原企业不满意,而是因为自己想换"口味",想尝试一下新企业的产品或者服务,或者只是想丰富自己的消费经历;有的客户由于搬迁、成长、衰退甚至破产不再需要企业的产品；由于客户的采购主管、采购人员的离职等原因也会导致客户流失。

二、如何看待客户的流失

(一) 客户流失会给企业造成负面影响

流失一位重复购买的客户，不仅使企业失去这位客户可能带来的利润，还可能损失与受其影响的其他客户的交易机会，因为流失客户可能散布不利企业的言论，动摇和瓦解"客心"。此外，还可能会极大地影响企业对新客户的开发。

当企业与客户的关系破裂，客户流失成为事实的时候，企业如果不能尽快、及时地恢复客户关系，就可能造成客户的永远流失，而他们很可能成为企业竞争对手的客户，壮大了竞争对手的客户队伍和规模，而一旦竞争对手由于客户增多，生产服务规模扩大，使成本得以下降，就会对企业造成威胁。因此，不能听任客户的流失。

客户的流失，尤其是"好客户"的流失就如同将企业釜底抽薪，让多年投入于客户关系中的成本与心血付之东流。就像摩擦力损耗着机械系统的能量那样，客户的流失不断消耗着企业的财力、物力、人力和企业形象，给企业造成的伤害是巨大的。

(二) 客户流失是不可避免的

新陈代谢是自然界的规律，企业的客户也有一个新陈代谢的过程，特别是在今天的市场上，在各种因素的作用下，客户流动的风险和代价越来越小，流动的可能性越来越大，客户关系在任一阶段、任一时点都可能出现倒退，不论是新客户还是老客户，都可能会流失。此外，由于客户本身原因造成的流失，企业是很难避免的，也是企业无能为力的。

因此，虽然很多企业提出了"客户零流失"的目标，但是这个一厢情愿的目标太不切合实际。幻想留住所有的客户是不现实的，就算能够做到，成本也会相当高，得不偿失——因为企业的产品或者服务不可能完全得到所有客户的认同，企业不可能留住所有的客户！所以，企业应当冷静看待客户的流失，要做的是确保客户流失率控制在一个很低的水平。

(三) 流失客户有被挽回的可能

客户挽回是指企业通过积极的努力促使已经流失的客户回心转意、重新成为企业忠诚客户的行动。

研究显示，向流失客户销售，每 4 个中会有 1 个可能成功，而向潜在客户和目标客户销售，每 16 个才有 1 个成功。这其中的原因主要是：一方面，企业拥有流失客户的信息，他们过去的购买记录会指导公司如何下功夫将其挽回，而对潜在客户和目标客户，公司对其的了解要少得多；另一方面，流失客户毕竟曾经与企业打过交道，对企业有了解、有认识，只要企业纠正了引起他们流失的失误，他们还是有可能回归的。可见，争取流失客户的回归比争取新客户容易得多，而且只要流失客户回头，他们就会继续为企业介绍新客户。

(四) 挽回流失客户的重要性

假设某公司有 10 000 名客户，每年的客户忠诚度是 80%，那么，第二年还留下来的客户就是 800 名，第三年就是 640 名，第四年是 512 名。也就是说，四年后，只有一半的客户还保持忠诚！可见，对流失客户的挽回工作是多么重要！在客户流失前，企业要防范客户的流失，极力维护客户的忠诚，而当客户关系发生破裂、客户流失成为事实的时候，企业不应该坐视不管、轻易地放弃，而应当重视他们，积极对待他们，"亡羊补牢"，尽力争取挽回他们，促使他们重新购买企业的产品或服务，与企业继续建立稳固的合作关系。

例如，当年美国第一银行总裁库雷召集了 300 多名员工开会，说他收到许多不满客户的来信，要求员工应致力于取悦、维系客户。为了实现这个目标，第一银行开始针对流失客户询问一些问题，包括为何离开、有什么要求。银行将收集到的信息整理后，制定出一个行动方案并开始执行，同时经常检查流程，以符合客户日益变化的需求。8 年后，第一银行的客户流失率在行业中最低，大约每年只有 5%，是其他银行的一半。在没有多做额外工作的情况下，第一银行的产业排名由第 38 名上升到第 4 名，利润增加了 16 倍。

第二节 流失客户的挽回

一、区别对待不同的流失客户

由于不是每一位流失客户都是企业的重要客户，所以如果企业花费了大量时间、精力和费用，留住的只是使企业无法赢利的客户，那就不值得了。因此，在资源有限的情况下，企业应该根据客户的重要性来分配投入挽回客户的资源，挽回的重点应该是那些流失的好客户，这样才能实现挽回效益的最大化。

针对下列不同级别的流失客户，企业应当采取的基本态度如下。

1. 对关键客户的流失要极力挽回

一般来说，流失前能够给企业带来较大价值的客户，被挽回后也将给企业带来较大的价值。因此，给企业带来价值大的关键客户应是挽回工作的重中之重，他们是企业的基石，失去他们，轻则会给企业造成重大的损失，重则伤及企业的元气。所以，企业要不遗余力地在第一时间将关键客户挽回，而不能任其流向竞争对手，这也是企业必须做和不得不做的事情。

2. 对普通客户的流失要尽力挽回

普通客户的重要性仅次于关键客户，而且普通客户还有升级的可能，因此对普通客户的流失要尽力挽回，使其继续为企业创造价值。

3. 对小客户的流失可见机行事

由于小客户的价值低，数量多且很零散，因此企业对这类客户可顺其自然，如果不用很吃力，或者是举手之劳，则可以试着将其挽回。

4. 放弃不值得挽留的劣质客户

以下情形的流失客户是不值得企业挽回的。
(1) 不可能再带来利润的客户。
(2) 无法履行合同约定的客户。
(3) 无理取闹、损害企业利益的客户。
(4) 需要超过了合理的限度，妨碍企业对其他客户服务的客户。
(5) 声望太差，与之建立业务关系会损害企业形象和声誉的客户。

总之，对有价值的流失客户，企业应当竭力挽回，最大限度地争取与他们"重归于好"；对其中不再回头的客户也要安抚好，使其无可挑剔，从而有效地阻止他们散布负面评价而对企业造成不良影响；而对没有价值甚至是负价值的流失客户则报以放弃的态度。

二、挽回流失客户的策略

客户关系的挽救可以从"点"上着眼——找出客户流失的原因及关系破裂的症结，然后对症下药，亡羊补牢，有针对性地采取有效的挽回措施。

(一) 调查原因

如果企业能够深入了解、弄清客户流失的原因，就可以获得大量珍贵的信息，发现经营管理中存在的问题，就可以采取必要的措施，及时加以改进，从而避免其他客户的再流失。相反，如果企业没有找到客户流失的原因，或者需要很长的时间才能找到流失的原因，企业就不能及时采取有效措施加以防范，那么这些原因就会不断地"得罪"现有客户而使他们最终流失。因此，企业要在第一时间积极地与流失客户联系，了解他们流失的原因，弄清问题究竟出在哪里，并虚心听取他们的意见、看法和要求，让他们感受到企业的关心。

例如，IBM 公司就非常重视老客户的保留，当一个客户流失时，IBM 公司会尽一切努力去了解自己在什么地方做错了——是价格太高、服务不周到，还是产品不可靠等。公司不仅要和那些流失客户谈话，而且对每一位流失客户都要求相关的营销人员写一份详细的报告，说明原因并提出改进意见，采取一切办法来恢复客户关系，从而控制客户的流失率。

案例：软件公司客户流失的原因

某软件公司采取项目开发与服务方式提供物流软件，经过多年的市场开发形成了一定的用户群。公司通常针对用户的需求特点，实施二次技术开发，确保软件安装成功及试运行稳定，同时培训用户的软件管理及操作人员，使其能够正常使用该软件系统。

由于软件技术不断发展与完善，用户系统也需要不断升级换代。公司根据用户系统特点及安装年限长短，也需要适当收取一定的升级或换代费用。但在升级换代活动中，公司发现原有用户中，18%的用户系统已被竞争对手所替代，45%的用户不做升级换代的考虑，25%的用户放弃该系统方案的使用，只有12%的用户愿意接受升级或换代服务。

面对这种局面，公司大吃一惊，是什么原因造成这样的状况呢？于是，公司成立调研小组实施专项问题调查。调查发现，大部分用户的管理员或操作员使用不当或操作维护技术较低，造成系统不稳定、不适用。同时，厂商售后服务支持量加大，服务常常不及时或脱节，以致系统经常有瘫痪现象，数据丢失屡有发生。而且一旦发生这种情况，系统管理员或操作员因担心自己的责任问题，也将所有过失推在产品身上，造成用户单位对产品不信任。

为了改变这种局面，公司出台"贴心大行动"，针对用户单位的系统管理员或操作员实施常年技能培训，着重培养与提升他们解决实际问题的能力。同时，针对各地区的技术支持要求，与当地软件服务商合作，成立技术服务队，对用户的系统问题提供技术支持等。

"贴心大行动"提高了用户回头率，重新燃起用户单位对公司的信任。在这一基础上，公司的软件升级换代工作顺利进行，也使用户系统在新技术的支持下更稳定、更好用。

第十章 客户的挽回

(二) 对症下药

"对症下药"就是企业要根据客户流失的原因制定相应的对策,以挽回流失的客户。企业只有充分考虑流失客户的利益,并站在流失客户的立场上,对不同原因的流失客户有针对性地采取有效措施才能挽救破裂的客户关系。如针对价格敏感型客户的流失,应该在定价时参照竞争对手的定价策略,甚至采取略低于竞争对手的价格,这样流失掉的客户自然会回流。针对喜新厌旧型客户的流失,应该在产品、服务、广告、促销上面多一些创新,从而将他们吸引回来。

例如,海底捞是一家以经营川味火锅为主、融汇各地火锅特色为一体的大型跨省直营餐饮品牌火锅店。2020年4月初,疫情过后"开启报复性消费"的顾客发现,海底捞恢复堂食之后涨价且菜量变少,如血旺半份从16元涨到23元,自助调料增至10元一位,小酥肉50元一盘……许多客户委屈地表示不会再去海底捞消费。海底捞涨价事件在网络上发酵近一周,4月10日,海底捞火锅官方微博发布致歉信,海底捞门店此次涨价是公司管理层的错误决策,伤害了顾客的利益,即日起国内各地门店菜品价格恢复到2020年1月26日门店停业前的标准……海底捞由于反应及时,挽回了流失的客户。

> **案例:达美乐的客户挽回管理**
>
> 达美乐,是全世界最大的披萨公司。2009年2月,达美乐报出重大丑闻,一位员工在自拍视频中,将"被污染"的芝士混入披萨面饼中,并且该披萨以外卖方式送出……视频曝光后,点击量迅速超过百万,愤怒的顾客们开始大肆攻击达美乐的食品安全问题,达美乐的品牌形象瞬间倒塌。
>
> 面对这么大的危机,新上任的CEO不仅没有封锁消息,遏制丑闻传播,反而反其道行之,以极端方式、花巨资租下纽约时代广场的巨幕,实时播放、鼓励人们吐槽达美乐,还为点击量最高者准备了现金大奖。一时间,不管竞争对手还是媒体、消费者,几乎人人都在大谈特谈达美乐。短短几天内,公司就收到了超过3万张真实的披萨照片及各种段子、图片,小视频也是花样百出……大家欢乐地"吐槽",竟使得"达美乐"成为最火的现象级话题,品牌关注量不断飙升。
>
> 达美乐通过鼓励吐槽的方式,获得了众多客户流失原因的信息,除了原先的导火索事件,其他主要原因可以概括为:披萨款式常年一成不变,缺乏新意;线上下单流程较烦琐;披萨送到口感已经不好;外包装不够结实等。

　　于是,达美乐废弃了49年的披萨配方,顺势推出"披萨改造计划",开辟专门的数据通道,收集顾客意见,并邀请专业人士和用户来评论披萨,提出修改建议,以便他们的厨师们能第一时间得到第一手的客户反馈。围绕快速下单这一"触发点",达美乐先后推出了车载屏幕内嵌、短信披萨表情包、OK语音自动下单系统,以及数字按键一键下单等12种快捷下单方式。改进产品的外包装和外卖设备,如披萨饼外带的瓦楞纸盒、输送带式的烤箱和带式的电热包。为了达到最佳效果,达美乐尝遍了各种黑科技,比如无人驾驶的摩托车,采用自动驾驶的无人机和直升机送餐,甚至还开发了一边开车一边做披萨的专用配送车,一切只为用户在30分钟内吃到新鲜出炉的热披萨。

　　通过一系列大刀阔斧的基于用户体验的整改,流失的客户又回来了。

　　企业要根据实际情况,参照流失客户的要求,提出解决的具体方案,并告诉他们正是基于他们的意见,企业已经对有关工作进行了整改,以避免类似的问题再次发生。如果流失客户仍然对整改方案不满意,可以问问他们的意见。如果方案得到流失客户的认可就要抓紧实施,企业的诚意会给流失客户留下很好的印象,他们会觉得企业很重视他们提出的问题,是真心实意地解决问题,这样才可以打动他们,促使流失客户回头。

　　例如,当国家卫生部宣布肯德基新奥尔良烤翅和新奥尔良烤鸡腿堡调料在检查中发现含有苏丹红成分后,肯德基立即采取措施——停止"新奥尔良烤翅和烤鸡腿堡"的销售,主动向公众道歉,承认自己的责任,并且表示将会追查相关供应商的责任,以及制定措施防止类似事件的再度发生。百胜餐饮集团召开新闻发布会,介绍"涉红"产品的检查及处理情况,集团总裁现场品尝肯德基食品,主动配合中央电视台《新闻调查》和《每周质量报告》等栏目的采访……由于肯德基在问题发生后,能够迅速采取一系列有效的措施,不掩盖、不逃避,获得了媒体的认可、公众的理解,消费者恢复了对肯德基产品的信心,流失的客户又回来了。

课后练习

一、不定项选择题

1. 客户不(　　)是影响客户流失的重要因素。
   A. 满意　　　　B. 关注　　　　C. 忠诚　　　　D. 沟通

2. 影响客户流失的因素有( )。
   A. 客户从忠诚中所获得的利益　　　B. 客户对企业的信任和情感
   C. 客户转换成本　　　　　　　　　D. 企业与客户的联系
3. 对( )的流失要极力挽回。
   A. 关键客户　　B. 普通客户　　C. 小客户　　D. 劣质客户
4. 对( )的流失要尽力挽回。
   A. 关键客户　　B. 普通客户　　C. 小客户　　D. 劣质客户
5. 彻底放弃，不值得挽留的是( )。
   A. 关键客户　　B. 普通客户　　C. 小客户　　D. 劣质客户

二、判断题

1. 对不可能再带来利润的客户，其流失不必挽回。　　　　　　　　　（ ）
2. 对小客户的流失，如果不用很吃力则可以试着将其挽回。　　　　（ ）
3. 客户本身原因造成的流失，是企业无能为力的。　　　　　　　　（ ）
4. 影响客户流失的因素与影响客户忠诚的因素是不一样的。　　　　（ ）
5. 要对不同级别客户的流失采取不同的态度。　　　　　　　　　　（ ）

三、名词解释

客户流失　　客户挽回

四、思考题

1. 客户流失的原因有哪些？
2. 如何看待客户的流失？
3. 如何区别对待不同级别客户的流失？
4. 怎样挽救流失客户？

五、案例分析题

伊利公司挽回流失的客户

三聚氰胺事件使客户对奶粉业产生了巨大的信任危机，作为奶粉业的巨头伊利公司深深地陷入此次事件的泥淖，许多客户流失了。那么，伊利公司是如何挽回流失客户的？

第一，实施"三清理"，即严格清理所有的原料供应环节可能出现的问题；严格清理库存产品，凡是有问题的库存产品一律销毁，绝不流入市场；严格清理市场，从市场上全面收回不合格的产品，绝不让一件有问题的产品留在市场上。

第二，实施"三确保"，即确保所有的产品都必须经过本企业和国家质检部门的严格检测后再出厂；确保严格对原奶收购环节进行检测；确保奶农利益。通过"三

确保",伊利公司保证了生产环节的产品质量,保障销售的每一批产品都是合格的。

第三,实施"抓两头",即抓原奶和出厂。在原奶收购环节,伊利将所有的检测前置到收奶环节,加强和提升了检验水平;在出厂环节配备了高精度的检测仪器进行检测。

第四,率先推出 24 小时网络生产直播平台,即从奶牛饲养到机械挤奶、从产品灌装到出库流通,客户均可通过视频看到伊利生产的全过程。

第五,开展"放心奶大行动""天天都是开放日,人人都是监督员"活动,邀请上万名消费者及质检专家、媒体走进伊利工厂,亲眼见证原奶验收、无菌处理、无菌灌装和入库出库四大环节的操作流程……

伊利公司一系列对症下药的措施受到了消费者和零售商的积极回应,客户们重新树立了对伊利公司的信心,许多流失的客户纷纷回头,表示愿意信任及购买伊利的产品。

思考:

1. 伊利公司为了挽回流失的客户做了哪些努力?
2. 从伊利公司挽救破裂的客户关系中我们能够得到什么启示?

综合案例

报刊发行商怎样建立与维护客户关系

报刊发行服务不是将报刊进行运输、投递这么简单的物流过程,而是要成为报刊产业上游和下游的桥梁,即将报刊送给最适合的读者,为读者寻找到最合适的报刊。

要做到这一点,报刊发行商必须认真分析研究报刊品种,做好报刊的宣传,让读者了解报刊;同时报刊发行商要了解读者的阅读需求,为他们寻找报刊提供便利,并为读者提供多种订阅方式,最后要为订户提供准确、及时、安全的投递服务。

一、报刊发行商的客户分类

报刊发行商的客户可分为上游客户、下游客户和中游客户。

上游客户比较直观,也就是报刊社。

下游客户的构成则比较复杂,包括团体客户(党政军群、企事业单位);个人客户(订阅者、零售读者),分销商客户(机场、车站、学校等委办零售点或社会发行站;超市、书店、卖场、报刊亭等零售点)和第三方客户。这里,团体客户与个人客户都是读者,而分销商客户与第三方客户本身都不是报刊的读者。

中游客户是指在报刊上做广告的单位。

二、上游客户(报刊社)的开发与维护

(一) 报刊社的选择

首先,报刊发行商要选择经济效益和社会效益好的报刊社作为自己的客户。如发行量大且社会影响大的党报党刊、受市场欢迎的畅销报刊、能提供广告附加

值的高效报刊、受广告商欢迎的形象报刊等。发行商如果成为党报党刊的发行人，则可以同时获得下游的大客户(否则订阅党报党刊的客户就会流失)，而且可以从政府获得一些优待政策。如果报刊发行商坚持将自己定位为正规的发行渠道商，不为一些短期利益而破坏自己的社会形象和市场形象，则更利于得到客户的信任。

其次，报刊发行商可以考虑放弃发行量微小、发行潜力低、内容质量差的报刊品种。虽然放弃了这部分微小的收益，但从长远发展来看，对维护报刊发行商的发行品牌、吸引一些大报大刊的合作有更加重要的意义。另外，其也可以提高投入产出比，取得更丰厚的回报。

再次，在报纸和期刊的选择上，报纸虽然价格高、发行量大、流转额高，但从经营效益、运行成本来看，期刊的发行、投递成本要远低于报纸。况且，期刊的广告收益也越来越明显，所以发行商要关注和培养品牌期刊，搞好与期刊社的关系。

(二) 报刊社的开发

首先，报刊发行商要充分发挥报刊发行的优势，以优质的服务创造发行品牌，通过发行成效来吸引更多、更好的报刊社加盟，并争取将新的、能够带来效益的报刊社纳入自己的发行渠道，从而提高报刊发行商的市场占有率。

其次，要通过现有的龙头客户，如中央级的大报大刊的影响力和号召力，增进与省级党报、地市级党报的合作，拓展与都市报、地市报的合作。此外，积极开展会议营销，即每当报刊社召开行业会议时主动出击，宣传、介绍自己的发行优势，从而争取目标客户的加盟。

(三) 报刊社的维护

首先，报刊发行商要了解和掌握报刊社的相关信息，如发行或销售的数量、读者群体、结构、层次，社会对该报刊的评价，该报刊对自己的贡献，并且通过数据库进行管理和利用。另外，报刊发行商要加强与报刊社的沟通与交流，如主动到报刊社登门拜访，密切关系。

其次，党报党刊、行业报刊以公费订阅为主，发行量相对稳定，对报刊发行商的利润贡献较大，因此，报刊发行商要精益求精、好上加好地做好党报党刊及行业报刊的收订工作，确保其发行量稳中有升。报刊发行商还可以考虑为重点报刊社设立专门的客户经理，有针对性地为其提供个性化的服务，确保这些大客户对报刊发行服务满意。例如，高效地收订和投递，帮助收集读者信息，并进行统计分析和分类整理，定期向报刊社反馈信息，助其往畅销报刊发展，进一步做大做强。此外，发行商要加强业务资金管理，保证报刊业务结算的正常进行，按时向报刊社

> 综合案例 报刊发行商怎样建立与维护客户关系

结付报刊款等。

最后，报刊发行商要通过提高报刊社的转移成本、增加报刊社对发行商的信任与情感牵挂、提高报刊发行服务的独特性与不可替代性、建立客户组织等来实现报刊社对报刊发行商的忠诚。例如，报刊发行商可利用订户数据库帮助报刊社了解现有订户的分布、订阅习惯等信息，使报刊社得以根据当前的读者结构来改进报刊编辑的内容，以求更好地满足读者需求；如果报刊社对现有读者结构不满意，也可以利用报刊发行渠道来对目标读者进行有针对性的宣传和推荐，从而改善读者结构，这样也就加大了报刊社对报刊发行商的依赖和忠诚。

另外，报刊发行商可以考虑将自己发行的报刊社组织起来，成立报刊协会，这样可使报刊社感到自己被重视、被关心，从而产生归属感，因而有利于报刊社与报刊发行商的关系由短期联系变成长期联系，由松散联系变成紧密联系，从而有利于保持报刊与发行商的长期稳定关系。例如，中国邮政在与《特别文摘》的合作中，双方在邮报融合的理念架构下提出了"三免两减半，编发分营"的运营模式——在五年合作中，前三年《特别文摘》委托邮政自印自发，自主经营，自负盈亏，全部发行及区域广告收入归邮政所得；后两年《特别文摘》收入剔除集团公司规定的列收部分和印刷成本，邮政与报刊社对半分成。这一模式的好处是：报刊社可从报刊经营的一般性事务中脱离出来，专注于内容的制作；邮政不再是报刊发行中可有可无的补充部分，而成为掌握报刊市场生命的有力推动者——邮政可以根据市场需求确定刊印的数量、发行的方向、广告的经营。这种融合打通了邮报双方原先各自独立运行的隔阂，双方共同经营报刊，邮政成为与报刊社对等的、不可或缺的战略伙伴，同时增强了报刊社对邮政发行的依赖与忠诚。

三、下游客户的开发与维护

（一）下游客户的选择

首先，报刊发行商要选择信誉好的、愿意积极推广销售的分销商，要选择订阅量大的团体客户、个人客户和第三方客户，个人客户中要重点开发订阅或购买比较集中的人群，如有学习需要的青少年学生。此外，农村市场潜力大，是报刊发行新的销售增长点，报刊发行商应该发挥渠道优势，送报刊入村入户，分发到农民家门口。

其次，应当集中力量发展订阅市场。在订阅和零售市场中，订阅与零售都是报刊发行的重要渠道，但订阅是根本，零售是补充，因为多数读者越来越希望能在家中收到报刊，而不是跑到零售点去买报刊。另外，订阅市场的销售比较稳定，也易于控制成本和管理，而零售市场则波动大、不稳定，不易掌握和控制。因此，

报刊发行商应当集中力量发展订阅市场，通过加强报刊订阅和投递渠道的建设来巩固订阅优势。

(二) 下游客户的开发

1. 分销商的开发

对分销商来说，无利不起早，因此，报刊发行商要通过让利或折扣的方式，以使其有利可图，同时，要做好相关的配送服务等。此外，要整合销售网点，在城市繁华地段、社区、院校、厂矿企业，积极吸纳报刊发行商以外的书报刊经营单位或零售网点，扩大报刊零售服务的覆盖面。

2. 团体客户的开发

团体客户消费力量集中，订阅量大，市场开拓成本相对较低，但有高于个人客户的需求，比如更好的服务。因此，报刊发行商要提供如上门收订、预约收订等服务，提供订阅时间、地点上的便利。当然，还可以推出"订报刊、送广告"的办法来开发团体客户市场。此外，报刊发行商要研究团体客户的订阅需求，例如，研究学校图书馆报刊采购竞标的产品体系、价格体系、服务体系等，从而开发出"大中小学图书馆装备报刊"等。

在党报党刊的发行、开发团体客户方面，地方党委、政府可以发挥重要的作用，所以，报刊发行商在大收订期间，应紧密同当地党委、政府沟通联系，取得他们的支持，依靠党委、政府的力量来完成党报党刊的发行任务。另外，为了拓展行业性报刊的市场份额，报刊发行商要加强与行业协会的联系，取得他们的支持和推荐，同时，也要重视行业内部相互介绍，重视老订户的口碑传诵。

3. 个人客户的开发

虽然个人客户市场相对比较分散、需求不稳定、单个订阅量小，但其基数很大，占报刊购买市场的主要部分，因此不容忽视。报刊发行商可考虑在电视、广播、报纸上做形象广告，以提高企业形象和亲和力，从而加强对个人客户的影响。

报刊发行商除通过业务窗口征订、征订员征订、发行站征订等渠道外，还要深入居民小区，摆摊设点收订，上门收订，开展"洗街洗村"的地毯式收订。

报刊亭作为报刊发行商服务窗口的延伸，地点设置灵活、分布广，经营时间长，可以接触不同地点、不同作息时间的不同读者，且开设成本低。因此，报刊发行商要加强对报刊亭的建设与管理，实现连锁经营，同时加强配送力度。

此外，报刊发行商要积极推广电话收订和网上收订，让客户足不出户就能订阅到报刊。另外，报刊发行商要树立和强化"收订无止期，投递无禁区"的服务意识，把一次性大收订变成"全年大收订，天天大收订"，加大收订宣传力度，可

综合案例　报刊发行商怎样建立与维护客户关系

通过电视、网络、报纸或DM广告等多种形式进行收订服务的宣传。报刊发行商还可争取报刊社对发行服务的宣传和营销支持，如成立读者俱乐部、赠阅样报样刊、开展有奖订报刊等活动，帮助读者产生订阅的兴趣。

报刊发行商还可根据读者的阅读偏好，推出恰当的报刊组合套餐，并且给予适当的优惠。例如，报刊发行商可以同中、小学及幼儿园联系，开展"成长励志"主题营销活动，并制定《中学学生重点报刊推荐目录》《小学学生重点报刊推荐目录》，发放到每位学生或家长手中。

此外，报刊发行商可以向报刊产业上游拓展、延伸，为客户提供一揽子信息和知识解决方案。条件成熟时，报刊发行商还可以自己办报办刊，届时报刊发行商将可以实现由单纯的发行商向文化内容的提供商转变。

4. 第三方客户的开发

第三方订阅是由第三方客户集中订阅报刊，再由报刊发行商分送给第三方客户指定的客户——可能是公共图书馆，也可能是下岗职工，还可能是重要的客户等。

近几年，政府部门招标采购报刊的做法越来越普遍、范围越来越广泛，《政府工作报告》中又强调加快"农家书屋"建设。此外，社区阅览室也是近年来各级政府加强精神文明建设，倡导"文化进社区、服务进社区"的新生事物。

对此，报刊发行商要高度重视，及时捕捉商机，加强与政府相关部门以及报刊出版社的合作，利用报刊的产品优势和发行配送的渠道优势，积极主动地参与农家书屋、职工书屋、社区阅览室等招投标工作，争取在政府采购中取得报刊的供货权。同时，要做好服务工作，如帮助农家书屋、社区阅览室建立有效的报刊管理制度——其实，通过这两个窗口，还有利于宣传报刊发行商发行业务，从而引导农民、居民通过报刊发行商订阅报刊。

除政府外，那些实力强，拥有广泛客户群的通信、金融、保险、烟草、能源、化工等企业，为了关注其重点客户、关系客户，或者职工，也可能成为第三方客户。如今，各级政府、行业部门和众多企事业单位用于宣传、广告、礼品、扶贫、慈善的支出不断增加，这就为第三方订阅打开了市场，报刊发行商可通过"订报扶贫""送科技下乡"等多种营销方式，挖掘市场潜力。

此外，个人也可以是第三方客户，因为当今个人社交礼仪消费日趋活跃，经常会互赠礼品，而这礼品可以是报刊。例如，可推出"异地订阅送报刊"活动——以在异乡工作的外出务工族、远离父母的在校大学生、军营里的子弟兵作为目标客户群，利用报刊发行系统异地订阅功能，开展儿女为父母订阅健康、养生类报刊活动。或者，倒过来，父母为子女订阅励志报刊。

(三) 下游客户的维护

首先，客户数据库是分析客户消费习惯、消费趋势、维护老客户的重要手段，报刊发行商要充分利用报刊发行主渠道的地位，收集整理当前订户资料信息(如姓名、单位、地址、订报品种等)，建立规范的客户档案及重点订户信息管理系统，并利用数据库进行管理。

读者数据库可以帮助报刊发行商更好地掌握订户的需求和动态，在此基础上，为不同类型的订户提供个性化、针对性的服务，同时也为开展报刊市场分析、预测市场变化做好充足准备，为针对性地开展报刊营销打好基础。此外，报刊发行商要主动通过报纸、电台、电视台宣传和介绍报刊发行业务，同时设置服务热线和投诉热线，听取订户的批评和建议，从而降低订户的流失率。

其次，对给报刊发行商带来利润贡献大的订户，如党政军、大型企业及学校等重点单位，报刊发行商要为其提供优质高效的服务，如提供更为便捷的征订方式，同时保证投递的准确(对特大型客户配备专人专车进行直投到户，确保投递100%准确无误)，从而提高大客户的满意度与信任度。此外，报刊发行商可与报刊社合作，制定灵活的价格策略，如对不同数量、不同订阅周期采取阶梯分级的定价方法，目的是鼓励客户延长订阅周期和增大订阅量。例如，零售单价为 1.0 元，订阅周期一个季度的单价为 0.90 元，订阅周期半年的单价为 0.85 元，订阅周期一年的单价为 0.8 元。又如，推出"订一年，送半年""订三(份)赠一(份)""订报刊、送积分"等办法，让老订户、大订户享受更多的优惠。

再次，报刊发行商要加强投递网的建设和改造，充分调整和优化报刊分发、转运、投递等各个环节，严格制定发行服务流程和服务标准，提高投递效率，细化投递段道，增加投递人员，使投递覆盖面、深度有明显增强，充分保证报刊投递的时效性，同时加强对投递服务质量的管理与考核，强化内部管理。

报刊发行商要加快组建和培养一支由专职营销人员、投递员组成的报刊发行营销队伍，专职营销人员负责项目营销和大客户维护，投递人员负责散户收订和投递服务。

报刊投递员在与订户接触时代表的是报刊发行商的形象，投递服务质量的高低和投递员营销能力的高低也将影响报刊收订业务量的大小。因此，报刊发行商要加强对投递员的培训，规范投递员的服务行为和服务用语，使其不只是机械地将报刊投递到户，还能成为订户与报刊社联系的桥梁。

另外，投递队伍的稳定也会影响到订户的稳定、投递网的运行效果与投递质量。为了稳定投递队伍，要落实投递员的"养老保险"等劳保福利待遇，制定投递员长效激励政策，让投递员按服务星级享受等级津贴等措施，充分调动投递员

综合案例 报刊发行商怎样建立与维护客户关系

的积极性,同时加强队伍的稳定性。

四、中游客户(广告商)的开发与维护

当前广告商这类客户属于报刊社多而属于发行商较少,但是发行商应该重视发展这类客户。发行商不要只关心发行费率而与报刊社争得面红耳赤,却对发行量上升引起的广告效益少有关注。事实上,发行商应该享受报刊发行成果,争取获得发行广告收益。

(一) 广告商的选择

发行商要特别关注那些需要经常和大量做广告的单位——市场竞争激烈的行业中有实力的企业、垄断行业中对企业形象有需求的企业,他们能够给发行商带来较多的广告收入。

(二) 广告商的开发

广告商往往看中发行商的客户资源和客户关系,其中发行量和发行对象是广告商最看重的硬指标。因此,对广告商关注的人群,发行商可以通过赠送报刊的形式,将其培育成自己的读者,这样就能够拉来广告商。

例如,宜兴邮政对本地区影响较大的房地产公司、礼品公司和酒店、茶楼等客户,采取赠送《特别文摘》的方式,并且突出《特别文摘》内页广告的实用性、廉价性、规模性等优势,获得了房地产公司、礼品公司、酒店、茶楼在《特别文摘》上刊登形象广告的业务收入。

此外,个人客户也可以因为婚庆、寿诞等需要成为广告主,制作形象期刊,送给其亲朋好友。

总之,发行商应当利用自己(已有的或者创造的)的订户资源,寻求与广告商的合作机会。

(三) 广告商的维护

首先,发行商要与报刊社充分合作,为广告商提供优质服务。例如,通过优质期刊拉动发行量,从而使广告受众多、影响面广而深刻。

其次,发行商可为广告商提供营销咨询。例如,订阅体育类报刊的读者对运动服装或体育用品等可能存在需求,发行商应主动与这些行业的公司开展合作,可以帮助他们针对目标客户群进行有效的宣传,这样就能够获得源源不断的广告收入。

综合实践一
××企业的客户关系管理分享

实践内容

(1) 充分调研，客观全面分享一家企业客户关系管理的成功经验。

(2) 分享的内容可以是专题案例(如客户的选择、客户的开发、客户的分级、客户的满意、客户的忠诚、客户的挽回等)，也可以是综合案例(贯穿客户关系管理的全过程，不求面面俱到，但求典型有效)。

(3) 注意介绍其中应用到的互联网、大数据、人工智能技术。

实践组织

(1) 教师布置实践任务，指出实践要点和注意事项。

(2) 全班分为若干个小组，采用组长负责制，组员合理分工、团结协作。

(3) 相关资料和数据的收集可以进行实地调查，也可以采用第二手资料。

(4) 小组内部充分讨论，认真研究，形成分析报告。

(5) 小组需制作一份能够在 15 分钟左右演示完毕的 PPT 文件，在课堂上进行汇报，之后其他小组可提出质询，在台上台下进行互动。

(6) 教师对每组分析报告和课堂讨论情况即时进行点评和总结。

综合实践二
××企业的客户关系管理分析

实践内容

(1) 客观且全面地介绍一家企业管理客户关系的做法。

(2) 分析并评价该家企业客户关系管理做法的得与失。

(3) 为该家企业客户关系管理提出改进意见或建议。

实践组织

(1) 教师布置实践任务，指出实践要点和注意事项。

(2) 全班分为若干个小组，采用组长负责制，组员合理分工、团结协作。

(3) 相关资料和数据的收集可以进行实地调查，也可以采用第二手资料。

(4) 小组内部充分讨论，认真研究，形成分析报告。

(5) 小组需制作一份能够在 15 分钟左右演示完毕的 PPT 文件，在课堂上进行汇报，之后其他小组可提出质询，在台上台下进行互动。

(6) 教师对每组分析报告和课堂讨论情况即时进行点评和总结。

综合实践三

××企业的客户关系管理策划

实践内容

(1) ××企业如何建立客户关系。

(2) ××企业如何维护客户关系(策划重点)。

(3) ××企业如何挽救客户关系。

提示

(1) 调研当前该企业如何进行客户关系管理,小组站在现有做法的基础上,超越当前的经验,提出该企业进行客户关系管理的做法与策略。

(2) 要以理论为指导,这主要体现在思路和框架上,主体内容则必须紧密联系行业实际,不空谈,要言之有物,重对策,重实效。其中可穿插生动的实例来增强策略的有效性和说服力。

实践组织

(1) 教师布置策划任务,指出策划要点和注意事项。

(2) 全班分为若干个小组,采用组长负责制,组员合理分工、团结协作。

(3) 收集相关资料和数据时,可以进行实地调查,也可以采用第二手资料。

(4) 小组内部充分讨论,认真分析研究,形成策划报告。

(5) 小组需制作一份能够在 15 分钟左右演示完毕的 PPT 文件,在课堂上进行汇报,之后其他小组可提出质询,在台上台下进行互动。

(6) 教师对每组策划报告和课堂讨论情况即时进行点评和总结。

参考文献

[1] 夏永林，顾新. 客户关系管理理论与实践[M]. 北京：电子工业出版社，2011.

[2] 邬金涛. 客户关系管理[M]. 北京：中国人民大学出版社，2014.

[3] 李海芹. 客户关系管理[M]. 北京：北京大学出版社，2013.

[4] 谷再秋，潘福林. 客户关系管理[M]. 北京：科学出版社，2013.

[5] 王广宇. 客户关系管理方法论[M]. 北京：清华大学出版社，2013.

[6] 华谦生. 展会如何赢返流失的客户[J]. 中国会展，2006(17).

[7] 苏立国. 利乐：为客户创利 与客户同乐[J]. 企业改革与管理，2008(7).

[8] 刘萍. 小熊在线的客户经营术[J]. 当代经理人，2006(10).

[9] 林木. 成功营销：让客户主动上门[J]. 大经贸，2005(11).

[10] 李铁君. 拜访客户，百事施展"天龙八步"[J]. 经理日报，2004(1).

[11] 袁昀. 市场营销案例——借势营销[M]. 呼和浩特：远方出版社，2006.

[12] 林景新. 别让无效客户分流广告费[J]. 销售与市场，2004(5).

[13] 边长勇. 招商银行——走到高端客户背后[J]. 当代经理人，2005(1).

[14] 朱虹. 论出版社客户的选择[J]. 出版发行研究，2007(11).

[15] 薛海波，王新新. 创建品牌社群的四要素：以哈雷车主俱乐部为例[J]. 经济管理，2008(3).

[16] 郑锐洪，王丽芳. 宝洁的"助销模式"[J]. 经营与管理，2005(12).

[17] 王唤明. "星巴克"的"星级"体验[J]. 中国市场，2007(33).

[18] 邵景波，宁淑慧. 基于金字塔模型的客户关系资产管理[J]. 中国软科学，2005(4).

[19] 沈沂. 管理你的低价值客户[J]. 21世纪商业评论，2008(5)

[20] 张会莉. 无法抗拒的"哈根达斯"[J]. 经贸世界，2003(6).